① ② ③

## 四国への旅

### 香川 愛媛 高知 徳島

# 光る波、眩しい緑
# 城下町、漁師町、湯の町、港町
# 四国―4つの色の旅物語。

広大な海原と粛然たる山並に抱かれた、自然の宝庫に足を踏み入れる。
戦乱の世を駆け抜け、激動の幕末に尽力した偉人を懐古し、歴史と文化に触れる。
本土から離れ、穏やかな風が吹く地の、素朴で揺るぎのない情景が旅路を彩る。

*Shikoku*
*Kagawa Ehime Kochi Tokushima*

PREMIUM travel

1 香川県の特別名勝 栗林公園は讃岐高松藩の歴代藩主により造られた庭園。南湖から見える飛来峰は壮観(P.36) 2 大正時代に別荘として建築された萬翠荘。レトロなステンドグラスが時代を語る(P.75) 3 夕暮れどきに美しく輝く道後温泉 本館。日本最古の公衆浴場としての歴史を誇る(P.88) 4 南国土佐にそびえる高知城。春になると桜が満開になり、彩りを添える(P.102) 5 室戸岬にたたずむ白亜の灯台。遥かに太平洋の地平線を望み、雄大な景色を眺めたい(P.136) 6 徳島県の大歩危峡では、遊覧船に乗り、自然美に包まれる。祖谷の山里には手つかずのままの風景が残る(P.160)

歩く・観る

# 大自然と共生する歴史と伝統

各都市ごとに特色を持つ四国の文化は、名城や文学、自然など、訪れる先で異なる美学に出会う。

桂浜は、青く輝く太平洋、背後に緑の松の木、五色の砂浜といわれる海岸かまるで庭園のような姿をつくり出す。高知県随一の景勝地

新鮮なカツオや見た目も美しい鯛料理は、四国の近海が生み出す産物。香川県では「グルメではなく文化」と誇れるほどの店舗数がある、讃岐うどん店巡りも楽しみたい

食べる

## 風土に根ざした華麗な食文化

海の幸を豪快に盛り付け、大地の恵みに感謝する。そのひと皿に匠の技が光る。

瀬戸内海に浮かぶ島には、古民家を改装したのどかなカフェも。日常を忘れる心地よい雰囲気のなかで、オーナー手作りのケーキを味わって

各県に息づく伝統工芸の数々。焼物や和紙、藍染めなどの熟練の技術が受け継がれている。愛媛県の砥部焼や徳島県の大谷焼など、制作体験ができる工房もある

買う
# 一途な作り手の熱意ある品々

長く継承される伝統工芸や、
美しく洗練された和菓子。
手仕事が訪れる者を魅了する。

泊まる
# 海を山を借景に満たされた空間

海沿いの爽やかなリゾートや
緑豊かな山の風景。
美しい自然とともに安らぐ。

ヨーロッパを思わせるような海辺のリゾートホテルや、日本最古といわれる温泉を中心に広がる道後の街並など、多彩な宿とおもてなしに身を委ねたい

# 四国 Contents

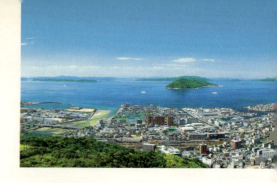

| | |
|---|---|
| 四国全図 | 2 |
| 光る波、眩しい緑 城下町、漁師町、湯の町、港町 四国—4つの色の旅物語。 | 4 |
| エリアと人気スポット | 12 |

**プレミアム旅プラン**
自然美と歴史をたどる極上の旅 …… 14
　神聖なる社と眺望に心ときめく旅に出る　14
　松山に残る文学の道を歩く　16
　雄大な海景色と黒潮の恵みを堪能する　17
トラベルカレンダー …… 18

## 特集

**SHIKOKU ZEKKEI COLLECTION**
絶景 四国の川と海 …… 20

**LUXURY RESORT HOTELS**
四国の隠れ家リゾート …… 28

## 香川

### 高松　36
| | |
|---|---|
| 藩の栄華を語る讃岐の名庭園 | 36 |
| 歴史が動いた 源平の古戦場 屋島 | 38 |
| 癒しの仏生山温泉へ | 41 |
| 幸せ旅先美食 郷土のひと皿 | 42 |
| やさしい味わい 高松味みやげ | 44 |

エリア特集
| | |
|---|---|
| 讃岐うどんの世界 | 46 |
| 讃岐の文化を食す | 48 |

### 琴平　50
| | |
|---|---|
| 幸せ祈願です こんぴら参り | 50 |
| 参道で手みやげ探し | 54 |

### 小豆島　56
| | |
|---|---|
| 温暖な気候が育む オリーブ | 57 |
| 島ならではの喉ごし そうめん | 58 |
| 伝統の製法が息づく 醤油 | 58 |
| 島の絶景 山と海 | 59 |

エリア特集
瀬戸内の島＆街で体験
香川のアート …… 60
　静かな古民家 隠れ家の島時間　65
　街のアートスポットで過ごす休日　69

懐かしい風景の中に立つ …… 70

## 愛媛

### 松山　74
- 文学の薫る街 賑わいの城下 …… 74
- 歴史 怒濤の時代を生きた男たち …… 76
- 歴史 水軍が活躍した時代 …… 80
- 松山の美味 華やぎの食卓 …… 82
- こだわり味みやげ …… 84
- 砥部焼の窯元を訪ねる …… 86

### 道後温泉　88
- 旅路を癒す 屈指の名湯 …… 88
- 温泉街をそぞろ歩き …… 90

### 内子　92

### 大洲　94

### 宇和島　96
- 地場産業から知る愛媛の魅力 …… 98

## 高知

### 高知　102
- 巧妙の極み 南国土佐の名城 …… 102
- 歴史 時代を開拓した土佐の豪傑 …… 104
  - 景勝地・桂浜を歩く　107
  - 四国の名城を訪れる　109
- 植物学者が愛した緑の世界へ …… 110
- 仁淀川と土佐和紙の里へ …… 112
- 豪華なひと皿 郷土料理の宴 …… 114
  - ひろめ市場に集う　117
- 賑わう市場でお買い物 …… 118
- 土佐の銘品お持ち帰り …… 120

### 須崎・久礼　122
- 横浪黒潮ラインを抜け カツオの街へ …… 122
- 港町・久礼でカツオを堪能する …… 124
- ドライブ 四国カルスト
- 広大な高原の風を感じて …… 126

### 四万十川　128
- 悠久の美景 日本最後の清流 …… 128
  - 大河の多彩な景色　130

### 足摺・竜串　132
- 歴史 ジョン万次郎と日本の近代 …… 134
  - 捕鯨の歴史とホエールウォッチング　135

### 室戸・安芸　136
- 地平線へ続く太平洋を眺めて……136
- 安芸 懐かしの昔町情緒……138
  - 安芸から足を延ばして　139

### 南国を彩る華麗な舞　140
- よさこい祭り　140
- 阿波おどり　141
- おごそかな神事から奇祭・珍祭まで……142

## 徳島

### 鳴門　146
- 海峡に見る鳴門のうず潮……146
- 世界の名画に浸る午後……148
- 大谷焼の温かい手仕事……149
- 海の幸を味わう……150
- 鳴門の手みやげ……151

### 徳島　152
- 城下文化と阿波おどり……152
- 艶美な深い青に染まる……155
- ご当地グルメ……156
- 徳島の手みやげ……157

### 脇町　158

### 祖谷　160
- 断崖の渓谷を望む……160
- 激流が生んだ景観美……161
- 渓谷に揺れるかずら橋……162
- 平家伝説の山里へ……163

### 四国遍路の今昔物語　164

### 厳選・四国の宿　166

- 四国主要都市へのアクセス……168
- エリア間の移動……170
- 高松の交通／徳島の交通／松山の交通……172
- 高知の交通……173
- INDEX……174

#### 付録地図
| | | | |
|---|---|---|---|
| 四国北部 | 2 | 松山 | 20 |
| 四国北西部 | 4 | 道後温泉／砥部 | 22 |
| 四国南西部／中村 | 6 | 内子／宇和島 | 23 |
| 四国南東部 | 8 | 大洲 | 24 |
| 四国北東部 | 10 | 面河渓／四国カルスト | 25 |
| 四国東部 | 11 | 高知広域 | 26 |
| 高松 | 12 | 桂浜 | 27 |
| 高松中心部 | 14 | 高知中心部 | 28 |
| 屋島 | 15 | 須崎・久礼／久礼中心部／足摺岬 | 30 |
| 琴平／引田 | 16 | 室戸岬／安芸 | 31 |
| 直島／豊島 | 17 | 徳島 | 32 |
| 小豆島／男木島・女木島／犬島 | 18 | 鳴門 | 33 |
| | | 脇町／祖谷渓 | 34 |
| | | 藍住・板野 | 35 |

## 本書のご利用にあたって

● 本書中のデータは平成28年(2016)9月現在のものです。料金、営業時間、休業日、メニューや商品の内容などが、諸事情により変更される場合がありますので、事前にご確認ください。

● 本書に紹介したショップ、レストランなどとの個人的なトラブルに関しましては、当社では一切の責任を負いかねますので、あらかじめご了承ください。

● 営業時間、開館時間は実際に利用できる時間を示しています。ラストオーダー(LO)や最終入館の時間が決められている場合は別途表示してあります。

● 休業日に関しては、基本的に定休日のみを記載しており、とくに記載のない場合でも年末年始、ゴールデンウィーク、夏季、保安点検日などに休業することがあります。

● 料金は消費税込みの料金を示していますが、変更する場合がありますのでご注意ください。また、入館料などについて特記のない場合は大人料金を示しています。

● レストランの予算は利用の際の目安の料金としてご利用ください。Bが朝食、Lがランチ、Dがディナーを示しています。

● 交通表記における所要時間、最寄り駅からの所要時間は目安としてご利用ください。

● 駐車場は当該施設の専用駐車場の有無を表示しています。

● 掲載写真は取材時のもので、とくに料理、商品などのなかにはすでに取り扱っていない場合があります。

● 予約については「要予約」(必ず予約が必要)、「望ましい」(予約をしたほうがよい)、「可」(予約ができる)、「不可」(予約ができない)と表記していますが、曜日や時間帯によって異なる場合がありますので直接ご確認ください。

### ■ データの見方

- ☎ 電話番号
- 所 所在地
- 開 開館時間
- 営 営業時間
- 休 定休日
- 交 アクセス
- P 駐車場
- 客 宿泊施設の客室数
- IN チェックインの時間
- OUT チェックアウトの時間

### ■ 地図のマーク

- ★ 観光・見どころ
- H 宿泊施設
- 卍 寺院
- i 観光案内所
- ⛩ 神社
- ✈ 空港
- † 教会
- 道の駅
- R 飲食店
- ♨ 温泉
- C カフェ・甘味処
- 00 札所
- S ショップ
- ⚐ ビーチ
- SC ショッピングセンター
- バス停

# エリアと人気スポット

北は瀬戸内海、南は太平洋に囲まれ、豊かな自然が満ちあふれる四国。
4県それぞれの個性をおさえておきたい。

### 文化や歴史などの多彩な魅力を持つ讃岐の国
## 香川　➡ P.34
かがわ

四国のなかでもコンパクトな県ながら、関西圏からの玄関口として発展。金刀比羅宮をはじめ、瀬戸内海に浮かぶアートの島々、特別名勝 栗林公園がある高松など、観光スポットも充実。讃岐うどんも旅の定番食。

人々の信仰を集める金刀比羅宮(左)は必見。穏やかなリゾートアイランド・小豆島(上)

**観光のポイント**　香川を代表する観光地は、やはり金刀比羅宮。小豆島など、瀬戸内の島巡りもおすすめだ

### 城下町の風情を色濃く残す伊予の街並
## 愛媛　➡ P.72
えひめ

四国北西部に広がる愛媛は、文学にゆかりが深い旧城下町・松山や、日本最古と伝わる道後温泉など、歴史を感じさせるノスタルジックな雰囲気。古き良き街並を残す内子や大洲にも伝統文化が息づいている。

桜の名所としても知られる、名城・松山城(左)。木造三層楼の道後温泉 本館(上)

**観光のポイント**　四国を代表する温泉スポット、道後温泉が人気。松山城と併せて観光したい

### 自由でスケールの大きい朗らかな南国土佐
## 高知　➡ P.100
こうち

四国山地を隔てた南に、土佐湾を有する高知。その複雑な地形から独自の文化が発展、雄大な自然も残る。高知市の高知城やよさこい祭り、日曜市、また西部の四万十川、さらに東西両端の岬など見どころは尽きない。

ゆるやかに流れる四万十川(左)。南海道随一の名城と讃えられる高知城

**観光のポイント**　豊かな自然と多様な食文化が楽しめる。観光客が多く訪れるのは、高知市や四万十川流域

## 手つかずの自然が残る都市、恵み豊かな阿波

### 徳島　➡P.144
とくしま

兵庫県へと通じる東の玄関口・徳島には、県のシンボル・眉山をはじめ、ダイナミックな鳴門海峡のうず潮や平家落人伝説が残る祖谷など、自然を楽しむスポットが多い。阿波おどりも徳島を代表する観光のひとつ。

**観光のポイント** 吉野川がつくり出した景勝地を訪れて。街が熱狂に包まれる、8月の阿波おどりも見もの

⇦緑深い祖谷のかずら橋も見どころだ（左）。鳴門海峡で見られるうず潮（上）

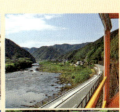

⇧源平合戦の歴史が残る屋島寺（上）。高原・四国カルスト（下）の眺めも美しい

⇧トロッコ列車から望む四万十川（上）、のどかな祖谷の落合集落（下）

## プレミアム 旅プラン

# 自然美と歴史をたどる極上の旅
4県の風土を生かした文化と伝統を持つ街。多彩な姿を見せる景色や庭園にも出会いたい

↑春には淡く色づいた桜が咲き誇る金刀比羅宮の桜馬場。御本宮をめざす参拝者は、花びらの舞う石畳を歩いて進む

## 四国2県（香川県・徳島県）を巡る1泊2日のプレミアムプラン
## 神聖なる社と眺望に心ときめく旅に出る
香川県と徳島県の格式ある神社や雄大な自然に触れる。

### 1日目

**9:00** 高松空港 発

車で約45分 国道45号を経由

**10:00** 金刀比羅宮の石段を上り参拝
こんぴらさんで笑顔になれる幸せ詣でへ

**金刀比羅宮** ➡ P.50
ことひらぐう

金刀比羅宮には、五穀豊穣や海の守護神として祀られる大物主神が鎮座している総本山。境内途中の施設に立ち寄りながら、1368段の石段を上がりたい。参拝後は、食事処やみやげを選べる店にも立ち寄りたい。

車で約45分 国道32号、高松自動車道を経由

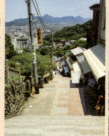
↑参道にはみやげ物店も並ぶ

↑石段365段目の大門。ここから振り返ると琴平の街が一望できる

**14:30**

## 歴史ある庭園を歩き、街の風情を感じ取る
香川県の名勝と緑豊かなスポットを散策する

### 特別名勝 栗林公園 ➡P.36
とくべつめいしょう りつりんこうえん
「一歩一景」と言われるほど、約100年かけ巧妙に造られた庭園。

### 史跡高松城跡 玉藻公園
しせきたかまつじょうあとたまもこうえん
城下町の名残を感じる公園。堀には海水が引き込まれる珍しい水城。 ➡P.37

⬆見応えある飛来峰の雄大な景観

⬆石垣が堀の水面に映りこむ

### プランニングのアドバイス
四国2県の移動にはレンタカーの利用がおすすめ。観光施設や飲食店など、多くの施設に駐車場がある。金刀比羅宮への参拝は、石段を上がるペースや目的の施設によって所要時間が異なるので、余裕をもって出かけたい。参道の散策時間も忘れずに計画を。高松市内から徳島県への移動は、海沿いに高松自動車道を進み、ドライブを楽しんで。

### 食事のプラン
金刀比羅宮の参拝後は、讃岐うどんの名店へ。香川県内には、歴史あるうどん店も多いが、人気が高く、なくなり次第終了の店もある。店を決めたら、早い時間帯に訪れたい。徳島県では、鯛をメインにした和食処や、名産のすだちをアクセントにした料理が楽しめる。

⬇ 車で約1時間10分 高松自動車道を経由し、徳島県へ移動。海沿いのリゾートホテルに宿泊

**2日目 11:00**

## 眼下に渦巻く海峡の奇景に圧倒される
展望台や遊歩道からの眺望を楽しむ

### 千畳敷展望台 ➡P.147
せんじょうじきてんぼうだい
鳴門公園にある展望台は開放感にあふれ、鳴門海峡が一望できる。

### 大鳴門橋遊歩道 渦の道 ➡P.146
おおなるときょうゆうほどううずのみち
大鳴門橋に設けられた遊歩道。真下に見るうず潮の迫力に圧倒される。

⬆澄み切った海面が続き見晴らしも良い

⬆橋上からの眺めはスリル満点

⬆遊覧船も運航。うず潮発生の時間は事前に確認を。

⬇ 車で約30分 国道11号を経由

**15:00**

## きらめく眺望に包まれる水都を街歩き
徳島の文化に触れ、市内の輝く夜景を望む

### 阿波おどり会館 ➡P.153
あわおどりかいかん
日本三大盆踊りのひとつである阿波おどりの歴史や実演も見学できる。

### 眉山 ➡P.152
びざん
眉山ロープウェイで山頂まで約15分。吉野川沿いの輝く街並が一望できる。

➡ロープウェイ乗り場は阿波おどり会館にある

⬆水都である徳島の夜景は、街の明かりと奥に広がる海とのコントラストが美しい

⬆館内では専属連と阿波おどりを楽しめる

⬇ 車で約30分 国道11号、県道40号を経由

**19:00** 徳島阿波おどり空港 着

# 松山の文学の路を歩くプレミアムプラン
## 松山に残る文学の道を歩く

名高い文学作品の軌跡を追い、
松山市内を散策する。

**9:45** 松山市駅 発

伊予鉄道(路面電車)で
約10分
伊予鉄道・県庁前駅から徒歩
約25分で山頂へ

→ 標高132mの山頂に
天守があり、広大な敷
地を誇る。ロープウェイ
で山頂まで行って城内を
見学したい

**10:30** ### かつての文人も眺めた街の名城へ
国の重要文化財にも指定される巧妙な造りを見学

**松山城** → P.74
まつやまじょう
加藤嘉明が築城。美しい連
立天守閣が残り、眼下に松
山の街並が広がる。

徒歩約25分
山頂から下り、大街道沿い

→ 山頂にある本丸の一ノ門

→ 松山市内の景色を一望

**13:00** ### 松山ゆかりの作家の足跡を知る
正岡子規や秋山兄弟の過ごした時代をしのぶ

**坂の上の雲ミュージアム** → P.77
さかのうえのくもミュージアム
司馬遼太郎の小説『坂の上の雲』をテーマにしたミ
ュージアム。同小説が掲載されていた新聞の展示で
は、正岡子規が登場する回の誌面もある。

**子規堂** → P.79
しきどう
子規が17歳まで暮らし
た家を再現。今は正岡家
の菩提寺となっている。

→ 産経新聞の記事が一面に

→ 市内散策で立ち寄りやすい

→ 子規ゆかりの展示品もある

伊予鉄道(路面電車)で約25分　伊予鉄道・道後温泉駅から徒歩約5分

### プランニングのアドバイス

松山市内の散策は、徒歩が中心。
ミュージアムや博物館は、街の
情緒を感じながら徒歩で巡るこ
とができる。道後温泉 本館には、
伊予鉄道の路面電車で向かう。
温泉のコースによって接待があ
るので、ゆっくり過ごせるよう
計画を立てたい。湯上がりは、商
店街の散策も忘れずに。

### 食事のプラン

松山の名物である鯛めしや寿司
など、市内には遅くまで開いて
いる店も多い。道後の商店街は、
店舗により営業時間が大きく異
なるので確認しておきたい。

**17:00** ### 日暮れに温泉街に漂う情緒を味わう
由緒ある大衆浴場の湯に浸かり、旅の疲れを癒す

**道後温泉 本館** → P.88
どうごおんせんほんかん
『日本書紀』にも記録され
たといわれる歴史ある温
泉。松山の文人も訪れた湯
でリラックスしたい。

徒歩約5分
温泉街を散策するのもおすすめ

→ 夏目漱石の『坊っちゃん』にも登場する浴場。休
憩室では金額に合わせてお茶や菓子の接待がある

→ 夏目漱石も頻繁に利用して
おり、ゆかりの品を見学できる

**20:00** 道後温泉駅 着

# 太平洋で育った海の幸を味わう高知県のプレミアムプラン
## 雄大な海景色と黒潮の恵みを堪能する
高知市内から須崎・久礼までドライブ。絶品のカツオに舌つづみ。

**10:00** 高知龍馬空港 発
車で約30分　県道14号を経由

**10:30** 遥か異国の地を見つめた偉人をしのぶ
景勝の誉れ高き桂浜の海景色に坂本龍馬の面影をたどる

### 桂浜 ➡ P.107
かつらはま
太平洋から白波が、整えられた箱庭のような海岸に打ち寄せる情景は趣深い。

↑桂浜を眺める凛々しい龍馬像

↑五色の砂と呼ばれる砂浜に、海の白波が打ち寄せる。風情を感じる景勝地の海辺を散策したい

車で約30分
県道14号、県道36号を経由

**13:00** 市内を見守る名城を訪れる
壮麗な造りの高知城を巡り、南国土佐の風土を見る

### 高知城 ➡ P.102
こうちじょう
山内一豊が構築した名城。堂々たる姿、至妙を尽くした仕掛けは見事。

↑天守など15棟が重要文化財に指定

↑城主の山内一豊像

車で約1時間10分
県道47号の横浪黒潮ラインを経由

**15:00** 本場のカツオを求めて太平洋をドライブ
海岸に沿って須崎・久礼の街を訪れる

### 久礼大正町市場 ➡ P.124
くれたいしょうまちいちば
午前中に水揚げされた新鮮なカツオや海鮮を販売。市場は昼頃から賑わい始める。購入したカツオをその場で調理してくれる名物店も。

↑商品がそろうお昼頃から活気づく市場

車で約10分
海沿いにある老舗の宿やリゾートホテルへ

**18:00** 久礼周辺の宿 着

---

### プランニングのアドバイス
高知県では、エリア間の移動はレンタカーが中心。空港や駅周辺で手配できる。高知市内から須崎・久礼に向かうなら、横浪黒潮ラインを通りたい。真っ青な太平洋の眺望と、爽やかな潮風を感じながらのドライブは格別。高知市内では、とさでん交通(路面電車)やバスも多く運行しているが、郊外に進むと本数が少ない場合も多く、目的地までの運行時間や最終時間は必ず確認してから出かけよう。

### 食事のプラン
高知市内には料亭や和食店も多いが、本場の味を堪能するなら市場を訪れたい。新鮮なカツオや海の幸を豪快に使った定食は、高知ならではの楽しみ。

↓鮮度の高いカツオ料理を味わう

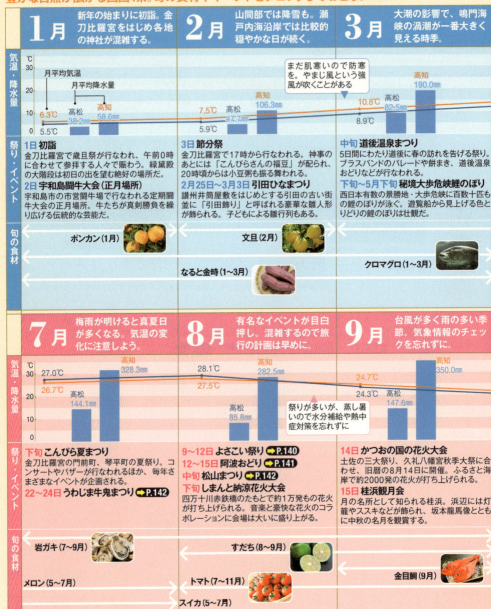

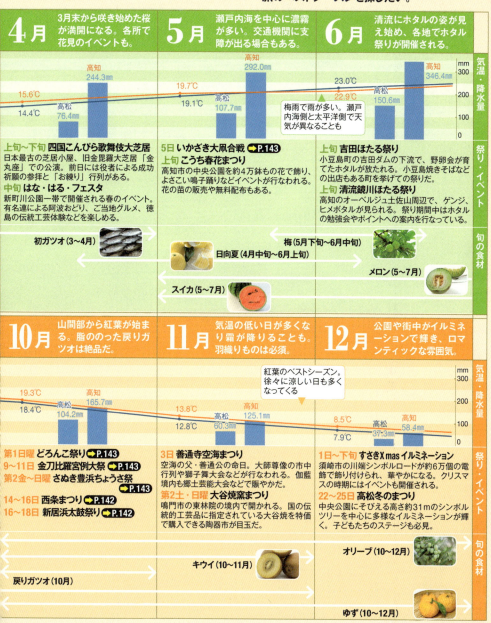

# SHIKOKU ZEKKEI COLLECTION
# 絶景 四国の川と海

豊かな自然に囲まれた四国には、
昔と変わらない穏やかな風景がある。
景勝地がある、名高い清流がある。
もちろん四季の海は、
さまざまな表情を見せて旅人の心に残る。

特集●SHIKOKU ZEKKEI COLLECTION

神秘的な魅力を放つ
澄み切った仁淀ブルー

## 仁淀川
におどがわ

愛媛県の石鎚山から高知県を流れる全長124kmの川。四国三大河川に数えられ、青く澄んだ水は「仁淀ブルー」とも呼ばれる。上流には美しい滝や渓谷が多く、神秘的な光景が目を奪う。

➡ P.112
高知・いの町ほか MAP 付録P.26 A-2

平成24年から4年連続で、水質ランキング(国土交通省)で1位となっている

絶景 四国の川と海

恋人たちの願いが叶う
干潮時に現れる砂の道

## エンジェルロード

4つの島を結ぶ砂の道。1日2回、引き潮のときだけ海中から出現する。大切な人と手をつないで渡ると願いが叶うという。

➡ P.59
香川・小豆島 **MAP** 付録P.18 B-3

干潮時のみ、陸地と島が地続きになる現象はトンボロ現象と呼ばれる

特集 SHIKOKU ZEKKEI COLLECTION

激流によって刻まれた
迫力ある雄大な渓谷美

## 大歩危・小歩危
おおぼけ・こぼけ

吉野川の浸食でできた約8kmにわたる渓谷。近くにはV字型に切り込んだ祖谷渓があり、絶景のかずら橋はスリルたっぷり。

➡ P.161
徳島・祖谷 **MAP** 付録P.34 A-3／付録P.34 A-2

大歩危・小歩危から奥祖谷にかけての一帯は深い緑に包まれている

観光列車「伊予灘ものがたり」の停車駅だが、上り下り合わせても、1日20本ほどの列車しか停車しない

海沿いの駅舎から
伊予灘の夕景を眺める

## 下灘駅
しもなだえき

伊予灘沿いを走る予讃線の小さな駅は、眺望の美しさから青春18きっぷのポスターをはじめ、映画やテレビドラマの舞台として登場。

愛媛・伊予 **MAP** 付録P.4 C-3
🚗 JR松山駅から車で50分（予讃線利用の場合、JR松山駅から1時間）

22

青のりやうなぎ、川エビや鮎など、川の幸も楽しみたい

幾重にも連なる山並と美しく調和する清流

## 四万十川
しまんとがわ

高知県津野町の源流から土佐湾へと注ぐ全長196kmの大河。山々の間を縫うように流れ、日本最後の清流として知られる。

➡ P.128

高知・四万十ほか MAP 付録P.6 B-4

まるで南国の楽園 透明度抜群の海に感動

## 柏島
かしわじま

高知県大月町の西南端に浮かぶ周囲約4kmの小島。四国本島と2本の橋で結ばれている。エメラルドグリーンの海は透明度が極めて高く、ダイビングや釣りの絶好スポットとなっている。

高知・大月 MAP 付録P.6 C-4
交 土佐くろしお鉄道・宿毛駅から車で45分

四国の南西部はアクセス難易度が高いが、訪れる価値はある

絶景 四国の川と海

23

岩礁に砕け散る波が
荒々しい景観を形成

## 室戸岬
むろとみさき

四国東南端に位置する岬。奇岩や岩礁が続く海岸に太平洋の荒波が打ち寄せる。平成23年(2011)、世界ジオパークに認定。

➡ P.136

高知・室戸 MAP 付録P.31 F-2

音を立てて飛び散る波飛沫が青空に映える。周辺は遊歩道も整備されている

特集 ● SHIKOKU ZEKKEI COLLECTION

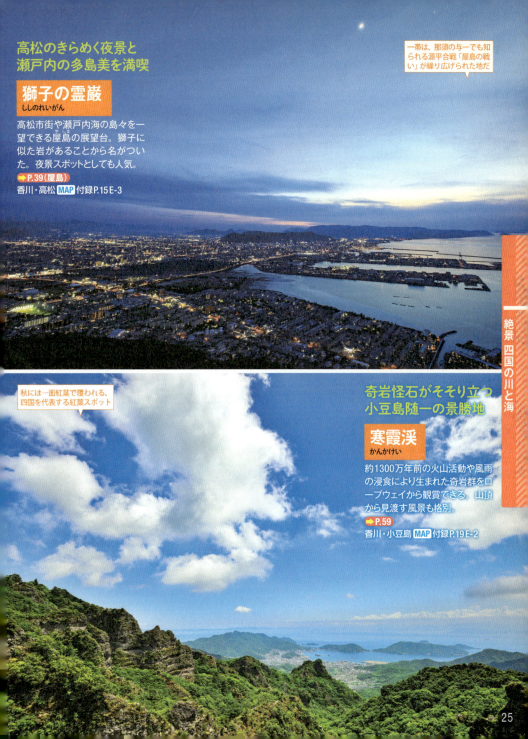

高松のきらめく夜景と
瀬戸内の多島美を満喫

## 獅子の霊巌
ししのれいがん

高松市街や瀬戸内海の島々を一望できる屋島の展望台。獅子に似た岩があることから名がついた。夜景スポットとしても人気。
➡ P.39（屋島）
香川・高松 MAP 付録P.15 E-3

一帯は、那須の与一でも知られる源平合戦「屋島の戦い」が繰り広げられた地だ

絶景 四国の川と海

奇岩怪石がそそり立つ
小豆島随一の景勝地

## 寒霞渓
かんかけい

約1300万年前の火山活動や風雨の浸食により生まれた奇岩群をロープウェイから観賞できる。山頂から見渡す風景も格別。
➡ P.59
香川・小豆島 MAP 付録P.19 E-2

秋には一面紅葉で覆われる、四国を代表する紅葉スポット

## 潮の流れが生み出す
## 豪快なうず潮が見どころ

### 鳴門海峡
なるとかいきょう

四国北東端と淡路島に挟まれた海峡。大鳴門橋の遊歩道や観潮船からは、巨大なうず潮を間近に観察できる。大鳴門橋から2kmほど離れた入り江「ウチノ海」の静かな風景も眺めたい。

徳島・鳴門 MAP 付録P.33 F-1

ウチノ海は陸地に囲まれた内海。鳴門スカイラインから美しい眺望が楽しめる

## 月の名所として有名
## 白砂青松の美しい浜辺

### 桂浜
かつらはま

龍頭岬と龍王岬の間に広がる弓状の海岸。五色の砂浜と青松が美しく、日本の渚百選に選ばれている。月の名所でもある。

➡ P.107
高知・高知 MAP 付録P.27 F-4

坂本龍馬像でも有名な海岸で、高知市街からは車で30分ほど。すぐ近くには長宗我部元親が築いた浦戸城(跡)もある

瀬戸内海の眺望が最高
本州と四国をつなぐ道

## 瀬戸内しまなみ海道
せとうちしまなみかいどう

愛媛県今治市と広島県尾道市を結ぶ架橋ルート。瀬戸内海に浮かぶ8つの島を9つの橋でつないでいる。来島海峡大橋を望む亀老山展望公園が絶景ポイント。
愛媛・今治 MAP 付録P.5 E-1

橋は自転車でも専用レーンで通行可能。ライトアップされた橋梁も見事

絶景 四国の川と海

270度の視界が広がる
四国最南端の絶景

## 足摺岬
あしずりみさき

四国最南端の岬。高さ80mの断崖が続き、展望台からは270度の大パノラマが一望できる。
➡ P.132
高知・足摺 MAP 付録P.30 C-4

雄大な太平洋を航行する船を見守る灯台。ジョン万次郎の故郷は、足摺岬からほど近い場所にある

# LUXURY RESORT HOTELS
# 四国の隠れ家リゾート

一生に一度は過ごしたい。眺望が素敵で、このうえない静かな場所。
部屋でのんびりするも、自然を散策するも、あなた次第だ。

**1**

### エーゲ海にいるかのような
### リゾート気分を味わう
## ヴィラ サントリーニ

**高知・土佐** MAP 付録P.30 C-1

白と青のコントラストが美しい、ギリシャ・サントリーニ島さながらの風景が広がるホテル。客室は島の伝統的な建築様式である洞窟型。細部まで忠実に再現されており、インテリアの小物もギリシャから取り寄せたものだという。支配人が厳選したギリシャグッズを購入することもできる。

**2**

**3**

**4**

### HOTEL DATA
☎ 088-856-0007
所 高知県土佐市宇佐町竜599-6
交 土佐ICから車で20分 P あり in 15:00
out 11:00 室 14室 予算 1泊2食付2万3760円～

1. 目の前に広がる土佐湾からは朝日が昇る 2. 3. 食事はレストラン・ティラで。山海の幸に恵まれた土地柄ならではの、素材の味を生かした料理が並ぶ。ディナーはシェフのおまかせコースを楽しめる 4. スイートタイプダブル。客室はスタンダード、スイート、テラスバス付の3タイプだ 5. 白壁に青いドームやドア、窓枠がサントリーニ島の特徴 6. 夜にはホテル全体がライトアップされ、よりロマンティックな印象に

**5**

**6**

## 贅沢な空間のなかで
## 自然を眺め、静けさを知る
# 瀬戸内リトリート 青凪
せとうちリトリート あおなぎ
愛媛・松山 MAP 付録P.5 E-2

建築家・安藤忠雄が建築、設計を手がけたオールスイートのラグジュアリーホテル。美術館として一部を公開していた建物をリノベーションした。プールや温泉ジャグジー、スパ、ギャラリーなどファシリティも充実。デッキプール「THE BLUE」の水面の先には瀬戸内海が広がる。

### HOTEL DATA
☎ 089-977-9500
所 愛媛県松山市柳谷町794-1 交 松山ICから車で40分 P あり IN 15:00 OUT 11:00 室 7室 予算 1泊2食付8万7600円〜

1.「THE AONAGIスイート」。天井まである広い窓からは瀬戸内の島々を一望できる 2.2フロアのメゾネットタイプになっている「THE AONAGIスイート」。ベッドルームとバスルームは上階だ 3.食事は瀬戸内の旬の素材をふんだんに使用した和食のコースをいただける 4.本館地下にあるダイニング「MINAGI」

## 3世代にもやさしい
## 朝から夜まで楽しめるリゾート
# ルネッサンス リゾート ナルト

徳島・鳴門 MAP 付録P.33 E-2

瀬戸内海国立公園内に建つ絶景リゾートホテル。温泉やスパ、プライベートビーチやプール、釣り堀などを備えており、子どもから大人まで楽しめる。大鳴門橋のクルージングや料理教室、阿波おどりライブ、藍染めや大谷焼絵付けなど伝統文化体験も充実。

### HOTEL DATA
☎ 088-687-2580
所 徳島県鳴門市鳴門町土佐泊浦大毛16-45 交 鳴門北ICから車で5分 P あり IN 15:00 OUT 11:00 室 208室 予算 1泊2食付2万2830円〜

1.1階には海に昇る朝日や月の道が眺められる露天風呂、8階には展望風呂がある。美人の湯と名高い天然温泉 2.「一本釣り鳴門鯛会席」やフレンチ懐石、割烹バイキングなどで徳島の食を堪能 3.「阿波ルーム」は阿波藍染めや阿波おどりの竹細工などが飾られ、阿波の文化と伝統に触れられる部屋だ 4.テラスカフェでは鳴門金時タルトやすだちジュース、ご当地バーガーが人気 5.大鳴門橋遊歩道 渦の道や大塚国際美術館にも移動しやすい立地

四国の隠れ家リゾート

### 小規模で高品質を徹底した大人のための隠れ家

# Villa Bel Tramonto
ヴィラ ベル トラモント

徳島・鳴門 MAP 付録P.33 E-3

評判の高いリゾートホテル、モアナコーストの別館として平成25年(2013)にオープン。2フロアのヴィラスタイルの客室は、落ち着いた色合いのインテリアでやわらかな光が照らす。雨でも楽しめる半露天のジャグジーは全室に完備。静かな時間を過ごすのに最適な空間だ。

### HOTEL DATA
☎088-687-2255
所 徳島県鳴門市鳴門町土佐泊浦高砂186-16
交 鳴門北ICから車で8分　P あり
in 15:00　out 11:00　室 14室
予 1泊2食付2万3000円～

1.ヴィラハリウッドツインからの夕景。中庭越しに、里山に落ちる夕日を眺めることができる　2.ディナーには旬の魚介類を生かした絶品イタリアンがいただける　3.シモンズ製のベッドが置かれたヴィラハリウッドツインのベッドルーム　4.3000坪の広い敷地内にはゆったりとした時間が流れる

### 大自然と地元の文化に密着 幻想的な雰囲気を漂わせる宿

# オーベルジュ内子
オーベルジュうちこ

愛媛・内子 MAP 付録P.5 D-4

内子の街を見下ろす高台に建つオーベルジュ。全室が離れになっている客室は地元の特産品である五十崎の和紙とガラスを用いた開放感あふれる雰囲気。和ろうそくが灯されたダイニングでは、内子の食材をふんだんに使ったヌーヴェル・ウチコ・キュイジーヌをいただける。

1.時計もテレビもない客室で非日常のひとときを過ごせる　2.「内子の旬を味わう」をテーマにシェフと契約農家がともに作り上げる、体にやさしいフランス料理　3.源泉かけ流しの露天風呂は花見も楽しめる　4.客室内にも風呂があり、プライベートな時間を楽しめる

### HOTEL DATA
☎0893-44-6565
所 愛媛県喜多郡内子町五十崎乙485-2
交 内子五十崎ICから車で5分　P あり
in 14:00　out 12:00　室 5室
予 1泊2食付3万240円～

### 小豆島らしさにこだわった
### おもてなしの心に満ちた島宿

## 島宿 真里
しまやどまり

香川・小豆島 MAP 付録P.19-E-3

小豆島の特産品である醤油。かつては醤油屋だったという小さな宿だ。夕食にいただける醤油会席では、瀬戸内の旬の素材と醤をもとにした自家製調味料のコラボレーションを楽しめる。それぞれに雰囲気が異なる7つの客室や天然温泉で癒しの時を過ごせる。

**HOTEL DATA**

☎0879-82-0086
所 香川県小豆郡小豆島町苗羽甲2011
交 草壁港から車で10分 P あり
in 14:00 out 11:00 室 7室
予算 1泊2食付2万5530円～

1. 美肌効果があるという自家源泉の「里枝温泉」。部屋の内風呂でもこのお湯を楽しめる
2. 離れの特別室、「お」の間。2階に寝室、半地下には洋間がある
3. 島で獲れる希少な魚の造りはぜひ味わいたい逸品
4. 宿は、築70年以上の老舗。古民家を改築した母屋もあり、国の文化財指定を受けている

四国の隠れ家リゾート

---

### フランスの田舎を連想させる
### シンプルなオーベルジュ

## オーベルジュ ドゥ オオイシ

香川・屋島 MAP 付録P.15 D-2

平成10年(1998)にフランス料理のレストランとしてオープン。同17年(2005)にオーベルジュとなった。白を基調にした室内は全室がスイートルーム。家具や小物もこだわり抜いたものばかりだ。海を一望できるテラスでは朝食をいただくこともできる。

**HOTEL DATA**

☎087-843-2235
所 香川県高松市屋島西町65
交 高松中央ICから車で20分 P あり
in 15:00 out 11:00 室 5室
予算 1泊2食付ツイン3万6500円～

1. ベッドルームでも波の音が聞こえてくる
2. ディナーはプリフィクスとシェフおまかせコースの2種類だ
3. 瀬戸内の旬の食材を南フランス料理風に仕上げ、胃にもたれないものを心がけて提供しているという
4. テラス付きの部屋が1室、テラス+屋上デッキ付きの部屋が4室ある

31

土佐の自然と四季を満喫
心安らぐ静かな空間

## オーベルジュ土佐山
オーベルジュとさやま

高知・高知 MAP 付録P.26 C-1

静かな山あいにあるオーベルジュ。杉や檜、土佐和紙や土佐漆喰を多用した温かみのある宿だ。部屋はホテル棟とプライベート感あふれるヴィラ棟の2タイプ。夕食は高知産の食材にこだわり、お酒を楽しむ土佐の風土に合うよう趣向を凝らした土佐山流転会席がいただける。

### HOTEL DATA
☎ 088-850-6911
新 高知県高知市土佐山東川661　交 高知ICから車で30分　P あり　in 15:00　out 11:00
室 16室　予算 1泊2食付1万7820円～

1. 窓の外には山の緑と野鳥の声。静かな雰囲気に癒される　2. スイートルームのヴィラ棟は最大6名まで宿泊可能だ　3. 土佐山温泉の天然のいで湯を使った露天風呂。土佐山の大自然を感じながらくつろぎのひとときを過ごしたい　4. 土佐和牛や土佐ジロー卵など、希少価値の高い食材が並ぶ

特集 ●LUXURY RESORT HOTELS

自然の宝庫、室戸に位置する
ラグジュアリーなリゾート

## 星野リゾート　ウトコ オーベルジュ＆スパ
ほしのリゾート　ウトコ オーベルジュ＆スパ

高知・室戸 MAP 付録P.31 F-2　P.137

すべての部屋がオーシャンビュー＆ビューバス付きという贅沢なシチュエーション。高知の名産品・カツオの部位を余すところなく使ったコース料理や、ゆずが香る爽やかな朝食は絶品。室戸沖の海洋深層水を使ったディープ・シー・セラピーで癒されたい。

### HOTEL DATA
☎ 0570-073-022
所 高知県室戸市室戸岬町6969-1 ディープシーワールド内　交 南国ICから車で1時間40分　P あり　in 14:00　out 11:00
室 17室　予算 1泊2食付2万4000円～

1.2室限定のラグジュアリールーム。オープンテラスも付いているので、波音を聞きながらくつろぎたい　2. ミネラルが豊富な海洋深層水を利用した温水プール　3. 高知の食文化「皿鉢料理」をイメージした美しい盛り付け　4. ヤシの木が植えられ、南国ムードあふれるテラス　5. 屋上にあるタイフーンテラス。太平洋を見渡す絶景が楽しめる

静かに凪いだ海を見ながら
穏やかな時を過ごす

## ホテルリッジ

徳島・鳴門 MAP 付録P.33 D-1

瀬戸内海国立公園にある複合施設、鳴門パークヒルズ内のホテル。わずか10室の静かな宿で、源泉かけ流しの天然温泉と鳴門の旬の食材を使った美食を堪能できる。客室は心地よく過ごせるようにシンプルなインテリア、ダイニングは昭和初期の建物でノスタルジックな雰囲気だ。

### HOTEL DATA

☎088-688-1212
所 徳島県鳴門市瀬戸町大島田中山1-1
交 鳴門北ICから車で15分　P あり
in 15:00　out 12:00　室 10室
予算 1泊2食付4万7670円〜

1. 鳴門パークヒルズ内にはレストラン カリフォルニアテーブルも。カジュアルな創作料理が楽しめる　2. 自然の音色に包まれる客室　3. 眼下に鳴門海峡を見ながら至福のひととき　4. 季節感を大事にした料理はホテル名の由来にもなっているリッジワインとともにいただきたい

四国の隠れ家リゾート

---

四万十川のせせらぎと
木の香りに癒されるホテル

## 雲の上のホテル
くものうえのホテル

高知・四国カルスト MAP 付録P.7 E-1

世界的に高名な建築家・隈研吾のデザインによるスタイリッシュなホテル。「雲の上の温泉」には美人の湯と名高い露天風呂や8種の生薬を揉み出した薬湯風呂などがある。夕食のおすすめは幻の和牛・土佐あかうしを使った会席。四季折々の食材とともに贅沢なメニューが並ぶ。

### HOTEL DATA

☎0889-65-1100
所 高知県高岡郡梼原町太郎川3799-3
交 高知ICから車で1時間20分　P あり
in 15:00　out 10:00　室 13室
予算 1泊2食付1万800円〜

1.「雲の上のギャラリー」内にひっそりとしつらえた隠れ家のようなロイヤルルーム　2. 隈氏が飛行機の翼をイメージしたという外観　3. 大きな窓が広がるレストラン。ホテルオリジナルのチーズケーキはおみやげに最適　4. 露天風呂のほかにもジェットバスやジャグジー、サウナなどもある

## 美しき瀬戸内海に面する四国の玄関口

KAGAWA

# 香川
かがわ

経済都市・高松を有し、新旧の文化が交差しながら賑わいをみせる香川県。こんぴら参りをはじめ数々の名所が、全国から訪れる観光客を温かく出迎える。

## おもなエリアと人気スポット

コンパクトな都市に歴史的観光地が点在。県民食である讃岐うどんも外せない旅の楽しみだ。

### 歴史が息づく県の中心地
#### 高松周辺
たかまつ

香川県の県庁所在地である高松市周辺には、広大な特別名勝 栗林公園、源平合戦の舞台である屋島、日本最大水城の高松城跡など、歴史的見どころが多い。店も多く、食文化も楽しめる。

↑経済都市として発展する高松。歴史と新しい文化が融合する

**観光のポイント**　歴史巡りのあとは、海鮮やうどんなどの高松グルメを

### オリーブで知られる島
#### 小豆島
しょうどしま

瀬戸内海に浮かぶ、オリーブやそうめんが有名な穏やかな島。温暖な気候のもと、日本三大渓谷のひとつ寒霞渓や、エンジェルロード、二十四の瞳映画村などをのんびりと散策したい。

↑絶景を望む観光地で、穏やかな空気と澄んだ青空を満喫

**観光のポイント**　ロープウェイを使って寒霞渓へ。眼下の渓谷美は見事

### こんぴらさんで幸せ祈願
#### 琴平周辺
ことひら

「讃岐のこんぴらさん」で知られる金刀比羅宮のある街には、全国から参詣者が訪れる。風情ある石段を上り、幸せを祈願しよう。こんぴら参りと併せ、参道の店で買い物も楽しんで。

↑休憩しながら詣でたい。旧金毘羅大芝居など観光スポットもある

**観光のポイント**　1368段もの石段がある金刀比羅宮。時間をかけて進もう

### 自然とアートが共存する
#### 直島周辺
なおしま

瀬戸内海に点在する直島、豊島、女木島、男木島、犬島などはアートの島として注目される。自然と調和する屋外アートや古い民家を改修するプロジェクト、美術館で、芸術に触れる旅を。

↑悠々たる瀬戸内の自然とアートが醸す、独特の雰囲気が魅力

**観光のポイント**　近年注目のアートの島々で、数々の現代芸術に触れる

城下町として繁栄した瀬戸の都
## 香川県
# 高松
たかまつ

**優雅な庭園をはじめ多数の名所が点在**

香川県の県都である高松は、瀬戸内海に面した四国の玄関口。江戸時代には高松城の城下町として栄え、大名庭園の栗林公園、高松城跡にある玉藻公園などに、その名残が感じられる。源平合戦ゆかりの屋島にも見どころが多い。

**街の歩き方**：拠点はJR高松駅やことでん・瓦町駅。市街地の移動はことでんを利用したい。平日は15～20分間隔で運行。屋島は山上までドライブウェイがあり、JR高松駅から車で約20分。

香川 高松 歩く・観る

先人から継承する和の文化と美に触れる
## 藩の栄華を語る
## 讃岐の名庭園

歴代の高松藩主が100年以上の歳月をかけて築庭。雅趣に富んだ回遊式大名庭園に、日本人の美意識を垣間見る。

香川・高松ツーリストインフォメーション ☎087-826-0170 所香川県高松市浜ノ町
時9:00～20:00 休無休 交JR高松駅構内

## 特別名勝 栗林公園
とくべつめいしょう りつりんこうえん

**MAP** 付録P.12 B-4

### 池や築山を巧みに配置した広大な回遊式大名庭園の傑作

紫雲山を背景に6つの池と13の築山を配した壮大な庭園。江戸時代の回遊式大名庭園の面影をとどめる南庭と、明治時代に改修された北庭からなる。

☎087-833-7411 ⚑香川県高松市栗林町1-20-16 ⏰7:00〜17:00(季節により異なる) 休無休 料410円など 交ことでん・栗林公園駅から徒歩10分 Pあり

四季折々の景色が美しく、国の特別名勝に指定されている

### 偃月橋
えんげつきょう

園内で最も大きな橋で、優美な反りが特徴。池に映る橋の姿が弓張り月(半月)のように見えることから名付けられた。

### 鶴亀松
つるかめまつ

約110個の石を組み合わせて亀を表現し、その背中で舞う鶴の姿に見立てた松を配している。

### 芙蓉峰
ふようほう

北湖を見渡す築山。紫雲山を背景とした絶景が素晴らしい。

### 南湖
なんこ

南庭の中核をなす広さ約7900㎡の池。3つの島と2つの橋があり、この池を回遊しながら園内の風景を楽しめるよう設計されている。

藩の栄華を語る 讃岐の名庭園

### 立ち寄りスポット

#### 掬月亭
きくげつてい

江戸時代初期に建てられた茶屋風の建物からは、移ろいゆく四季をゆったり観賞できる。

🌸 季節のお菓子やお茶も楽しめる(別途料金)

🌸 美しい自然を感じて

### 歴史ある城下を散策

日本三大水城に数えられる高松城の城址を巡り、歴史を探求する。

**櫓や門などの貴重な建造物が現存**

### 史跡高松城跡 玉藻公園
しせきたかまつじょうあとたまもこうえん

**MAP** 付録P.14 C-1

☎087-851-1521 ⚑香川県高松市玉藻町2-1 ⏰8:30〜17:00(季節により異なる) 休無休 料200円 交JR高松駅から徒歩3分 Pあり

🌸 生駒親正のあとに入府した松平家が作り上げた艮櫓(うしとらやぐら)

堀に海水を引き込んだ水城として有名な高松城。その城跡を整備した公園で、艮櫓(うしとらやぐら)、月見櫓(つきみやぐら)、水手御門などの遺構が残る。

日本が揺れた平安乱世の軌跡を見る
# 歴史が動いた
# 源平の古戦場 屋島

「扇の的」の名シーンで知られる「屋島の戦い」。
源平の明暗を分けた歴史的合戦の舞台を歩き、『平家物語』の世界を体感したい。

香川｜高松●歩く・観る

山頂から見た風景。
瀬戸内海と山に囲まれた街並が美しい

## 屋島寺
やしまじ

**MAP** 付録P.15 E-3

### 鑑真和上が創建した古刹
### 美しい本堂や寺宝が見どころ

天平勝宝6年(754)、鑑真和上が屋島北嶺に創建したのが始まり。のちに弘法大師が南嶺に遷移した。四国八十八ヶ所霊場の第84番札所。

☎087-841-9418 所香川県高松市屋島東町1808 時休料拝観自由 交JR屋島駅から車で15分 Pあり

↑鎌倉時代の建築様式を伝える朱塗りの本堂

↑太三郎狸を祀る蓑山大明神が境内に鎮座

↑源平合戦に関する宝物などを収めた宝物館

---

## 歴史Column

### 源平合戦のゆかりの地を歩く

**後世に語り継がれる名場面**
**「屋島の戦い」の舞台として有名**

平安末期に日本各地で繰り広げられた源平合戦。なかでも「屋島の戦い」は、那須与一が扇の的を射るエピソードでも有名だ。元暦2年(1185)、屋島に拠点を構えていた平家軍を、源義経率いる源氏軍が奇襲。不意を突かれた平家軍は撤退を余儀なくされ、その後悲劇の運命をたどる。屋島には、そんな合戦の逸話を伝える史跡が随所に点在。歴史ロマンに思いを馳せながら訪ねてみたい。

↑与一が扇の的を射るときに馬を立てた「駒立岩」

---

## 趣深い商店街を散策

### 屋島山上商店街
やしまさんじょうしょうてんがい

レトロなたたずまいのみやげ屋が軒を連ねる。開運、厄除けの「かわらけなげ」(200円)にも挑戦してみては。

**MAP** 付録P.15 E-3

↑商店街を抜けると瀬戸内のパノラマが広がる

### 扇誉亭
せんよてい

独特の音色を奏でる珍しい讃岐の石「サヌカイト」をはじめ、地元作家の作品がそろう。運が良ければ、中庭に遊びに来る野生のタヌキと出会えるかも。

**MAP** 付録P.15 E-3
☎087-841-1166 所香川県高松市屋島東町1803-2 時9:00~17:00(冬季は~16:00) 休無休 交JR屋島駅から車で15分 Pなし

↑繊細な細工の絹てまりスタンド1600円~
↑サヌカイト3000円~。趣ある心地よい音色が魅力

↑展望台から見る現在の景色と屏風絵を見比べ、歴史に思いを馳せてみるのも一興

---

## 注目ポイント

### 屋島三大展望を眺める

屋島山上には南北に遊歩道が整備され、展望台が点在。屋島三大展望台は、源平合戦場跡や多島美など、瀬戸内海の違った眺望が楽しめる。大パノラマを見比べるのもおもしろい。

↑古戦場の檀ノ浦や小豆島、五剣山を一望できる談古嶺からの景色

↑展望台下に、海に向かい吠える獅子の形の岩がある獅子の霊巌

↑大正12年(1923)、良子女王殿下(香淳皇后)により命名された遊鶴亭

---

歴史が動いた 源平の古戦場 屋島

# 四国村
しこくむら
**MAP** 付録P.15 E-4

## 四国地方の暮らしを伝える古民家を集めた野外博物館

四国各地の古民家を移築復元。約5万㎡の敷地に江戸から大正期の地方色豊かな建物を配置し、多数の民具も展示している。

☎087-843-3111(四国村)
☎087-843-3114(ティールーム異人館)
⌂香川県高松市屋島中町91 ⏰8:30〜17:00(ティールーム異人館9:30〜17:30) 休無休 一般1000円ほか
🚃JR屋島駅から車で8分 Ｐあり

**旧丸亀藩御用蔵**
きゅうまるがめはんごようぐら
丸亀藩の米蔵として使用。漆喰塗りの白壁や美しいなまこ壁が目をひく。

**旧河野家住宅**
きゅうこうのけじゅうたく
18世紀の南予地方の民家。土間にコウゾを蒸す釜があるのが特徴。

**醤油蔵・麹室**
しょうゆぐら・こうじむろ
巨大な仕込み桶など、長年使用されてきた醤油醸造用具を展示。

**ティールーム 異人館**
ティールームいじんかん
神戸の異人館を移築した喫茶店。イギリスから取り寄せた古い調度品が館内を彩る。

→異国情緒ある空間で味わう定番人気のコーヒーゼリー460円

→オートミールを使った、風味豊かでヘルシーなマフィン310円

### 立ち寄りスポット

## HIDAMARI COFFEE STAND
ヒダマリ コーヒー スタンド

焼きたてパンを使ったランチが人気で、店内は誰もがほっこりできる空間。店内の壁面に描かれた鳥のイラストも必見。

**MAP** 付録P.15 D-3
☎087-880-3535
⌂香川県高松市屋島西町2453-20
⏰7:00〜17:00(LO16:30)
休月曜、第2・4火曜 🚃JR屋島駅から車で10分 Ｐあり

→HIDAMARIプレートランチ1000円。週替わりのランチはサラダ、スープ、ドリンク、デザート付き

→団地再生プロジェクトによりリノベートされたおしゃれな空間

## 地域でも愛されるなごみの湯に集う
# 癒しの仏生山温泉へ

街並に溶け込むモダンで温かな雰囲気の憩いの場。
市内で安らぎある時間を過ごし、心と体を休めたい。

### 「美人の湯」と呼ばれる泉質と効能
仏生山温泉の泉質は、ナトリウム炭酸水素塩・塩化物泉（療養泉）とされる。旧温泉名は、「美人の湯」といわれている重曹泉。石鹸のような洗浄作用があり、皮膚の表面を軟化させて古い角質を取り除く。新陳代謝をあげ、肌荒れなどに効果があるため、入浴後はつるつるとした肌の感触を楽しむことができる。

## 仏生山温泉
ぶっしょうざんおんせん
**MAP** 付録P.10 A-2

### 仏生山駅から徒歩10分
### 穏やかな時が過ごせる大衆浴場

江戸時代からの商家や町家が建ち並ぶ歴史の街で、とりわけ目をひくモダン建築。館内にはくつろげる温泉や、シンプルながらも木のぬくもりを感じられる空間が広がる。

☎ 087-889-7750
所 香川県高松市仏生山町乙114-5　営 11:00（土・日曜、祝日9:00）～24:00（最終受付23:00）　休 第4火曜
料 600円　交 ことでん・仏生山駅から徒歩12分
P あり

↑昼夜で違う雰囲気も魅力

↑大衆浴場らしからぬ、洗練された建築。住宅街にいることを忘れさせてくれる

歴史が動いた源平の古戦場 屋島・仏生山温泉

## 温泉内にあるくつろぎの空間でリラックス
### 心も体も休まる至福のひとときを

天井高のある開放的な待合では、アメニティや地元のお菓子、雑貨がそろう物販コーナーや、自由に休憩できる畳スペースもある。美人の湯といわれるとろっとした重曹泉を大浴場や露天風呂で満喫したあとは、手作りかき氷でクールダウンしたり、食事をしたり。心身ともに癒される温泉だ。

### 休憩所・食堂
庭の緑と穏やかな陽の光がやさしい食堂。うどんやカレーなどの食事系や、ドリンク、デザートメニューまで幅広く用意している。

↑お風呂上がりの休憩におすすめ。食堂のみの利用も可能
↑大きな窓が配され、開放的な雰囲気の休憩室

### 仏生山温泉小書店
待合では文庫本の古書を販売しているので、どんな本があるかチェックしたい。お風呂での読書もでき、湯船でゆったり本と温泉を楽しめる。

↑湯船に浸かって疲れをとりながら、楽しい読書タイムを

### おんせんマーケット
年に数回、不定期に行なわれる仏生山温泉で人気のフリマ。パンやお菓子、本、雑貨など、厳選された商品が多数並ぶ。日程は要問い合わせ。

↑商品販売のほかにも、ワークショップなどのお楽しみイベントも

### 活きのいい瀬戸内の幸を味わえる老舗店
## 天勝
てんかつ

**MAP** 付録P.14 A-2

貴重な地元産穴子の刺身は、透き通る美しさが印象的。売り切れの場合もあるので予約を入れておきたい。「べえすけ」と呼ばれる大きな穴子のすき焼きは、漁師料理からヒントを得て生まれたメニュー。しめはうどんであっさりしているので、年配客にも人気だ。

☎ 087-821-5380
所 香川県高松市兵庫町7-5　営 11:00～14:00 16:00～22:00(LO21:30) 土・日曜、祝日11:00～21:00　休 無休　交 JR高松駅から徒歩7分　P あり

予約 可
予算 L 800円～／D 3000円～

- 地穴子の刺身 972円
  珍しい穴子の刺身は口の中に入れた瞬間とろける独特の味わい。地元でも提供している店は限られているそう

---

香川｜高松●食べる

## 地元の食材を高松の街で堪能
# 幸せ旅先美食 郷土のひと皿

瀬戸内海の海鮮や、小豆島のオリーブ牛など、香川県の名産を存分に味わえる料理店をご紹介。

↑店内中央には大型の生け簀が

↑高松駅からも近い好立地

---

### 地元ならではの食材を素朴な味付けで存分に味わう
## 海鮮食堂 じゃこや
かいせんしょくどう じゃこや

**MAP** 付録P.10 B-2

瀬戸内ならではの海の幸をふんだんに使ったシンプルな料理が自慢。道の駅内にあり、観光客はもちろん地元の人で賑わう。人気の「オリーブハマチ」は9月中旬頃からで、刺身や煮付けなどの素材の良さを楽しめるメニューが充実。セルフ方式で気取らないスタイルも人気。

☎ 087-845-6080
所 香川県高松市牟礼町原631-7　営 11:00～14:00(土・日曜、祝日は～15:00)　休 無休　交 ことでん・塩屋駅から徒歩5分　P あり

予約 不可
予算 L 1000円～

↑産直品やみやげ物コーナーも併設

- ハマチ漬け丼並 702円
  卵は三木町の東山さん家のこだわり卵、お米も香川県産を使用。自慢の一品は一度食べるとヤミツキに

### 希少な讃岐オリーブ牛と
### 厳選野菜を楽しむ鉄板焼き

# 藍丹
らんたん

**MAP** 付録P.14 B-3

厳選した讃岐オリーブ牛が味わえる数少ない店。国産のオリーブを10%以上加えた飼料で育ったブランド牛は、上品な甘さのさっぱりとした味わい。店主みずから産地に足を運び、目利きした地元野菜も用意。予約時に好みを伝えればアレンジも可能。

**讃岐オリーブ牛コース(150g)**
**7800円**
前菜盛り合わせ、季節のサラダ、焼き野菜5種、讃岐オリーブ牛ステーキ、土鍋ご飯、漬物、味噌汁、デザートまたはコーヒーなど充実のコース内容

| 予約 | 要 |
|---|---|
| 予算 | D 4500円～ |

☎ 087-822-7772
所 香川県高松市鍛冶屋町2-10 K's family 2F
営 17:30～22:30
休 日曜(祝日は予約のみ営業)
交 JR高松駅から徒歩15分
P あり

↑1日3組限定。早めの予約を

### いまや人気は全国区
### ご当地ソウルフード

# 骨付鳥 一鶴 高松店
ほねつきどり いっかく たかまつてん

**MAP** 付録P.14 B-3

県内に6店舗を構え、横浜や大阪にも出店している一鶴。創業から半世紀以上、地元民が愛してやまない骨付鳥専門店だ。スパイシーな味付けでジューシーな骨付鳥は、昔から変わらない味が自慢。地元を離れても「讃岐に戻るとなにはさて置きまずは一鶴」というほど、根強いファンも多い。

↑席も多く過ごしやすい

☎ 087-823-3711
所 香川県高松市鍛冶屋町4-11
営 16:00(土・日曜、祝日11:00)～23:00(LO22:30)
休 無休
交 JR高松駅から徒歩15分
P なし

| 予約 | 可 |
|---|---|
| 予算 | L 1500円～ D 2000円～ |

**ひなどり 894円**
やわらかくて食べやすく、子どもからお年寄りまで楽しめる定番の味。歯ごたえを楽しみたい通は「おやどり」を

幸せ旅先美食 郷土のひと皿

### イサム・ノグチも愛した
### 讃岐郷土料理の真髄

# まいまい亭
まいまいてい

**MAP** 付録P.12 B-3

オープンから約40年、讃岐の郷土料理が落ち着いた雰囲気のなかで味わえる。伝統の素材と調理を忠実に再現し、うどんだけではない讃岐の食文化を提供する。地産地消の草分けでもあり、地元の旬な素材をていねいに仕上げている。瀬戸内の料理と地酒をいただく幸せを、存分に堪能したい。

**同行2人コース**
**9504円(2名分)**
酢豆腐、もろみ汁、名物せいろあなごめしが楽しめるコース。名物「鮎のひらら煮」はぜひ味わいたい

| 予約 | 要 |
|---|---|
| 予算 | L 2700円～ D 4320円～ |

☎ 087-833-3360
所 香川県高松市東田町18-5
営 11:30～14:00 17:00～22:00
休 不定休
交 ことでん・瓦町駅から徒歩10分
P あり

↑洗練された和の雰囲気が漂う

↑店内はイサム・ノグチの照明

↑食材や道具など、生活と密着した商品が多数並ぶ　↑パッケージのかわいいドリンクはおみやげに最適

## 和洋豊富な名産からお気に入りを選ぶ
# やさしい味わい 高松味みやげ

香川銘菓の老舗から多彩なデザインの洋菓子や雑貨など、喜ばれるアイテムをじっくりと選んで帰りたい。

香川｜高松●買う

### 暮らしを考える学び舎的空間
## まちのシューレ963
まちのシューレきゅうろくさん

MAP 付録P.14 B-3

食材から道具、工芸品など幅広い品ぞろえ。併設カフェとコラボした催事もあり、買って食べて楽しめる。

☎087-800-7888　所香川県高松市丸亀町13-3 高松丸亀町参番街東館2F　営11:00〜19:30(カフェ11:30〜18:00) 金・土・日曜11:30〜22:00　休第3月曜　ことでん・片原町駅から徒歩10分　Pなし

**パリパリ焙煎いりこ 各540円**
伊吹島で獲れた高品質のいりこをおやつ感覚で

**オリジナルブレンド1400円 コーヒーバッグ640円(3個入り)**
酸味を抑え、ほどよいコクと香りの良いオリジナルコーヒー。コーヒーバッグもあり手軽に楽しめる

### 四国の厳選素材を用いたスイーツ
## ラ・ファミーユ 高松本店
ラ ファミーユ たかまつほんてん

MAP 付録P.13 E-3

四国各地のおいしい素材を、さらに厳選して取り入れたスイーツが人気。みやげに最適な焼き菓子も豊富。

☎087-837-5535　所香川県高松市木太町2192　営10:00〜20:00　休無休　ことでん・沖松島駅から徒歩10分　Pあり

**まっ黒チーズケーキ 1296円〜**
ほんのりビターなブラックタルトと濃厚チーズが絶妙にマッチ

**せとろん 10個入り1080円**
瀬戸内産レモンの爽やかな風味が感じられるしっとりレモンケーキ

↑高松国際ホテルの正面に立地

**黄金バウムクーヘン 1296円〜**
コク深い卵「それいゆ」と讃岐和三盆を贅沢に使用。芳醇な味わいがたまらない

### 地元民から愛される革新的なパティスリー
## 菓子工房ルーヴ 空港通り店
かしこうぼうルーヴ くうこうどおりてん

MAP 付録P.10 A-2

新しいお菓子作りへの情熱を欠かさないパティスリー。いつ訪れても100種以上のスイーツが並ぶ。

☎087-869-7878　所香川県高松市鹿角町290-1　営9:30〜19:30　休無休　ことでん・太田駅から徒歩14分　Pあり

**金塊のお菓子 -GOLD FINANCIER-1296円**
希少糖含有シロップを配合。金粉をトッピングした、見た目にも高級感あるフィナンシェ

**和三盆手巻1620円**
香川の特産・和三盆糖とおいでまい米を使い、上品な甘さに仕上げたロールケーキ

**讃の岐三みるくつつみ 10個入り1188円**
高級な白下糖と小豆ミルク味の白餡を包んだ洋風和菓子。チョコ味もあり

↑低糖質や希少糖を使ったお菓子も手がける

## 香川県を代表する銘菓
### 宗家くつわ堂 総本舗
そうけくつわどう そうほんぽ

**MAP** 付録P.14 A-2

明治10年(1877)創業。瓦せんべいを筆頭に、和菓子から洋菓子まで多様な菓子を扱う。

☎087-851-9280
所 香川県高松市兵庫町4-3
営 8:00〜19:00 休 無休
交 JR高松駅から徒歩7分 P なし

**小瓦せんべい**
**16枚入り1080円**
和三盆の原料・白下糖を用いたせんべいは素朴な甘さが美味。噛むほどに味わいが増す

↑ゆったりとした店内

**くつわせんべい**
**23枚入り1080円**
小豆や抹茶、味噌などバラエティ豊かな味が楽しめる。詰め合わせはみやげにも

## 季節のフルーツ大福は必食
### 夢菓房たから
ゆめかぼうたから

**MAP** 付録P.10 A-2

昭和11年(1936)創業。季節の素材を全国各地から厳選し、独自製法で和菓子を作る銘店。

☎087-844-8801
所 香川県高松市春日町214
営 8:30〜18:30 休 水曜(祝日の場合は翌日休)
交 JR高松駅から車で20分 あり

**いちご大福 260円〜**
人気No.1。朝採れイチゴの酸味と特製白餡の甘みが絶妙

**和のテリーヌ「濃茶」 1680円**
宇治抹茶と讃州大黒豆の相性抜群な洋風カステラ

↑旬の味覚を閉じ込めたお菓子が好評

## ユニークなお魚せんべい
### 象屋元蔵
きさやもとぞう

**MAP** 付録P.12 B-3

海の素材をそのまま用いたおとと(魚)せんべいの専門店。保存料不使用で、年齢問わず安心して食べられる。

☎087-861-2530
所 香川県高松市田町5-8
営 10:30〜17:30 休 月曜(祝日の場合は営業)
交 ことでん・瓦町駅から徒歩10分 P なし

**おととせんべい 1枚97円〜**
瀬戸内産の魚介類をていねいに手焼きしたせんべいは、滋味あふれる味わい

↑魚介の種類は約13〜14種類。各1枚から購入できる

## えびせんの老舗ならこちら
### 志満秀 高松本店
しまひで たかまつほんてん

**MAP** 付録P.13 D-4

もとは魚屋から始まった創業60年を超える店。せんべいに限らず、カレーやラー油など多様なえび商品を展開する。

☎087-833-0068
所 香川県高松市今里町2-15-18
営 9:30〜18:30 休 日曜
交 ことでん・林道駅から徒歩15分
P あり

**クアトロえびチーズ**
**8袋入り1080円**
4種のチーズをサンドしたイタリアの風薫るえびせん。ワインとともに味わいたい

↑香川みやげの定番。魚介の風味を堪能しよう

## 海辺のショッピングスポットに立ち寄る
ウォーターフロントで潮風を感じながらのんびりしたい。

### レトロな外装がクール
### 北浜alley
きたはまアリー

**MAP** 付録P.12 C-1

古い倉庫を改装した複合施設。カフェや雑貨屋など多彩なお店があり、買い物や休憩スポットとしても人気。

☎087-811-5212
所 香川県高松市北浜町4-14 休 店舗により異なる
交 JR高松駅から徒歩10分 P あり

↑穏やかな瀬戸内海沿いに立地する倉庫街

**北浜alley内のおすすめショップ**

### 好きな本を見つけたい
### BOOK MARŪTE
ブック マルテ

写真集やアートブックを中心に取り扱う。なかには珍しい掘り出し物もあるので、探してみるのも楽しい。

☎090-1322-5834
所 香川県高松市北浜町3-2 北浜alley-j
営 13:00(土・日曜、祝日11:00)〜20:00 休 火・水曜
交 JR高松駅から徒歩10分 P あり

↑隣室のギャラリーではおもに写真展を随時開催

### センスの良いアイテムが多数
### デザインラボラトリー蒼
デザインラボラトリーあお

「人とモノをつなぐ」をテーマに、作家作品や雑貨を販売。併設のカフェでは海を眺めつつくつろげる。

☎087-813-0204
所 香川県高松市北浜町5-5 大連組ビル5F 営 13:00〜18:00
休 火曜 交 JR高松駅から徒歩10分 P あり

↑定期的にイベントも開催している

やさしい味わい 高松味みやげ

↑元禄時代末に描かれた『金毘羅祭礼図屏風』（写真は部分）にも、うどん店の様子が描かれている（写真提供：金刀比羅宮）

香川 エリア特集●讃岐うどん

## 脈々と受け継がれる食文化
# 讃岐うどんの世界

たかがうどん、されどうどん。別名「うどん県」の香川は今、うどんブームに沸いている。お遍路よろしくうどん店を巡る人々で賑わいを見せる。

### うどんの由来は空海(くうかい)が伝えた？
### いまだ謎の多いうどんヒストリー

　うどんの歴史は不明点が多く、弘法大師(ぼうだいし)が唐から伝えたとの説があるが、当時のうどんは団子汁状のもの。小麦粉をこねて薄く延ばし、細長く切った「切り麺」は、室町時代に国内で生まれたという説が有力。香川県では智泉大徳(ちせんだいとく)が叔父の空海から「うどんの祖」を伝授され、両親をうどんでもてなしたのが讃岐うどんの始まりであるといわれている。
　元禄元年(1688)〜宝永元年(1704)に描かれた屏風絵『金毘羅祭礼図』には3軒のうどん屋が描かれており、元禄時代には「長い」うどんだったと考えられる。この屏風絵はうどんに関わる讃岐最古の資料で、香川がうどんの先進地帯のひとつだったことを示している。

### さぬきうどんの定義とは？
### うどん県香川の実情やいかに

　全国生麺類公正取引協議会の表示に関する基準によると、讃岐うどんとは「①香川県内で製造 ②加水量40％以上 ③加塩量3％以上 ④熟成時間2時間以上、15分以内でゆであがるもの」と記されている。
　ちまたでは信号より多いともいわれる県内うどん店の数は約700。総務省の家計調査から都道府県別うどん・そば消費量1位は香川県で1万2570円。全国平均の2.1倍と突出している。「うどん県」が有名になったのは、平成23年(2011)の「うどん県。それだけじゃない香川県」プロジェクト。県名を「うどん県」に改名したという設定の特設サイトがきっかけだった。昭和44年(1969)を第1次とし、現在は第4次うどんブームといわれている。

### うどん店 3つの営業形態

**一般店タイプ**
店員が上げ下げする一般的な飲食店スタイル。天ぷら、ちらし寿司、おでんなどのサイドメニューは、セルフサービスの場合も多いのが特徴。

**製麺所タイプ**
製麺だけだったが食事ができるようにしたケース。基本的にセルフと同じでメニューは極端に少ない。ビニール袋にうどん＋だしの製麺所も。

**セルフ店タイプ**
器に入ったうどんを受け取り、自分で温め、だしをかけ、ネギやしょうがなどの薬味を入れて席に運ぶスタイル。作法がわからなければ前の人の真似をしてみるとよい。

## 地元の名人に弟子入り！
# うどん作りに挑戦します

愛情を注いで、
丹精こめて作る讃岐うどん。
手ほどきを受けながら
本場の味を学びたい。

### 本場の手打ちうどん作りを体験

本場讃岐のうどんを熟知した講師陣の指導を受けながら、うどん作りの全工程が体験できる。流行の曲に合わせて歌い踊りながら、和気あいあいと手作りうどんに挑戦。完成後は自作のうどんが味わえる。

←↑生地を踏みコシを出す。校長先生と一緒にうどんダンス！

### 作ってみよう うどん打ち体験

**1 こねる**
小麦粉と食塩水を混ぜ、耳たぶの硬さになるまでこねる

**2 踏む**
生地がもち肌状態になるまで、音楽に合わせてしっかり踏む

**3 のばす**
麺棒を使って、3〜4mmの厚さに均等に生地を延ばす

**4 切る**
広げた生地をたたんで置き、5mm間隔で麺の形に包丁切りする

**5 茹でる**
麺が浮いて艶が出るまで茹で上げる。食べごろまであと少し

**6 完成**
釜揚げや釜玉で試食。自分で打ったうどんは格別の味わい

---

**こちらの施設で体験です**

笑顔の絶えない50分！本格うどんを楽しく手作りできる

### 中野うどん学校
なかのうどんがっこう

**琴平** MAP 付録P.16 B-2

国内をはじめ世界各国から観光客が訪れる名物校。体験は2人からの予約制で、金刀比羅宮の参道沿いにあり参拝後にも立ち寄れる。1階には売店が併設。

☎0877-75-0001　香川県仲多度郡琴平町796　開店8:30〜18:00（開講9:00〜15:00）　無休　体験1人1500円（15人以上の場合1300円）※2人から予約可　ことでん・琴平駅から徒歩10分　あり

↑自作うどんは、別料金で天ぷらやちらし寿司などをセットにできる

→受講後、麺棒付きの掛軸型卒業証書がもらえる

讃岐うどんの世界／うどん作り

↑料理長おまかせうどん会席5400円。瀬戸内の魚を存分に味わえる会席と、讃岐うどんが楽しめる

## エリア特集 ●讃岐うどん

### うどんのおいしい店を巡る
# 讃岐の文化を食す

県内には独自の風味やスタイルを持つうどん店が点在。
高級会席やこの地発祥の味わいなど、好みに合わせて店を選びたい。

### 郷屋敷
ごうやしき

牟礼 MAP 付録P.10 B-2

**200年の歴史が息づく
与力屋敷のおもてなし**

由緒ある枯山水の庭園を愛でながら讃岐ならではの「うどん会席」を楽しむなら迷わずここへ。瀬戸内の海山の幸を配した会席のシメには讃岐うどんが楽しめる。掛軸など調度品も一見の価値あり。

☎0120-455-084
所香川県高松市牟礼町大町1987
営11:00～15:00 17:30～21:00 土・日曜、祝日11:00～21:00(LOは各30分前)
休無休 交ことでん・大町駅から徒歩20分 Pあり

↑創業30年、うどん会席の老舗で有名

↑店のたたずまいや四季折々の眺めも見事

### 石川うどん
いしかわうどん

丸亀 MAP 付録P.3 F-2

**吟味した無添加食材を使用
体にやさしい讃岐うどん**

無添加食材にこだわり、安全なものを提供したいと小麦粉や野菜まで厳選した素材を使用する。素材の旨みが香るだし、野菜本来のおいしさを楽しめる天ぷらなど、安心・安全なうどんを堪能したい。

☎0877-21-7767
所香川県丸亀市福島町54-8
営11:00～15:00
休火曜(祝日の場合は翌日休)
交JR丸亀駅から徒歩2分 Pなし

↑安心して食べられるうどんにこだわって提供する

※車は丸亀駅地下駐車場が便利

↑天ぷらぶっかけうどん890円。季節に応じた旬の野菜の揚げたて天ぷらもサクサクとした食感が楽しめる絶品

# 本格手打うどん おか泉

ほんかくてうちうどん おかせん

宇多津 MAP 付録P.3 F-2

☎0877-49-4422
所香川県綾歌郡宇多津町浜八番丁129-10
営11:00〜20:00
休月・火曜(祝日の場合は営業)
交JR宇多津駅から徒歩15分
Pなし

## この味を求めて訪れる遠方からの客が絶えない店

オープン当初より人気の「ひや天おろし」は、アツアツの天ぷらとレモンの酸味で豪快に味わう。毎日この味を守るため、早朝3時から仕込みが開始される。頑固なまでに手打ちにこだわった本格的な味。

↑行列はもはや定番

↑注文するシステム

↑家族うどん2370円。大きなたらいに入れられた豪快な釜揚げうどん

↓ひや天おろし(冷)972円。大きな2匹のエビなど、豪快な盛付け

# ざいごううどん 本家わら家

ざいごううどん ほんけわらや

屋島 MAP 付録P.15 E-4

☎087-843-3115
所香川県高松市屋島中町91
営10:00(土・日曜、祝日9:00)〜19:00(LO18:30) 12〜2月は〜18:30(LO18:00)
休無休
交JR屋島駅から徒歩8分
Pあり

## 趣ある水車が目印 築100年の庄屋で味わう

名物の「家族うどん」は運ばれてくると客席からは思わず歓声が上がる人気のメニュー。大きなとっくりに入っただしにはいりこ、カツオ、昆布の旨みが凝縮。自分でおろしたしょうがとネギをお好みで。

↑雰囲気ある古民家も人気の理由

讃岐の文化を食す

---

### トッピングを選んで、つゆを注いで、自分だけの味が楽しめる

讃岐では器とうどんを受け取り自分で温め、だしやトッピングをのせるセルフ店、カウンターで出来上がりを受け取る半セルフ店が半数以上。システムが難しい場合は、気軽に質問したい。

## 元祖ぶっかけ発祥の店
# 山下うどん

やましたうどん

善通寺 MAP 付録P.3 F-3

☎0877-62-6882
所香川県善通寺市与北町284-1
営9:30〜18:00
休火曜(祝日の場合は翌日休)
交JR善通寺駅から車で10分
Pあり

釜揚げのだしをかけたまかないうどんに、レモンを入れたのが「ぶっかけ」の始まり。いりこ、昆布ベースの甘すぎないだしにネギ、天かす、レモンを添え、昔と変わらぬ味。

↓ぶっかけうどん(小)280円。いまや全国区の知名度となった「ぶっかけ」の元祖といえばこちら。小は1.5玉

↑広々として過ごしやすい店内

↑根強いファンの多い名店

## 讃岐うどんの天王山ここにあり
# 山越うどん

やまごえうどん

綾川 MAP 付録P.3 F-3

創業から75年、製麺所からスタートし讃岐うどんブームの火付け役となった名店。釜から揚げたばかりのできたてのうどんに生卵、醤油をからめて食べる「釜玉」を求め全国から人が押し寄せる。

☎087-878-0420
所香川県綾歌郡綾川町羽床上602-2
営9:00〜13:30
休日曜
交ことでん・滝宮駅から車で10分
Pあり

↑一軒家を改築した建物

↑屋外で食べるスタイル

↓釜揚げ玉子うどんは、かまたま(小)250円。2玉分の(大)350円〜4玉の550円までお好みで

49

## 香川県 琴平 (ことひら)

**"讃岐のこんぴらさん"の門前町**

### 石段を進み、古き良き面影を感じて

"こんぴらさん"の愛称で知られる、金刀比羅宮のある街。表参道から山の中腹に位置する御本宮まで785段、さらに奥社まで1368段の風情ある石段が続く。一帯は元禄時代に整えられたといい、当時の賑わいを今に伝えている。

**街の歩き方**：金刀比羅宮の参道は、琴電琴平駅、JR琴平駅周辺から大門まで徒歩30分。飲食店やみやげ物店が集まっている。車は参道途中にある駐車場が利用できる。

## 石段を登り金刀比羅宮へ
# 幸せ祈願です こんぴら参り

香川県を代表する観光地、こんぴらさん。近年はパワースポットとしても人気で、多くの人々が全国から訪れる。

↑785段の石段を上りきった先にある金刀比羅宮御本宮。海の神様として有名

### 金刀比羅宮 (ことひらぐう)

**MAP** 付録P.16 A-3

→飼い主の代参犬、「こんぴら狗」の銅像も

**象頭山(琴平山)の中腹に鎮座 全国のこんぴらさんの総本宮**

長く続く石段が有名な、象頭山に鎮座する守り神。もとは五穀豊穣・産業・文化の繁栄、さらに海の守護神として信仰される。大物主神を祀っており、12世紀に崇徳天皇を合祀した。古くより全国各地から参詣者が訪れ、今も境内には由緒ある建物が数多く建ち並んでいる。

↑厳魂神社からの眺め

☎ 0877-75-2121
⌂ 香川県仲多度郡琴平町892-1
⏱ 境内自由、有料施設8:30〜17:00 ■無休
¥ 無料 🚃 JR琴平駅から大門まで徒歩30分 Ｐなし

### 金刀比羅宮のおもな行事

**1月1日　歳旦祭**
新年を祝い、安寧・繁栄を祈願する

**1月10日　初十日祭(初こんぴら)**
参拝客で賑わう、正月最大の祭り

**2月3日　節分祭**
参拝者にこんぴらさんの福豆を授与

**2月11日　紀元祭**
平和を願い、神武天皇の即位を慶祝

**2月17日　祈年祭**
五穀豊穣を年の初めに祈る祭り

**4月10日　桜花祭**
讃岐路に春を告げる鎮花祭

**7月7日　七夕鞠**
装束をまとった鞠足が蹴鞠を披露

**8月26日　相殿祭**
崇徳天皇の命日、御霊和めの祭典

**10月1日　氏子祭**
門前町を太鼓台が練り歩く

**10月9〜11日　例大祭**
秋の大祭として最も重要な祭り

**10月9日　宵宮祭**
御本宮にて、八少女舞を奏進する

**10月10日　御本宮 例祭**
御本宮にて、大和舞を奏進する

**10月10・11日　御神輿渡御**
平安絵巻を思わせる華やかな大行列

**11月10日　紅葉祭**
舞が奏進される、秋を告げる祭り

**11月23日　新嘗祭**
豊作を祝い、御本宮で行なう祭り

**12月31日　大祓式**
大晦日に行なわれる年越しの祭事

かがわ・こんぴら観光案内所 ☎ 0877-75-3500 ⌂ 香川県仲多度郡琴平町811 ⏱ 10:00〜18:00 ■無休 🚃 JR琴平駅から徒歩20分

## 歴史Column

### 江戸時代のこんぴら詣で

**旅行が禁止されていた時代「こんぴら参り」は庶民に大流行した**

江戸時代は庶民の旅行が禁止されていたが、神仏への参拝はその限りでなく、伊勢神宮のお伊勢参り、京都東西本願寺の京参り、そして金刀比羅宮のこんぴら参りは三大行事として庶民の信仰を集めた。交通が不便だった当時の参拝は大変な旅であり、旅人や「こんぴら参り」と記した袋を首に掛けた「こんぴら狗」が代参することもあったという。江戸時代の賑わいは相当なもので、金刀比羅宮に残る『金毘羅祭礼図屏風』からもその様子がしのばれる。また、与謝蕪村、小林一茶、井上通女といった俳人、文学者もこの地を訪れ、作品を残した。十返舎一九や滝沢馬琴の文学にも旅の道中が登場し、当時の人気ぶりがうかがえる。

### 石段駕籠に乗って参拝する

境内の大門までは365段の急な石段が続くが、この石段を上下する昔ながらの石段駕籠があり、駕籠に揺られながら大門までの風情が楽しめる。
☎0877-75-3508
営8:00〜17:00
休無休
料上り5300円、下り3200円、往復6800円

**幸せ祈願です こんぴら参り**

## 1 大門
おおもん
**ここからが境内とされる神域の総門**

二層入母屋造り、瓦葺きの堂々たる門。水戸光圀公の兄・松平頼重侯から寄進されたもの。手前に「鼓楼」や清少納言ゆかりの「清塚」がある。

◆楼上にある扁額『琴平山』は、有栖川宮熾仁親王殿下が書かれたもの

## 2 五人百姓
ごにんびゃくしょう
**唯一営業を許された縁故ある店**

境内では本来商売が禁止されている。大門入ってすぐ、笠をさして加美代飴を売る5軒の店は、唯一宮域で営業を許された飴屋。

◆手作りのべっこう飴を販売。白い笠が印象的

↑大門から約150m続く石畳。桜と石燈籠が奥ゆかしい風情を演出する

## 3 桜馬場西詰銅鳥居
さくらのばばにしづめどうとりい
### 黄色い横断幕がお出迎え

大門から続く平坦な桜馬場を進んだ先にある。現在の銅門は、力士の朝日山四郎右衛門が、大正元年(1912)に移設修復したもの。

↑黄色の幕には「しあわせさん」の文字

## 4 宝物館
ほうもつかん
### 金刀比羅宮が所蔵する至宝を陳列

明治38年(1905)に建造された日本初期の博物館で、和洋折衷の重厚な建物も見ごたえがある。温和な顔立ちが印象的な十一面観音立像や、和歌の名人を描いた三十六歌仙額など、数多くの宝物を所蔵、陳列している。

↑重要文化財「十一面観音立像」。平安時代に造られた檜材の像

↑狩野探幽・尚信・安信が12面ずつ制作したという「三十六歌仙額」

## 5 表書院
おもてしょいん
**重文**
### 応接の場であった客殿

万治年間(1658〜1660)建築と伝わる。建物にも注目だが、今なお絶大な人気を誇る円山派の始祖、円山応挙の作品群も必見。

↑障壁画とともに建物も重要文化財に指定

↑円山応挙『虎之間』。五間に描かれた障壁画は、応挙の晩年にあたる天明から寛政年間にかけての秀作

↑高さは18m。上層の屋根裏や扉などに彫られた華麗な装飾を見逃さずに

## 6 旭社 【重文】
あさひしゃ
### 二重入母屋造りの社

天保8年(1837)に竣工。完成まで40年かかったといわれる、総欅造りの壮麗な社殿。御本宮を参拝したあと訪れるのが本来の流れ。

**注目ポイント** 優美な装飾が目をひく屋根裏

屋根裏にある巻雲をはじめ、柱間や扉に施された人物や鳥獣などの彫刻は、天保時代の粋を集めた華麗な芸術。

## 7 御本宮
ごほんぐう
### 二拝二拍手一拝で参拝を

創立については詳しくわかっていない。一切弧を成さない建築が特徴で、左右の壁板と天井に桜樹木地蒔絵が施されている。祭典時には巫女の舞も披露される。

↑金刀比羅宮で一番人気の「幸福の黄色いお守り」。1体800円

↑海抜251m、山の中腹に位置する

## 8 白峰神社
しろみねじんじゃ
### 紅葉と調和する神社

崇徳天皇を祀る朱色の社。付近は紅葉谷と呼ばれている。
↑秋には色鮮やかな紅葉が周辺を彩る

## 9 厳魂神社
いづたまじんじゃ
### 教祖を祀る通称奥社

金刀比羅本教の教祖、厳魂彦命を祀る。海抜は421m。
↑高台にあり、街並が一望できる

---

### 立ち寄りスポット

#### 神椿
かみつばき

東京・銀座のクオリティや洗練された味はそのままに、地元の食材を取り入れたメニューで"こんぴらさん"らしさを味わえる。カフェでは月替わりのパフェも登場。

**MAP** 付録P.16 A-3
☎0877-73-0202
🕐9:00〜17:00、レストラン 11:30〜14:30(LO 14:00) 17:00〜21:00(夜は予約のみ)
休 無休(レストランは月曜)

↑和と洋、食材同士の見事なマリアージュを堪能。神椿パフェ900円

↑1階は木々に囲まれ、山に抱かれたような心地よさ

幸せ祈願です こんぴら参り

参道に沿って並ぶみやげ物店。通りは多くの参拝客で賑わう

琴平町を流れる金倉川に架かる鞘橋(さやばし)

琴電琴平駅前の高燈籠。約27mの日本一高い灯籠で江戸時代に瀬戸内海を航海する船のために建立

香川 琴平●食べる・買う

## こんぴら参りのあとのお楽しみ
# 参道で手みやげ探し

参拝後は、お茶と老舗の菓子でひと息ついてみるのはいかが？
熟練の技法で作られた和菓子や、琴平ならではのデザイン雑貨も並ぶ。

↑卵がたっぷり入った生地を職人さんが一枚ずつていねいに手焼き。「船々せんべい」24枚入り660円

↑塩を炊くかまどの形をモチーフにしたお菓子。3個入り226円〜

↑よもぎ、豆、粟など5つの餅が入った五色餅。1パック600円

↑和洋折衷、新感覚のあん餅パイ。130円

### 名物「船々せんべい」の老舗店
## 本家船々堂
ほんけふねねどう

**MAP** 付録P.16 B-2

明治42年(1909)の創業以来、製法と味を継承。実演の機会に恵まれたら焼きたてを食べられるお茶セット370円を試したい。

☎0877-73-2020
所 香川県仲多度郡琴平町952
営 8:00〜17:00
休 無休
交 琴電琴平駅から徒歩10分
P あり

### ほっこりなごむ懐かしの味
## 名物かまど 琴平店
めいぶつかまどことひらてん

**MAP** 付録P.16 B-2

甘さひかえめの黄身餡を生地に包んで焼き上げた「かまど」のほかにも、みやげに最適な菓子がそろう。

☎0877-73-3005
所 香川県仲多度郡琴平町700-2
営 9:00〜18:00
休 無休
交 琴電琴平駅から徒歩7分
P あり

### 余計なものがない素朴な味わい
## 浪花堂餅店
なにわどうもちてん

**MAP** 付録P.16 C-1

創業100年以上の老舗餅店。看板商品の五色餅は保存料などを使わず、昔ながらの製法で手作り。豆や餅など素材本来の味を楽しめる。

☎0877-75-5199
所 香川県仲多度郡琴平町603-3
営 8:30〜売り切れまで
休 9・19・29日(土・日曜、祝日の場合は営業)
交 琴電琴平駅から徒歩3分
P あり

## 参道周辺

### 灸まん本舗 石段や 本店
きゅうまんほんぽ いしだんや ほんてん

**MAP** 付録P.16 B-2

参拝前後の一服に最適な甘味処。夏はかき氷、冬はぜんざいなどがスタンバイし、参拝客の体を癒やす。

☎0877-75-3220 所香川県仲多度郡琴平町798 営8:00～17:30 休無休 交琴電琴平駅から徒歩10分 Pなし

*参拝の前後にちょっと一服*

→甘さひかえめの黄身餡が入った灸まん6個入り515円。季節限定の味わいも登場する

→ストラップのこんぴらうちわ。各700円

→かわいい犬が並ぶ、こんぴら参り狗の和三盆。860円

### くろかわ屋
くろかわや

**MAP** 付録P.16 B-3

店主は絵画で県知事賞の受賞歴もある芸術家。自社開発品も手がけており、ほかにはない商品に出会える。

☎0877-75-5805 所香川県仲多度郡琴平町988 営9:00～17:00 休不定休 交琴電琴平駅から徒歩15分 Pなし

*ここだけのみやげ物を求めて*

### YOHAKu26
ヨハクにーろく

**MAP** 付録P.16 B-2

全国の作家や職人とコラボし、地元モチーフのポップなオリジナル雑貨を販売。不定期でイベントも開催。

☎0877-73-0377 所香川県仲多度郡琴平町948-2 営13:00～18:00 休火～木曜 交琴電琴平駅から徒歩10分 Pなし

*金比羅がモチーフのみやげ物*

→御朱印帳2160円とポーチ2570円は、山梨の織物メーカーと製作

→京都の刺繍ブランドとコラボした、金比羅歌舞伎和片（ワッペン）785円

---

## こちらも見ておきたいスポット

### 旧金毘羅大芝居（金丸座）
きゅうこんぴらおおしばい（かなまるざ）

**MAP** 付録P.16 B-3

**春の風物詩、こんぴら歌舞伎**

こんぴら参りの参詣者に親しまれた、現存する日本最古の芝居小屋。建物が復元され、今は年に1回歌舞伎が行なわれている。

☎0877-73-3846 所香川県仲多度郡琴平町乙1241 営9:00～17:00 休無休 料500円 交琴電琴平駅から徒歩20分 Pなし

→文化的・歴史的価値が評価され、国の重要文化財に指定

→愛宕山に移築復元。天保時代の姿が蘇った

### 金陵の郷
きんりょうのさと

**MAP** 付録P.16 B-2

**江戸から続く清酒と出会う**

江戸時代から続く酒蔵を利用した資料館。歴史館、文化館、広場などがあり、酒の歴史に触れることができる。

☎0877-73-4133 所香川県仲多度郡琴平町623 営9:00～16:00（土・日曜、祝日は～18:00）休無休 料無料 交琴電琴平駅から徒歩8分 Pなし

→酒造道具を展示している　→白壁が昔ながらの趣

*参道で手みやげ探し*

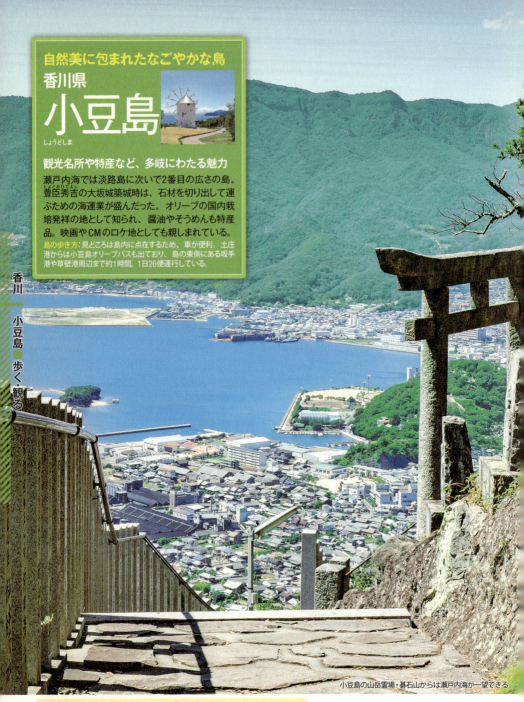

### 自然美に包まれたなごやかな島
# 香川県
# 小豆島
しょうどしま

**観光名所や特産など、多岐にわたる魅力**

瀬戸内海では淡路島に次いで2番目の広さの島。豊臣秀吉の大坂城築城時は、石材を切り出して運ぶための海運業が盛んだった。オリーブの国内栽培発祥の地として知られ、醤油やそうめんも特産品。映画やCMのロケ地としても親しまれている。

**島の歩き方**：見どころは島内に点在するため、車が便利。土庄港からは小豆島オリーブバスも出ており、島の東側にある坂手港や草壁港周辺まで約1時間。1日26便運行している。

香川 ● 小豆島 ● 歩く・観る

小豆島の山岳霊場・碁石山からは瀬戸内海が一望できる

56 土庄港観光センター ☎0879-62-1666 ㊟香川県小豆郡土庄町甲6194-10
㊂8:00〜18:00 ㊡無休 ㊋土庄港から徒歩5分

## 温暖な気候が育む
# オリーブ

オリーブの栽培に適した温暖少雨な瀬戸内気候に恵まれ、国内最大の生産量を誇る小豆島。明治41年（1908）、香川県はオリーブ栽培試験の委託を受け、日本での栽培発祥の地となった。エキストラバージンオリーブオイルをはじめ、食品や化粧品なども注目を集める。

↑瀬戸内海と空の青、オリーブ並木の緑と白亜の建物。小豆島ならではの美しい情景に癒される

## 道の駅 小豆島オリーブ公園
みちのえき しょうどしまオリーブこうえん
**MAP** 付録P.19 D-3

☎0879-82-2200　所香川県小豆郡小豆島町西村甲1941-1　開8:30～17:00（温泉12:00～21:00）　休無休（温泉は水曜）　料無料　交土庄港から車で25分　Pあり

### オリーブの丘に建つ複合施設
### 地中海を思わせる風景が魅力

日本のオリーブ発祥の地であり、広大な園内に約2000本のオリーブを栽培。石畳の小道やギリシャ風車、ハーブショップや温泉、カフェなどが点在し、散策しながら時間を忘れて楽しめる。

↑島の特産品やオリーブ商品が豊富

↑オリーブに関する資料や映像を展示した「オリーブ記念館」

自然美に包まれたなごやかな島

---

### オリーブを味わう・持ち帰る

島内には、オリーブ料理や手みやげを選べる店が点在。高品質な特産オリーブを体感したい。

#### オリーブオイル料理を堪能
## OLIVAZ
オリヴァス

小豆島産オリーブオイルのみを使い、新鮮食材やオイルの風味を生かした料理にこだわるカフェ。人気メニューのパエリアやピザなど、仕上げの「追いオリーブオイル」で風味豊かに。

**MAP** 付録P.19 D-3

☎0879-82-2200（道の駅 小豆島オリーブ公園）　所香川県小豆郡小豆島町西村甲1941-1　営11:00～16:00（LO15:30）　休無休　交土庄港から車で25分　Pあり

↑高台から海を望むロケーション

↑「野菜とチキンのパエリア」1300円。フレッシュドリンクとともに味わって

#### 凝縮されたオリーブの恵み
## 井上誠耕園 小豆島店
いのうえせいこうえん しょうどしまてん

親子3代続くオリーブ農園で、丹精込めて育てられた天然オリーブの化粧品と食品を製造。肌や髪に潤いを与える美容オイルや、洗い心地のよい石鹸は、香り高くご当地コスメとして人気。食品や季節商品も取りそろえている。

**MAP** 付録P.18 C-3

☎0879-75-1101　所香川県小豆郡小豆島町池田882-6　営9:00～17:00　休無休　交池田港から車で約5分　Pあり

↑店頭で使い心地を試してみて

↑小豆島産エキストラバージンオリーブオイル（10㎖）2916円と、（20㎖）5400円。収穫期の天然成分を閉じ込めた逸品

↑美容オリーブオイル（30㎖）1296円と（120㎖）3240円。肌にすっとなじみ潤いを保つ

## 島ならではの喉ごし
# そうめん

日本三大素麺のひとつ「小豆島そうめん」は弾力と歯ごたえが特徴。天日干しに向く温暖な気候、瀬戸内海の塩、酸化を防ぐ小豆島のごま油がそろって、約400年前から生産されている。

↑細く延ばしたそうめんを乾かす工程。くっついた麺を離す「箸分け体験」が可能

### 小豆島手延べそうめん
### 作兵衛
しょうどしまてのべそうめん さくべえ
**MAP** 付録P.19 D-3

**もっちりとした食感が美味**
**工場内で箸分け体験も**

国内産小麦を使い、伝統の製法を守っていねいに作られるそうめんが評判。買い物や食事、箸分け体験（要予約）もできる。

☎0120-62-5334　所香川県小豆郡小豆島町池田3936　営9:00〜17:00［食事は10:00〜16:00、LO15:30］　休不定休　料箸分け体験500円〜　交土庄港から車で15分　Pあり

↑そうめんランチは500円〜。秋冬は温かい麺も用意

↑そうめん館での箸分け作業が見られることも

### 道の駅・海の駅
### 小豆島ふるさと村
みちのえき うみのえき しょうどしまふるさとむら
**MAP** 付録P.18 C-3

**小豆島の魅力がまるごと伝わる**
**多彩なアクティビティも注目**

工房でのそうめん作り見学など、多彩な楽しみ方ができる道の駅。船着き場のカヌー体験も人気。個性的な味わいのそうめんをみやげにしたい。

☎0879-75-2266　所香川県小豆郡小豆島町室生2084-1　営8:30〜17:30［手延そうめん館は9:00〜16:00］　休無休［手延そうめん館は月曜、1・2月は日曜］　料体験手延550円　交土庄港から車で15分　Pあり

↑小豆島特産の味を生かした「オリーブ素麺」と「すもも素麺」各380円

↑ファンも多い小豆島伝統の逸品「手延べそうめん島の光」380円

---

## 伝統の製法が息づく
# 醤油

瀬戸内海の塩を使った醤油製造。山々からの高温で乾燥した風は、麹菌の発育や醤油もろみの熟成に適しているといわれる。「醤の郷(ひしおのさと)」に建ち並ぶ、醤油蔵も歴史情緒を感じさせる。

↑100年以上前に建てられた蔵は国の登録有形文化財

### ヤマロク醤油
ヤマロクしょうゆ
**MAP** 付録P.19 E-3

**創業約150年の老舗蔵**
**代々伝わる大杉樽で製法**

蔵には直径約2.3m、高さ約2m、約6000ℓの大杉樽が並ぶ。「天然もろみ蔵」の見学ができ、昔ながらの醤油造りの様子やおいしさの秘訣を学べる。

☎0879-82-0666　所香川県小豆郡小豆島町安田甲1607　営9:00〜17:00　休無休　料もろみ蔵見学無料（予約不要）　交坂手港から車で15分　Pあり

↑「もろみ混ぜ」は一樽一樽に思いをこめて

↑木の樽は空気や水を通し、乳酸菌や酵母菌を育てる

香川｜小豆島●歩く・観る

## 海と山に囲まれた豊かな自然
# 島の絶景 山と海
**変化に富んだ地形と瀬戸内海がつくりだす造形美**

### 寒霞渓
かんかけい
**MAP** 付録P.19 E-2

**日本三大渓谷美に選出**
**空・海・渓谷の大パノラマ**

約1300万年前の火山活動によってできた奇岩。ロープウェイに乗って間近に眺められる。

☎0879-82-2171 所香川県小豆郡小豆島町神懸通乙168 交草壁港から車で15分、紅雲亭駅からロープウェイに乗り換え5分 Pあり

春の新緑、秋の紅葉と四季ごとに変わる渓谷美。約1時間の登山道もおすすめ。写真提供:(一社)小豆島観光協会

### エンジェルロード
**MAP** 付録P.18 B-3

**1日2回の引き潮で現れる**
**余島への天使の散歩道**

潮が引く時間に、余島との間に砂浜の道が現れる人気スポット。「大切な人と手をつないで渡ると、願いが叶う」といわれる。

そばにある「約束の丘展望台」は恋人たちに人気。砂浜の道を見下ろせる

☎0879-62-7004(土庄町役場商工観光課) 所香川県小豆郡土庄町銀波浦 交土庄港から車で5分 Pあり

**干満時間を事前に確認**
エンジェルロードの出現時間は干潮時間の前後約3時間ずつ。土庄町商工観光課HP「小豆島観光ガイド」の潮見表で調べて訪れたい。

自然美に包まれたなごやかな島

---

### 不朽の名作『二十四の瞳』の世界がよみがえる

映画『二十四の瞳』『八日目の蝉』のロケ地となった場所。瀬戸内海を望む、レトロな映画の世界にタイムスリップ。

小豆島出身の作家・壺井栄の名作『二十四の瞳』。島の分教場に赴任した大石先生と12人の子どもたちが、貧困や戦争による悲劇のなかで、師弟愛を育む心温まる物語。昭和29年(1954)に映画化され感動を呼んだ。瀬戸内海を望む海岸沿いの敷地は約1万㎡あり、ロケセット、壺井栄文学館、カフェ、みやげ店が並ぶ。『二十四の瞳』の常時上映もあり映画の世界に浸ることができる。

二十四の瞳の像「せんせあそぼ」。春は菜の花、秋はコスモス畑に

### 感動の名場面が目に浮かぶ
### 二十四の瞳映画村
にじゅうしのひとみえいがむら
**MAP** 付録P.19 E-4

手描きの映画看板がある小道を散策しながら、昭和の雰囲気を楽しめる。1950年代の日本映画黄金期を振り返る展示も。

☎0879-82-2455 所香川県小豆郡小豆島町田浦 9:00(11月8:30)〜17:00 休無休 料750円ほか 交坂手港から車で15分 Pあり

子どもたちが過ごしていた教室

「キネマの庵」のレトロな展示品

ロケ用オープンセットを改築

### 新しい感性に彩られた美の世界へ旅立つ
# 瀬戸内の島&街で体験
# 香川のアート

### 直島・豊島・男木島・女木島・犬島(岡山)

フェリーを降りると目の前で迎えてくれる独創的なオブジェや、想像力をかきたてる美術館が建つ。訪れる人の心を躍動させる芸術家の作品や、島の一部となったアートを鑑賞したい。

香川 | エリア特集●香川のアート

**島の風景や暮らしと共生する現代アート**
**3年に1度の壮大な芸術祭も見逃せない**

　穏やかな海に大小の島が無数に浮かぶ瀬戸内海。なかでも、直島、豊島、犬島(岡山)などを中心とした島々は、現代アートの発信地として長年注目を集めている。平成22年(2010)から3年に1度開催されている瀬戸内国際芸術祭には、世界各国から気鋭のアーティストが参加するほか、多彩なイベントも行なわれ、島全体が熱気に包まれる。芸術祭で誕生した施設や作品の一部はその後も島に残され、いつでも鑑賞することが可能。単なる作品の展示にとどまらず、島固有の文化や人々の暮らしと芸術が融合することで、独特の魅力を醸し出している。ゆっくりと島巡りを楽しみながら、創造性豊かなアートの世界に浸りたい。

### お役立ちinformation

**旅のプランの立て方**
各島への移動は、犬島を除いて高松港からフェリーや高速船を利用する。フェリーの出航時間や頻度は島によって異なるのでしっかり確認したい。多くの島は日帰りで訪れることもできるが、島を移動するなら宿泊がおすすめ。直島には、宿泊施設や飲食店もあり、拠点にするのに便利だ。

**島歩きのマナー／島の歩き方**
民家の敷地内に立ち入るなど、島の人々の迷惑になる行為は厳禁。混雑を避けるため車の乗り入れは極力控え、ゴミは持ち帰るなどの配慮も必要だ。坂や階段が多いので、歩きやすい靴や服装で訪れること。小さな島ではレストランやショップの数が限られているため、事前に食事や買い物の場所を確認しておこう。トイレも少ないので、港やフェリーで済ませておくとよい。

## 島々へのアクセス

| ルート | 出発 | 便 | 到着 |
|---|---|---|---|
| A | 香川県 高松港 | 四国汽船のフェリー (50分／520円／5便)<br>四国汽船の高速艇 (25分／1220円／1〜4便) | 直島 宮浦港 |
| B | 香川県 高松港 | 豊島フェリーの高速艇 (30分／1220円／1〜2便) | 直島 本村港 |
| C | 岡山県 宇野港 | 四国汽船のフェリー (20分／290円／13便)<br>四国汽船の旅客船 (15分／290円／2〜4便) | 直島 宮浦港 |
| D | 岡山県 宇野港 | 四国汽船の旅客船 (20分／290円／5便) | 直島 本村港 |
| E | 香川県 高松港 | 豊島フェリーの高速艇 (35〜50分／1330円／3〜5便) | 豊島 家浦港 |
| F | 岡山県 宇野港 | 小豆島豊島フェリーのフェリー (40分／770円／4便)<br>小豆島豊島フェリーの旅客船 (25分／770円／4便) | 豊島 家浦港 |
| G | 岡山県 宇野港 | 小豆島豊島フェリーのフェリー (1時間／1030円／3〜4便)<br>小豆島豊島フェリーの旅客船 (40分／1030円／4便) | 豊島 唐櫃港 |
| H | 岡山県 宝伝港 | あけぼの丸のフェリー (10分／300円／6〜8便) | 犬島 犬島港 |
| I | 香川県 高松港 | 雌雄島海運のフェリー (20分／370円／6便) | 女木島 女木港 |
| J | 香川県 高松港 | 雌雄島海運のフェリー (女木島経由) (40分／510円／6便) | 男木島 男木港 |

### ●問い合わせ先

- 四国汽船 ☎087-821-5100
- 豊島フェリー ☎087-851-4491
- 小豆島豊島フェリー ☎0879-62-1348
- あけぼの丸 ☎086-947-0912
- 雌雄島海運のフェリー ☎087-821-7541

瀬戸内の穏やかな海に浮かぶ女木島(右)と男木島(左)。アートスポットを巡り、さまざまな島を訪れたい

香川 エリア特集●香川のアート

↑27の島々からなる直島町の「28番目の島」というコンセプトの『直島パヴィリオン』。夜はライトアップされる／所有者:直島町、設計:藤本壮介建築設計事務所（写真:福田ジン）

## 世界的な現代アートの聖地
# 直島
なおしま

### 瀬戸内海の島アートの先駆け

アートによる地域再生の先駆けとなった島。ベネッセハウス ミュージアムなど多様な美術館が集まり、安藤忠雄建築も見どころ。本村地区では島民の生活に触れながら作品を鑑賞できる。

**島の歩き方**:宮ノ浦、本村、ベネッセハウス周辺の3か所に分かれて作品が展示されている。バスと徒歩を組み合わせて移動するのが便利。

↑ステンレス・メッシュで構成された幾何学的な巨大アート。内部に入ることもできる／藤本壮介『直島パヴィリオン』(撮影:福田ジン)

### ベネッセ・アートサイト直島とは？

直島、豊島、犬島を舞台に、株式会社ベネッセホールディングスと公益財団法人福武財団が展開しているアート活動の総称。瀬戸内海に囲まれた各島の自然や、地域固有の文化のなかに現代アートや建築を置くことで、どこにもない特別な場所を生み出すことを目的としている。

62

## 宿泊しながら芸術に触れる
### ベネッセハウス ミュージアム
**MAP** 付録P.17 E-2

「自然・建築・アートの共生」をコンセプトに、美術館とホテルが一体となった施設。安藤忠雄設計の建物は、大きな開口部から島の自然を取り込む構造で、館内の随所にアートが配されている。絵画、彫刻、写真などの収蔵作品に加え、アーティストたちがその場所のために制作したサイトスペシフィック・ワークも必見。

☎087-892-3223　所香川県香川郡直島町琴弾地　時8:00～21:00(最終入館20:00)　休無休　料1030円　交町営バス・つつじ荘下車、徒歩15分　Pあり(宿泊者のみ利用可)

⬆須田悦弘『雑草』(写真：山本糾)

⬆瀬戸内海を一望する高台に建つコンクリートの建物(写真：山本糾)

⬆黄色と黒い水玉模様の作品が直島の海岸にたたずむ／草間彌生『南瓜』(写真：安斎重男)

⬆流木や泥などの自然素材を使って床や壁に円を描き出した作品／リチャード・ロング『瀬戸内海の流木の円』/『瀬戸内海のエイヴォン川の泥の環』(写真：山本糾)

## 島の記憶が刻まれた家を修復
### 家プロジェクト
いえプロジェクト
**MAP** 付録P.17 E-1

本村地区の古い家屋や寺社などを改修し、空間そのものをアーティストが作品化するプロジェクト。平成10年(1998)に始まり、現在は7軒が公開中だ。島の人々とふれあいながら作品を鑑賞できるのも魅力。

☎087-892-3223(ベネッセハウス)　所香川県香川郡直島町本村地区　時10:00～16:30　休月曜(祝日の場合は翌日休)　料共通チケット1030円(「きんざ」は要予約、別途510円)、ワンサイトチケット410円　交町営バス・農協前下車、徒歩10～15分(作品により異なる)　Pなし

⬆明治時代に製塩業で繁栄した石橋家の家屋を空間ごと作品化／『石橋』(写真：鈴木研一)

⬆築200年ほどの家屋を修復した家プロジェクト第一弾の作品／『角屋』(写真：上野則宏)

直島

⬆建物が地中に隠れているため、周囲の風景に溶け込んでいる／写真：藤塚光政

## 香川 エリア特集●香川のアート

### 建物全体が巨大なアート空間
# 地中美術館
ちちゅうびじゅつかん
**MAP** 付録P.17 E-2　料2060円

瀬戸内の美しい景観を損なわないよう、建物の大半を地中に埋設。安藤忠雄が設計した館内には、クロード・モネ、ジェームズ・タレル、ウォルター・デ・マリアの作品が恒久設置されている。地下にありながら自然光が降り注ぎ、時間帯や季節によって刻々と趣を変えるため、訪れるたびに新たな感動に出会える。

☎087-892-3755
所香川県香川郡直島町3449-1
営10:00〜18:00(10〜2月は〜17:00) 入館は各30分前まで
休月曜(祝日の場合は翌日休) 料2060円
交宮浦港から町営バス・つつじ荘下車、ベネッセハウス場内無料シャトルバスに乗り換え7分　Pあり

⬆直径2.2mの球体と金箔を施した木彫を配した空間。自然光の加減により表情が劇的に変化する／ウォルター・デ・マリア『タイム/タイムレス/ノー・タイム』2004年（写真：Michael Kellough）

⬆地中美術館に入って最初にあるトクサが植えられた中庭（写真：松岡満男）

⬆李禹煥『線より』1974年（写真：渡邉修）

⬆自然石と鉄板を組み合わせた作品／李禹煥『関係項-沈黙』2010年（写真：山本糾）

### 建築と作品が響き合う世界
# 李禹煥美術館
りうふぁんびじゅつかん
**MAP** 付録P.17 E-2

現在ヨーロッパを中心に活躍している韓国出身のアーティスト・李禹煥の世界初となる個人美術館。半地下構造の建物は安藤忠雄の設計で、李禹煥の1970年代から現在にいたるまでの絵画や彫刻が展示されている。

☎087-892-3754(福武財団)
所香川県香川郡直島町倉浦1390
営10:00〜18:00(10〜2月は〜17:00) 入館は各30分前まで
休月曜(祝日の場合は翌日休)
料1030円
交宮浦港から町営バス・つつじ荘下車、無料シャトルバスに乗り換え5分　Pなし

⬆海と山に囲まれた自然の地形を生かし、谷あいにひっそりとたたずむ美術館(写真：山本糾)

### 安藤建築の醍醐味を実感
# ANDO MUSEUM
アンドウミュージアム
**MAP** 付録P.17 E-1

築100年ほどの木造家屋を利用した安藤忠雄の美術館。内部にはコンクリート打ち放しの空間が広がり、過去と現在、木とコンクリート、光と闇など、対立した要素に安藤忠雄建築の魅力が凝縮されている。

⬆本村地区に残る古い家屋を再生。外観は昔ながらの姿をとどめている(写真：浅田美浩)

⬆母屋の木造部分とコンクリートの壁がコントラストを織り成す(写真：浅田美浩)

☎087-892-3754(福武財団)
所香川県香川郡直島町736-2
営10:00〜16:30(入館は〜16:00)
休月曜(祝日の場合は翌日休) 料510円
交本村港から徒歩5分　Pなし

# 直島、ゆったりとくつろげる場所
# 静かな古民家
# 隠れ家の島時間

離島の暮らしに溶け込む、古民家で営まれる食卓。
温かいランチや自家製のケーキで散策の休憩を。

**ハイセンス空間で過ごす
大人の隠れ家"直島バル"**
## カフェサロン 中奥
カフェサロン なかおく

**MAP** 付録P.17 E-2

☎087-892-3887
所 香川県香川郡直島町本村1167
営 11:30～15:00 17:30～21:00
（LO20:40）休 火曜、不定休
交 本村港から車で5分 Pなし

路地奥にたたずむ築70年の古民家をリノベーションしたカフェ。店内には和室もあり、昔懐かしい雰囲気が漂う。店主こだわりの豆で、一杯一杯ていねいにドリップしたコーヒーをはじめ、ランチやスイーツも好評。ディナータイムは、お酒や地元食材を使った一品料理も豊富。

1. 香り高いオリジナルブレンドコーヒーと、瀬戸内産夏みかんのジャムを練り込んだ本日の自家製ベイクドチーズケーキ。セットで750円 2. 昭和にタイムスリップしたような落ち着いた時間が過ごせる 3. 家プロジェクトの南寺から徒歩3分

**美容と健康を考えた
栄養満点のプレートを**
## APRON CAFE
エプロンカフェ

**MAP** 付録P.17 E-1

管理栄養士の店主が営む、ナチュラルな雰囲気のカフェ。瀬戸内の旬の食材や、栄養価の高いスーパーフードを取り入れたメニューをはじめ、スコーンなどのスイーツや季節のドリンクも用意。

☎087-892-3048
所 香川県香川郡直島町本村777
営 11:00～16:00 休 月曜、不定休
交 本村港から車で5分 Pなし

1. 古民家を利用した店構え。時候が良ければテラス席でゆっくり過ごすのも心地よい 2. 店内は白を基調とし、ソファ席も完備。雑貨も販売している 3. 季節のスペシャルランチ1500円は、色鮮やかな野菜がたっぷり、栄養満点のメニュー。見た目も華やかなひと皿に

**鮮度抜群の魚が自慢！
ほかでは味わえない島食**
## 島食Doみやんだ
しましょくどう みやんだ

**MAP** 付録P.17 E-2

古民家を改装した隠れ家食堂。毎日、朝と夕方の2回仕入れる直島近海で獲れた新鮮な鯛やヒラメ、チヌなどの魚介や、旬の野菜を使った名物料理を提供。なかでも刺身定食や焼き魚定食がおすすめ。

☎087-813-4400
所 香川県香川郡直島町2268-2
営 11:30～14:00 17:30～20:00（LOは各30分前）休 月曜 交 宮浦港から徒歩3分

1. 店舗横のギャラリーNaoPAMも必見 2. 懐かしい昭和を連想させる店内。気さくな店主との会話も楽しめる 3. 本日の刺身定食1000円は、新鮮な魚介はもちろん、カメノテでだしをとった味噌汁も風味豊か

直島

65

## 豊富な湧き水に恵まれた島
# 豊島
てしま

### 美しい棚田とアートが溶け合う

山から湧き出す水が田畑を潤す自然豊かな島。休耕田となっていた棚田は地元住民の手により再生され、豊島美術館と美しく調和している。心臓音を集めた美術館も訪れたい。

**島の歩き方**：豊島美術館と心臓音のアーカイブは唐櫃エリアにあり、徒歩で30分ほど。島内を巡る場合はバスや電動自転車を利用するとよい。

### 人々の心臓音を恒久的に保存
## 心臓音のアーカイブ
しんぞうおんのアーカイブ
**MAP** 付録P.17 F-3

世界中の人々の心臓音を収蔵公開しているクリスチャン・ボルタンスキーのミュージアム。自分の心臓音を採録して作品にすることもできる。

- ☎ 0879-68-3555
- 所 香川県小豆郡土庄町豊島唐櫃2801-1
- 時 10:00～17:00（10～2月は～16:00）
- 休 火曜、12～2月は火～木曜（祝日の場合は翌日休）
- 料 510円
- 交 唐櫃港から徒歩15分
- P なし

↑心臓音に合わせて電球が明滅を繰り返す「ハートルーム」／クリスチャン・ボルタンスキー『心臓音のアーカイブ』（写真：久家靖秀）

### 自然と建物が呼応する空間
## 豊島美術館
てしまびじゅつかん
**MAP** 付録P.17 F-3

- ☎ 0879-68-3555（豊島美術館）
- 所 香川県小豆郡土庄町豊島唐櫃607
- 時 10:00～17:00（10～2月は～16:00）入館は各30分前まで
- 休 火曜、12～2月は火～木曜（祝日の場合は翌日休）
- 料 1540円
- 交 唐櫃港から徒歩15分
- P なし

アーティスト・内藤礼と建築家・西沢立衛による美術館。瀬戸内海を見渡す丘の上にあり、天井の2つの開口部から屋外の風や音、光を取り込んだ有機的な空間が、周囲に広がる棚田と見事な調和をなしている。

↑一滴の水が地上に最初に落ちた瞬間のような形を想起させる建物（写真：鈴木研一）

↑背の低いコンクリート・シェル構造で、柱が1本もない館内では内藤礼の作品『母型』を鑑賞できる（写真：森川昇）

香川 エリア特集●香川のアート

⬆自然エネルギーや高度な水質浄化システムを導入するなど、環境に負荷を与えない設計（写真：阿野太一）

### 銅製錬所の遺構を保存・再生
## 犬島精錬所美術館
いぬじませいれんしょびじゅつかん
**MAP** 付録P.18 B-1

近代化産業遺産である犬島精製所の遺構を美術館として再生。既存の建物を生かしつつ自然エネルギーを利用した建築は、三分一博志が設計した。三島由紀夫をモチーフにした柳 幸典の作品も見応えがある。

☎086-947-1112
⌂岡山県岡山市東区犬島327-4
⏰10:00～16:30(入館は～16:00)
休火曜、12～2月は火～木曜(祝日の場合は翌日休)
¥2060円(犬島「家プロジェクト」、シーサイド犬島ギャラリーとの共通券)
🚶犬島港から徒歩5分
Ｐなし

⬆三島由紀夫が生前暮らした家の廃材などを用いたインスタレーション／柳幸典『ヒーロー乾電池/ソーラー・ロック』2008年（写真：阿野太一）

⬆巨大な煙突やカラミレンガ造りの重厚な建物が目をひく発電所跡／提供：福武財団

### 近代産業の歴史が息づく
## 犬島
いぬじま

**製錬所跡に往時の繁栄を見る**

古くは採石業、近代は銅の製錬で栄えた島。製錬所の遺構は美術館として再生され、新たな地域創造のモデルとなっている。集落を散策しながら家プロジェクトの作品を探すのも楽しい。

**島の歩き方**：周囲約4kmの小さな島で、バスはないため島内の移動は徒歩のみ。1時間ほどで一周できるので風景を見ながらのんびり歩こう。

⬆大きさや焦点が異なる無数の円形レンズが配置されたS邸の作品／荒神明香『コンタクトレンズ』2013年（写真：Takashi Homma）

⬆色とりどりの造花の花びらを組み合わせたA邸の作品／荒神明香『リフレクトゥ』2013年（写真：Takashi Homma）

### 素朴な集落にアートが点在
## 犬島「家プロジェクト」
いぬじま いえプロジェクト
**MAP** 付録P.18 B-1

アーティスティックディレクター・長谷川祐子と建築家・妹島和世が平成22年(2010)から始めたプロジェクト。5軒のギャラリーと休憩所が集落に点在しており、それぞれに現代アートが展示されている。

☎086-947-1112 ⌂岡山県岡山市東区犬島
休火曜、12～2月は火～木曜(祝日の場合は翌日休)
¥2060円(犬島精錬所美術館、シーサイド犬島ギャラリーとの共通券) 🚶犬島港から徒歩7分(場所により異なる) Ｐなし

⬆築200年の建物を改修したC邸。内部には水糸を使用した作品を展示（写真：Takashi Homma）

### 人々を迎える港のシンボル
# 男木島の魂
おぎじまのたましい
男木島 MAP 付録P.18 A-1

スペインの芸術家ジャウメ・プレンサの作品。屋根には8つの言語の文字が複雑に配置されており、日中はその影が地面にアートを描き出す。

☎087-813-0853 ㊟香川県高松市男木町1986 ㋺6:30〜17:00 ㊡無休 ㊷無料 ㋱男木港から徒歩1分 Ⓟなし

→港に設置された作品で、水盤に映る姿は白い二枚貝を思わせる（撮影:中村脩）

---

香川 エリア特集 ● 香川のアート

### 2島合わせて雌雄島と呼ばれる
# 男木島・女木島
おぎじま・めぎじま

**個性豊かな2つの島を1日で巡りたい**

男木島は平地がほとんどなく、入り組んだ路地の随所に作品が点在。男木島の南に隣接する女木島は桃太郎伝説でも知られ、港周辺にアートが集中している。

島の歩き方:2つの島の間はフェリーで約20分。坂が多い男木島内の移動は自転車より徒歩が最適。女木島ではバスも利用できる。

---

### 島の随所を彩るカラフルな壁画
# 男木島 路地壁画プロジェクト wallalley
おぎじまろじへきがプロジェクト ウォアリー
男木島 MAP 付録P.18 A-1

「wallalley」とは「wall（壁）」と「alley（路地）」を組み合わせた造語。アーティスト眞壁陸二が島で集めた廃材に風景のシルエットを描き、民家の外壁に設置している。

☎087-813-0853 ㊟香川県高松市男木町 ㊡見学自由 ㋱男木港から徒歩2分 Ⓟなし

→島の風景をモチーフにした壁画があちこちに配置され、今では景観の一部となっている（撮影:中村脩）

---

### 海辺の景色に溶け込む風見鶏
# カモメの駐車場
カモメのちゅうしゃじょう
女木島 MAP 付録P.18 A-1

防波堤にずらりと並ぶ約300羽のカモメは、木村崇人による作品。本物のカモメ同様、風が吹くと一斉に向きを変える様子が見もの。

☎087-813-0853 ㊟香川県高松市女木町 ㊡見学自由 ㋱女木港から徒歩1分 Ⓟなし

→風向きに合わせて同じ方向に顔を向けるカモメの習性を視覚化した屋外アート（撮影:中村脩）

---

### かつての段々畑の風景を表現
# 段々の風
だんだんのかぜ
女木島 MAP 付録P.18 A-1

街並と海が一望できる、段々畑の跡に約400個の陶のブロックを展示。杉浦康益の作品で、傾斜を利用して生み出される島の大パノラマに注目。

☎087-813-0853 ㊟香川県高松市女木町 ㊡見学自由 ㋱女木港から徒歩7分 Ⓟなし

→海が見渡せる段々畑の跡地は静かながら美しい情景が広がる（撮影:高橋公人）

### 個性的な芸術が市街地の景観をつくり出す
# 街のアートスポットで過ごす休日

香川にゆかりのある作家の作品やその生涯を知り、土地の歴史や自然の魅力を再発見。

## 丸亀市 猪熊弦一郎現代美術館
まるがめしいのくまげんいちろうげんだいびじゅつかん
丸亀 MAP 付録P.3 F-2

### 丸亀駅前で現代アートを

香川で生まれ育ち、JR上野駅の大壁画『自由』や三越の包装紙『華ひらく』を手がけた画家・猪熊弦一郎。広い館内には展示室のほか、美術図書館やカフェ、造形スタジオがあり、イベントも盛んに行なわれる。

☎0877-24-7755 ㊟香川県丸亀市浜町80-1 ⏰10:00〜18:00(入館は〜17:30) ㊡不定休 ¥950円(企画により異なる) 🚃JR丸亀駅から徒歩2分 Ⓟあり
※画像はすべて撮影：山本糾

↑国内外の現代美術を紹介

↑建物はモダニズム建築の巨匠・谷口吉生(たにぐちよしお)が設計したもの

↑自然光を取り込んだ明るい館内

## 香川県立 東山魁夷せとうち美術館
かがわけんりつ ひがしやまかいい せとうちびじゅつかん
坂出 MAP 付録P.3 F-2

### 瀬戸内海の自然と魁夷作品

目前に瀬戸内海を望む美術館。東山魁夷の祖父が坂出市出身だったことから、寄贈された版画作品を中心に収蔵する。春と秋には他の美術館とも連携し、魁夷や縁のある作家の作品を展示する特別展を開催。

☎0877-44-1333 ㊟香川県坂出市沙弥島南通224-13 ⏰9:00〜17:00(入館は〜16:30) ㊡月曜(祝日の場合は翌日休)、展覧会準備期間 ¥300円(特別開催時は別料金) 🚃JR坂出駅から車で20分 Ⓟあり

↑海と瀬戸大橋を眺めるカフェ

↑色彩の美しい版画作品の数々

↑塩造りで発達した坂出の、静かな海辺にたたずむ小さな美術館

## ジョージナカシマ記念館
ジョージ ナカシマ きねんかん
高松 MAP 付録P.10 B-2

### 木の魅力あふれる家具を展示

世界的木工家具デザイナーのジョージナカシマとともに、家具製作を行なってきた桜製作所が創業60周年を記念して設立。ナカシマの作品約60点やドローイング、写真、手紙などを収蔵展示している。

☎087-870-1020 ㊟香川県高松市牟礼町大町1132-1 ⏰10:00〜17:00(入館は〜16:30) ㊡日曜、祝日 ¥500円 🚃ことでん・塩屋駅から徒歩3分 Ⓟあり

↑木の素晴らしさを感じて

↑唯一ジョージナカシマの作品をゆっくりと鑑賞できる貴重な場所

男木島・女木島 街のアートスポット

穏やかな時間が流れる街並に足を延ばす
# 懐かしい風景の中に立つ

奈良時代や江戸時代など、はるか昔に信仰や商売で栄えた街が、当時の面影を今に伝える。
古い道を歩いて風を感じ、歴史を物語る建物を眺めて、この街を築いた人々に思いを寄せる。

## 弘法大師ゆかりの街
## 善通寺 観音寺
ぜんつうじ・かんおんじ

香川／善通寺・観音寺／引田●歩く・観る

善通寺市は、弘法大師誕生の地・善通寺の門前町として発展。市内には大師の祖先とされる豪族の古墳もある。観音寺市は、琴弾公園内に描かれた寛永通宝の砂絵で知られ、弘法大師が住職を務めた観音寺がある。

↑四国八十八ヶ所霊場75番札所。寺号は大師の父・佐伯善通(よしみち)に由来

### 観音寺
かんのんじ
観音寺 **MAP** 付録P.3 E-3
**天皇の勅願所として繁栄**

奈良時代に琴弾八幡宮の別当寺として創建。大同2年(807)、弘法大師が聖観世音菩薩を本尊とし、観音寺に改称。四国八十八ヶ所霊場69番札所となった。同境内には68番札所の神恵院がある。

☎0875-25-3871 所香川県観音寺市八幡町1-2-7 休料境内自由 交JR観音寺駅から車で10分 Pあり

↑国の重要文化財指定の本堂(金堂)

### 善通寺
ぜんつうじ
善通寺 **MAP** 付録P.3 F-3
**弘法大師の誕生地に建つ広大な寺**

4万5000㎡に及ぶ境内は、金堂や五重塔が建ち並ぶ東院と、弘法大師が生まれた佐伯家邸宅跡の西院に分かれる。京都の東寺、和歌山の高野山とならぶ弘法大師三大霊跡のひとつ。

☎0877-62-0111 所香川県善通寺市善通寺町3-3-1 休境内自由(本堂9:00～17:00) 休無休 料無料 交JR善通寺駅から車で5分 Pあり

### 琴弾公園
ことひきこうえん
観音寺 **MAP** 付録P.3 E-3
**砂で描かれた巨大な寛永通宝**

国の名勝に指定されている夕日の美しい公園。園内の有明浜に描かれた東西122m南北90m周囲345mの砂絵「寛永通宝」は、一度見ると健康で長生きし、お金に不自由しないとの言い伝えがある。

☎0875-23-3933(観音寺市役所商工観光課) 所香川県観音寺市有明町琴弾公園内 休料境内自由 交JR観音寺駅から車で3分 Pあり

↑琴弾山山頂の展望台からよく見える

### 西讃岐の伝統菓子をお持ち帰り

### 菓子工房 遊々椿
かしこうぼう ゆうゆうつばき

明治創業の老舗菓子店が手がける「おいり」は上品で遊び心たっぷり。ほんのり甘く軽い口どけを堪能して。

観音寺 **MAP** 付録P.3 E-3
☎0875-25-2731 所香川県観音寺市茂西町2-3-4 営9:00～18:00 休不定休 交JR観音寺駅から車で10分 Pあり

↑筒入りおいり350円(左)、白わくおいりと鯛540円(右)は県産品コンクールで知事賞受賞

### 江戸時代の暮らしの風景
# 引田
ひけた

室町時代に風待ち港として栄え、今なお古い街並が残る。江戸時代の商家を生かした観光施設・讃州井筒屋敷や老舗の醤油店かめびし屋が見どころ。

## 讃州井筒屋敷
さんしゅういづつやしき
**MAP** 付録P.16 B-4
### ノスタルジーな気分で散策

江戸時代から酒と醤油造りで栄えてきた豪商屋敷を観光拠点として改修。母屋の凛とした空間や風格漂う庭園が見学可能。蔵は食事処やショップもあり、のんびりと過ごせる。

☎0879-23-8550 所香川県東かがわ市引田2163
時10:00〜16:00 休水曜 料600円 交JR引田駅から徒歩10分 Pあり

↑売店コーナーでは引田の特産品を販売

↑江戸後期から明治期の建築。案内所も併設

↑職人と同じ工程で好きな木型を使える、讃岐和三盆の型抜き体験。できたての半生和三盆の味は格別

↑蒸した大豆などを職人が3日3晩育てる

↑本瓦葺きと朱の漆喰壁があでやか。国の登録有形文化財に指定されている

## かめびし屋
かめびしや
**MAP** 付録P.16 B-4
### 伝統を守り続ける老舗醤油屋

日本で唯一残る「むしろ麹」製法と、250年以上経つ醸造蔵の杉桶で仕込む醤油は、大豆の旨み成分を含んだ独自の風味。併設のショップでは、醤油を使った商品も販売。

↑天然醸造で四季の温度変化により、「もろみ」を熟成させる

☎0879-33-2555
所香川県東かがわ市引田2174
時10:00〜17:00 休無休
交JR引田駅から徒歩10分 Pあり

↑かめびし特製しょうゆ焼きおにぎり330円。3年醸造の醤油味とおかか味

### 東かがわの伝統菓子をお持ち帰り
## ばいこう堂
ばいこうどう

讃岐の和三宝糖は、口どけが良く上品な甘さ。変わらぬ製法で作られる製菓工場は3〜11月の期間に見学可。7日前までに予約を。
**MAP** 付録P.16 C-4

☎0120-33-6218 所香川県東かがわ市引田大川140-4 時9:00〜19:00 休無休 交JR引田駅から徒歩15分 Pあり

↑かのこちゃん515円。和紙の中には、丸くてかわいい銘菓霰糖が入っており独特な風合い

↑香川の観光地や名物などがかたどられた干菓子はみやげにおすすめ。和三宝めぐり(香川) 648円。

# 歴史と文学の地に城下町の風情

EHIME

## 愛媛
えひめ

城下町として繁栄した松山、大洲、宇和島など、歴史の風薫る愛媛県。
情緒深い街並散策や、日本最古といわれる道後温泉訪問が旅のハイライトだ。

## おもなエリアと人気スポット

四国北西部に広がる愛媛県には、名所や旧跡など多彩な見どころがあふれている。

### 松山城が建つ文学の街
### 松山周辺
まつやま

松山市のシンボルは、風格のある松山城。かつて城下町として栄えた地で、正岡子規や夏目漱石など文学者にもゆかりが深い。レトロな「坊っちゃん列車」に乗って、付近を観光したい。

↑市の中心部にそびえる松山城。隣接する砥部町の伝統工芸・砥部焼

**観光のポイント**　加藤嘉明らが建てた松山城は、城好きにも人気が高い

### 日本最古の温泉を訪ねて
### 道後温泉
どうごおんせん

四国屈指の人気温泉施設、道後温泉 本館。本館は明治期に建てられ、夏目漱石をはじめ数々の文人にも愛された。石畳の通りや商店街など、温泉街ならではの情緒もいい。

↑趣向を凝らした道後温泉本館。付近には足湯が楽しめる場所も

**観光のポイント**　入浴コースは4種類。好みに合わせて湯を楽しもう

### 明治の街並をゆるり遊歩
### 内子
うちこ

江戸末期から明治にかけて木蝋と和紙で栄えた街には、当時の繁栄を伝える商家が連なる。味わいのある建物を利用した食事処も点在し、タイムスリップした気分で散策が楽しめる。

**観光のポイント**　受け継がれる伝統工芸を手みやげに

### 鵜飼いで有名な趣ある街
### 大洲
おおず

清流・肱川のほとりに、城下町として繁栄した大洲市がある。見どころは、臥龍山荘や復元された大洲城など。テレビドラマの舞台にもなった風流な街には、レトロな建物も点在する。

↑小京都と称される大洲市。街並のすべてが写真映えする

**観光のポイント**　旧城下町に残るノスタルジーを存分に感じて

### 宇和島伊達家ゆかりの地
### 宇和島
うわじま

伊達家が藩を治めたこの地には、宇和島城や天赦園など、ゆかりの史跡が多く残っている。伝統行事である闘牛をはじめ、鯛めし、じゃこ天など海の恵みを生かしたグルメも人気だ。

**観光のポイント**　伊達家が築いた面影をたどりたい

## 交通 information

### 主要エリア間のアクセス

|  |  |
|---|---|
| 松山 ― 今治 | 国道196号で約1時間10分 |
| 松山 ― 新居浜 | 松山自動車道経由約1時間10分 |
| 松山 ― 内子 | 松山自動車道経由約45分 |
| 松山 ― 大洲 | 松山自動車道経由約20分 |
| 松山 ― 宇和島 | 松山自動車道経由約40分 |
| 内子 ― JR松山駅前 | 特急宇和海で約25分 |
| 大洲 ― JR松山駅前 | 特急宇和海で約15分 |
| 宇和島 ― JR松山駅前 | 特急宇和海で約45分 |
| 新居浜 ― 道後温泉 | 特急しおかぜで約1時間5分 |
| JR松山駅前 ― 松山市駅 | 伊予鉄道で約10分 |
| 松山市駅 ― 道後温泉 | 伊予鉄道で約25分 |
| 砥部 ― JR松山駅前 | 伊予鉄バスで約45分 |

### 問い合わせ先

**交通**
- JR西日本お客様センター ☎0570-00-2486
- JR四国電話案内センター ☎0570-00-4592
- 伊予鉄道 ☎089-948-3323
- 伊予鉄バス ☎089-948-3172
- NEXCO西日本(お客様センター) ☎0120-924-863
- 日本道路交通情報センター(愛媛) ☎050-3369-6638

### 多くの文人を育んだ文学の街
## 愛媛県
# 松山
まつやま

**風格ある松山城が繁華街を見守る**

江戸時代から栄えた松山藩の城下町であり、今なお四国屈指の都市として賑わいをみせる。俳人・正岡子規の出身地、あるいは夏目漱石の小説『坊っちゃん』の舞台としても有名で、街には文学ゆかりの地が点在している。

**街の歩き方**：路面電車の伊予鉄道・大街道駅を中心に見どころが集まり、歩いて観光できる。道後温泉やJR松山駅へのアクセスも便利。松山郊外へは、伊予鉄バスを利用して移動したい。

**レトロな路面電車に揺られて巡る**
# 文学の薫る街
# 賑わいの城下

街の中心にそびえるのはシンボルの松山城。路面電車が走る街並のなか、歴史と文学に触れる。

---

## 松山城
まつやまじょう
**MAP** 付録P.20 C-3

**勝山山頂にそびえる天守と広大な敷地を持つ平山城**

慶長7年(1602)から26年の歳月をかけて加藤嘉明らが築城。連立式天守がある日本有数の城で、全域が史跡公園になっている。天守をはじめ数々の門や櫓が国の重要文化財に指定。

☎089-921-4873
所 愛媛県松山市丸之内1
⏰9:00～16:30(札止め、季節により異なる)
休 無休(天守は12月第3水曜)
¥ 天守510円
🚃 伊予鉄道・大街道駅からロープウェイ東雲口駅まで徒歩5分
P あり

### 歴史Column
**松山城初代城主・加藤嘉明**
こうとうよしあき

秀吉の家臣・加藤景泰に見いだされた名将。のち家康のもと武功を挙げ、松山藩主となる

加藤嘉明は豊臣秀吉に取り立てられた武将のひとり。賤ヶ岳の戦いで福島正則、加藤清正らと並ぶ活躍を見せ、賤ヶ岳七本槍に数えられた。関ケ原の戦いでは徳川側につき、その功績から松山20万石に加増され松山城を築城。その後、陸奥会津40万石の領主に転封した。

松山城ロープウェイ乗り場に立つ銅像

---

松山市観光案内所 ☎089-931-3914 所 愛媛県松山市南江戸1-14-1 JR松山駅構内 ⏰8:30～17:15 休 無休 🚃 JR松山駅構内

威厳のある天守。江戸以前に建てられた現存12天守のひとつ

## 松山城二之丸史跡庭園
まつやまじょうにのまるしせきていえん
**MAP** 付録P.20 C-3

### 藩主邸宅を表現した風流な庭園
### 季節ごとに咲く花々も見もの

表御殿跡にあたる「柑橘・草花園」では柑橘類などを用い、奥御殿跡の「流水園」では砂利や芝生で昔の間取りを再現している。

☎089-921-2000 所愛媛県松山市丸之内5 時9:00～17:00(季節により異なる) 休12月第3水曜 料200円 交伊予鉄道・県庁前駅から徒歩5分 Pあり

↑池を配した庭園内には、優雅な茶室なども建てられている

## 萬翠荘
ばんすいそう
**MAP** 付録P.21 D-3

### 旧松山藩主の子孫が建築
### 純フランス風の豪華な洋館

久松定謨伯爵が大正時代に建てた別邸。当時は社交場として使われたという。建物自体はもちろん調度品や装飾なども最高級のもの。

☎089-921-3711 所愛媛県松山市一番町3-3-7 時9:00～18:00 休月曜(祝日の場合は開館) 料無料(2階300円) 交伊予鉄道・大街道駅から徒歩5分 Pあり

↑踊り場壁面のステンドグラスは木内真太郎氏の作品

文学の薫る街 賑わいの城下

↑格調高いネオ・ルネサンス建築

### 注目ポイント
#### 松山と道後温泉を結ぶ、坊っちゃん列車に乗る

松山市を走るレトロな坊っちゃん列車のモデルは、明治21年(1888)から67年間、市民に親しまれていた蒸気機関車。現在はディーゼルエンジン車として復元され、小説にちなんだ名前がつけられた。1乗車は800円。
☎089-948-3323(伊予鉄道 運輸課)

↑道後温泉から松山市駅と古町までの2系統が走る

## 歴史

司馬遼太郎の『坂の上の雲』からたどる、近代・松山

# 怒濤の時代を生きた男たち

松山に生まれた秋山兄弟と正岡子規。『坂の上の雲』で司馬遼太郎が描いた彼らの人生を追い、幕末から明治へと、駆け足で近代化の道を突き進んでいった、日本のなかの愛媛・松山を俯瞰する。

愛媛｜松山●歴史

### 19世紀半ば～19世紀後半　人生の岐路に立つ伊予藩士
## 幕末から明治の伊予

**幕末の動乱に対応を求められた伊予八藩**
**その動きが維新後の各藩の運命を左右した**

　幕末を迎えた伊予の国は、伊予松山藩、宇和島藩、大洲藩、今治藩、小松藩、伊予吉田藩、新谷藩、西条藩の伊予八藩に分かれていた。ペリーの来航以来、尊王攘夷派や公武合体派、討幕派が入り乱れる政情に、伊予の各藩も否応なしに巻き込まれていった。

　伊予最大の松山藩は、藩主・松平氏が徳川家の血筋を継ぐ、いわゆる親藩だ。長州征伐では、幕府軍として尊王攘夷派の長州と交戦。戊辰戦争では、同じ親藩の今治・西条の各藩が新政府軍につくなか、松山藩は徳川家擁護の立場を貫いた。旧幕府軍は敗れ、松平氏は城を明け渡すこととなる。15万石もの重い賠償金を課され、維新後の松山藩士、なかでも下士たちの生活を苦しめる結果となった。

　幕政の重鎮だった宇和島藩の伊達宗城は、戊辰戦争で幕府と一定の距離を保ち、明治新政府でも要職に取り立てられた。旧幕派など、出世の道を閉ざされた旧藩士には、出世の道を切り拓くため学問の道へ進む者が多かった。

#### 幕末の南予　南予に吹いた好学の風

　南予の大洲藩と宇和島藩は、海外の学問や技術を積極的に採り入れた藩として知られる。大洲藩では江戸前期、2代・加藤泰興が伊予でいち早く教育を奨励し、陽明学の祖・中江藤樹らを登用して藩士を育てた。
　幕末の宇和島藩では、西洋に通じた8代藩主・伊達宗城が蘭学者の高野長英や村田蔵六を招いて、西洋式の砲台の築造や蒸気船の建造を行うなど、軍備の近代化を図った。シーボルトの弟子だった蘭学医・二宮敬作も宇和島藩に仕え、多くの優秀な人材を育てている。

↑江戸時代は宇和島の藩庁が置かれた宇和島城

### 19世紀後半～19世紀末　動乱期の松山に生まれた3人
## 秋山兄弟と正岡子規

**貧しさから立身出世をめざした好古・真之兄弟**
**子規は東京に大きな夢を抱いて故郷を離れた**

　尊王攘夷運動の嵐が吹き荒れていた安政6年(1859)、秋山好古は、松山藩の下級武士の家の三男として生を受けた。元号が明治となった1868年には、弟の五男・真之が誕生している。明治4年(1871)の廃藩置県で藩が廃止され、家禄の支給がなくなると、子だくさんの秋山家は生活に困窮するようになる。真之を寺に預ける話が出たとき、兄の好古が引き留めている。学校をあきらめ、銭湯の風呂焚きで家計を支える好古だったが、無料で通える師範学校があると聞き、立身出世を夢見て16歳で大阪へと旅立った。
　9つ違いの弟・真之は、兄の援助を受けて県立松山中学に通い、生涯の友となる同い年の正岡子規と出会う。子規は旧藩上士の家柄で、屋敷に自分の書斎があった。松山一の学者だった祖父・大原観山に、幼いころから漢詩や和歌を学んだ。松山で自由民権運動に触れた子規は、広い世界を求めて明治16年(1883)に上京。真之もすぐに後を追いかけた。

↑生誕の地にある兄・秋山好古像

### 秋山兄弟生誕地
あきやまきょうだいせいたんのち
MAP 付録P.21 D-3

兄弟の生家を原型に近い形で復元。資料の展示や銅像もある。

☎089-943-2747　⌂愛媛県松山市歩行町2-3-6（公益財団法人 常盤同郷会本部地）
⏰9:00～17:00（最終入場16:30）　休月曜
¥300円　🚃伊予鉄道・大街道駅から徒歩3分　Pなし

↑兄・秋山好古による直筆の書も展示されている

↑松山城から松山市内北西部を望む。当時は興居島(ごしま)の手前に広がる三津浜から、航路で東京に向かったという

| 19世紀末 | 文豪・漱石と俳人・子規の友情 |

## 夏目漱石の松山

### 東京の学校で子規と出会い、親友を得た漱石 松山で同居し、子規に俳句の腕を鍛えられる

　東京帝国大学の進学をめざし、東京の大学予備門に通った正岡子規は、もうひとりの生涯の友となる夏目漱石と出会う。明治23年(1890)、2人はそろって東京帝国大学に入学し、交友を深める。夏目漱石の「漱石」というペンネームは、子規の雅号のひとつを譲り受けたものだ。子規は大学在学中から俳人として文学活動を始め、2年後には大学を中退して新聞『日本』(日本新聞社)に入社。記者をしながら、俳句と短歌の革新運動に取り組み、俳諧に新風を吹き込んだ。
　子規と漱石が再び親交を持ったのは、子規の故郷・松山でだった。漱石は明治28年(1895)、松山の尋常中学校に英語教師として赴任。約1年間を松山で過ごした。同年、結核を患う子規が、静養のため松山に帰郷。漱石の下宿「愚陀佛庵」で52日間の共同生活を送った。子規が開く句会に漱石が参加し、ときには2人で道後温泉の湯に浸かったという。このときの子規の俳句指導が、漱石の文才を目覚めさせたといわれている。漱石はのちに、松山での教師体験を描いた小説『坊っちゃん』を、俳句雑誌『ホトトギス』に発表する。2人はその後も書簡を交わすなどして友情を育んだ。

↑松山市立子規記念館に展示されてる愚陀佛庵

### 『坂の上の雲』司馬遼太郎の代表作品

　昭和43年(1968)から4年半にわたり、産経新聞に連載された司馬遼太郎の代表作のひとつ。日本陸軍の多くの兵を育て、「日本騎兵の父」と呼ばれた秋山好古。海軍の参謀として日露戦争で活躍した秋山真之。俳句に革新をもたらし、近代俳句の道を拓いた正岡子規。松山藩士の子として生まれた3人の友情と、近代日本・明治を生き抜いた彼らの生涯を描いた長編歴史小説。

### 坂の上の雲ミュージアム
さかのうえのくもミュージアム
**MAP** 付録P.21 D-3

松山全体を屋根のない博物館とするフィールドミュージアム構想の中核を担う施設。『坂の上の雲』の主人公3人の足跡や明治時代についての展示が行なわれている。

☎ 089-915-2600 　📍愛媛県松山市一番町3-20　⏰9:00～18:30(入館は～18:00)
❌月曜(祝日の場合は開館)、臨時休館あり
💴400円　🚃伊予鉄道・大街道駅から徒歩1分　🅿あり

↑建物は三角形という斬新な形。設計は安藤忠雄

↑3～4階には産経新聞に掲載された1296回分の『坂の上の雲』を掲示している

怒濤の時代を歩んだ男たち

## 19世紀末〜20世紀前半
### 3人の前に立ちはだかる大戦
# その後の3人と日本

**苦しい病床でも創作に励み続けた子規**
**秋山兄弟は日露戦争で大きな功績を挙げる**

　大阪の師範学校で学んだ秋山好古は、のちに同郷の先輩の勧めで陸軍士官学校騎兵科に入学する。上級幹部を養成する陸軍大学校へ進んだ頃、東京に弟の真之を呼び寄せて同居を始める。大学予備門に入り、子規とともに文学の道をめざしていた真之だったが、その後の高額な学費負担や自分の将来について思い悩んだ末、大学予備門を中退して、国費で通える海軍兵学校へ進むことを決意する。
　その頃、近代国家への道を突き進む日本に、戦争の足音が近づいていた。欧米列強のアジア進出が広がるなか、朝鮮半島の支配権をめぐって、明治27年（1894）に日清戦争が勃発。好古と真之は初めての実戦を経験する。正岡子規も従軍記者として戦地へ赴いた。清に勝利した日本は、今度は朝鮮半島と満州を狙うロシアとの間で、明治37年（1904）に日露戦争へ突入。秋山兄弟の活躍により、大国ロシアから奇跡的な勝利を収め、世界中を驚かせた。その後、真之は巡洋艦艦長を歴任し、海軍一筋の人生を歩む。好古は陸軍重職を歴任後、晩年は松山に戻って中学校長を務めた。正岡子規は、戦地から帰国後に結核を悪化させ、俳誌『ホトトギス』に作品を発表するなど病床で文芸活動を続けたが、34歳の若さで明治35年（1902）に生涯を閉じた。

## 19世紀末〜20世紀
### 富国強兵下で進む産業振興
# 松山の産業政策

**鉄道が敷かれ、多くの産業が振興**
**松山に近代化の波が押し寄せる**

　廃藩置県を経て愛媛県が誕生したのは明治6年（1873）。近代国家をめざす明治政府の富国強兵のスローガンのもと、愛媛県内でも殖産興業政策が図られた。養蚕業や製糸業の振興が進み、明治21年（1888）には日本初の軽便鉄道である伊予鉄道が松山〜三津間で開業。1890年代には、住友の管理する別子銅山の近代化が進み、銅の産出量を増加させた。1900年代に入ってからは、「今治タオル」で知られる今治綿ネルなどの織物業や製紙業が成長するなど、さまざまな産業が県内でしだいに発展していった。

◎東洋のマチュピチュとも呼ばれる別子銅山。現在、周辺は「マイントピア別子」として整備され、見学することができる（P.98）

## 松山の歴史-幕末・近代を中心に

| 西暦 | 元号 | 事項 |
|---|---|---|
| 1602 | 慶長7 | 関ヶ原の戦いの功績が認められ、加藤嘉明が築城（松山城⇒P.74）を開始。 |
| 1777 | 安永6 | この頃、陶祖、杉野丈助により砥部焼⇒P.86の制作が始まったといわれる |
| 1854 | 安政元 | 35年の年月をかけ、松山城を復興 |
| 1871 | 明治4 | 廃藩置県で松山藩は松山県となる |
| 1875 | 8 | 秋山好古、藩校の明教館で学んだのち、大阪師範学校へ進む |
| 1883 | 16 | 正岡子規、上京し共立学校へ。秋山真之も子規の影響を受け上京する。翌年、東京大学予備門へ。この頃より俳句に傾倒しはじめる |
| 1886 | 19 | 秋山真之、帝国大学予備門を退学し海軍兵学校へ入学 |
| 1888 | 21 | 松山市内に伊予鉄道開業（松山〜三津） |
| 1889 | 22 | 漱石と子規の交流が始まる |
| 1890 | 23 | 漱石と子規、帝国大学に入学 |
| 1892 | 25 | 正岡子規、帝国大学を退学し、日本新聞社へ入社 |
| 1894 | 27 | 道後温泉 本館⇒P.88が完成する |
| 1894 | 27 | 日清戦争が勃発 |
| 1895 | 28 | 子規、日清戦争に従軍 |
| 1895 | 28 | 夏目漱石、松山中学の英語教師として松山に赴任。病気療養のため正岡子規が帰郷。夏目漱石と愚陀佛庵⇒P.77で生活 |
| 1897 | 30 | 松山で俳句雑誌『ホトトギス』が創刊される。のち、東京の高浜虚子に引き継がれる |
| 1902 | 35 | 正岡子規、没。満34歳 |
| 1904 | 37 | 日露戦争が勃発 |
| 1905 | 38 | 夏目漱石、『ホトトギス』誌上にて『吾輩は猫である』の連載開始 |
| 1906 | 39 | 夏目漱石、『坊っちゃん』を『ホトトギス』に発表する。翌年、教職から離れ、新聞社に入社し、職業作家となる |
| 1916 | 大正5 | 夏目漱石、胃潰瘍のため没。満49歳 |
| 1922 | 11 | 萬翠荘⇒P.75が完成 |
| 1924 | 13 | 秋山好古、北予中学校（現・松山北高校）の校長に就任。昭和5年（1930）春に退職、同年秋、永眠 |

## 近代俳句の祖を生んだ俳都
# 俳句と松山、子規ゆかりの地へ

俳句の世界に近代化をもたらした正岡子規。彼を育てた松山には、俳句を楽しむ文化がすでにあった。子規の後には多くの松山の俳人が生まれ、俳壇を担う名手を輩出した。

## 正岡子規と同郷の俳人たちとの交流

現在、俳句の里として知られる松山は、江戸時代から藩主・松平氏や藩士、商人までもが俳諧を楽しむ文化が育っていた。そんな空気に包まれた慶応3年(1867)の松山に、正岡子規は生まれた。

幕末以降の俳句の流れを「低俗で月並み」と批評した子規は、俳句の革新運動を新聞『日本』の紙上で展開した。客観的な写生主義を主張する子規の俳句は多大な反響を呼び、日本派(子規派)と呼ばれる子規門下の俳壇一派が生まれた。

子規の松山時代の学友で俳人の柳原極堂は、友人を支援するため、日本派の俳句雑誌『ホトトギス』を創刊した。高浜虚子は17歳のとき、地元・松山で野球に興じているときに、偶然、帰省中の子規と遭遇している。虚子はのちに子規に師事し、同郷の学友・河東碧梧桐と一緒に東京の子規庵に居候した。病気療養で松山の漱石の下宿先に子規が逗留した折には、地元の日本派俳句結社「松風会」の会員が日参。子規は同郷の門弟を指導した。

### 松山ゆかりのおもな俳人

**正岡子規** 慶応3年〜明治35年(1867〜1902)
結核を患いながらも明治30年(1897)には雑誌『ホトトギス』の創刊に尽力。日本に野球を広めた立役者であり、平成14年(2002)には野球殿堂入りした。

**種田山頭火** 明治15年〜昭和15年(1882〜1940)
五七五調の定型に縛られない自由律俳句の代表俳人。晩年は禅僧として西日本を行乞しながら句作を行ない、松山市に「一草庵」を結庵。そこで生涯を終えた。

**高浜虚子** 明治7年〜昭和34年(1874〜1959)
正岡子規に兄事した俳人・小説家。『ホトトギス』に和歌や散文などを加え、俳句文芸誌として発展させた。

**河東碧梧桐** 明治6年〜昭和12年(1873〜1937)
高浜虚子とともに「子規門下の双璧」と称される俳人。新傾向俳句やルビ俳句など新しい流れを試みた。

**中村草田男** 明治34年〜昭和58年(1901〜1983)
高浜虚子に師事した俳人。人間性や生活に関わる句を詠み、人間探求派と呼ばれた。俳誌『萬緑』を創刊。

怒濤の時代を歩んだ男たち

## 松山・俳句にまつわるスポット
旅行者も街なかで俳句に親しめる

### 松山市立子規記念博物館
MAP 付録P.22 B-2

「人間正岡子規」をテーマに資料や映像で子規の生涯を解説。夏目漱石とともに暮らした愚陀佛庵の復元もある。

☎089-931-5566　所愛媛県松山市道後公園1-30
営9:00〜18:00(11〜4月は9〜17:00)入館は各30分前まで　休時期により異なる　料400円
交伊予鉄道・道後温泉駅から徒歩4分　Pあり

↑季節に合った俳句でお出迎えする

### 子規堂
しきどう
MAP 付録P.5 D-2

正岡家の菩提寺、正宗寺にある記念堂。直筆原稿や遺品などを展示している。

☎089-945-0400　所愛媛県松山市末広町16-3
営8:30〜17:00(最終入館16:40)　休無休
料50円　交伊予鉄道・松山市駅から徒歩4分
Pあり

### 俳句ポストを利用する

誰でも観光俳句を投句できるポストで、昭和43年(1968)以降、松山市内の主要観光地など90か所以上に設置されている。2か月に1度開函され、特選3句・入選20句などを選出。松山市のHP、愛媛新聞紙上で発表され、入選者には年間投句選集が贈呈される。

↑子規が幼少期を過ごした家を復元した

↑松山城長者ヶ平にある俳句ポスト

# 水軍が活躍した時代

瀬戸内海を縦横無尽に駆け巡った海の武士たち

大小の島影が美しい穏やかな瀬戸内の海。日本の主要航路だった時代、島々を拠点に海上を支配し、我が物顔にふるまった水軍たちがいた。

愛媛　松山●歴史

## 陸とは別に瀬戸内の海上を支配した水軍
## 略奪や通行税徴収、警護など多彩に活動した

　水軍とは、かつて、日本の海で権勢をふるった水上武力集団だ。おもに中世以降に豪族や大名に属して軍事化した海賊衆を指すが、広い意味では古代に略奪行為を行なった海賊まで含まれる。

　古くから主要な水上交通路だった瀬戸内海には、平安時代にはすでに海賊が横行していたという。平安後期には、瀬戸内の島々や沿岸域を本拠に、海上で軍事力を誇示する海の武士集団・海賊衆が現れる。彼らは公権力を無視して、領域の海上権を欲しいままにした。刃向かう船には海賊同様に略奪をしたが、船の通行料を徴収して警護をしたり、交易を行なったりもした。戦時には、陸の有力者と手を組み、海上戦の兵力として活躍した。

　室町時代に入ると、海賊衆は大名の統制下に組み込まれ、戦国時代に大名の家臣団となって、軍事力や輸送力が生かされるようになった。織田信長や豊臣秀吉も海上戦に水軍を活用している。伊予で有名な水軍には、芸予諸島の村上水軍や風早郡河野（松山市北条）を本拠にした河野水軍（伊予水軍）がいる。天正16年（1588）に豊臣秀吉が発した海上賊船禁止令によって、水軍はしだいに姿を消していく。

## 中世に海と陸の両方で覇権を握った河野氏
## 源平合戦や蒙古襲来で河野水軍が活躍する

　河野氏は、中世伊予で陸と海を広く支配した豪族の一派だ。古代末期、風早郡河野郷に本拠の高縄城を築くと、高縄半島と周辺の島々に住む海賊たちを束ねて河野水軍（伊予水軍）を統率、周辺海峡の通行権を支配した。

　源平合戦では、河野通清・通信父子は源氏側につき、海上戦に弱点を持つ源氏の強力な援軍を担った。屋島の戦いや檀ノ浦の戦いで功績を挙げ、源氏の勝利に大きく貢献した。鎌倉幕府で有力御家人となり、伊予で最大の勢力を誇るようになる。承久の乱で反幕府側に味方して衰退したものの、元寇で再び武勲を挙げて再興する。2度目の蒙古襲来となった弘安の役では、氏神である大山祇神社の大三島大明神の力を借りて敵方大将の船を見つけ出した河野通有が、見事に大将の首をとったとの伝説が残されている。南北朝期に本拠を河野郷から湯築城（松山市）に移し、伊予守護の地位も得た。

　その後は、家督相続争いがこじれ、土佐の長宗我部氏の侵攻もあって、有力な戦国大名には成り得なかった。天正13年（1585）の秀吉による四国平定によって所領を没収され、河野氏は滅亡する。

⬆穏やかな内海のイメージがある瀬戸内だが、島々が点在し狭水路ができるため、写真右下のように潮の流れは非常に複雑で早い動きを見せる。写真は来島（くるしま）海峡

⬆瀬戸内海で繰り広げられた源平の戦いでも水軍の能力、海況が戦果を大きく左右した。写真は檀ノ浦の戦いを描いた『安徳天皇縁起絵図』。この戦で河野水軍は源氏側につき、勝利した〈赤間神宮蔵〉

## 水軍が活躍した時代

### 芸予諸島海域の安全と秩序を保った村上水軍
### 海の難所で操船の腕を磨き水軍の一大勢力に

芸予諸島の海域で、南北朝から戦国時代に活躍したのが村上水軍。因島村上氏、能島村上氏、来島村上氏の3家から成り、3家が一体となって諸島全域を支配した。

島の密集する芸予諸島には、瀬戸と呼ばれる海峡の狭い船の難所がいくつもある。村上水軍は通行料を徴収する代わりに難所の水先案内や海賊警護を担い、海の秩序を保っていた。要衝となる沿岸部に、海の関所である海城を築き、平時にはそこを拠点に物流や漁業などのさまざまな海上活動にも従事した。陸の支配者とも結束を保ち、河野氏とは主従関係にあったが、あくまで独立性を保って活動した。

戦国期に毛利氏の配下となってからは、巧みな操船技術や海上作戦を駆使して海戦で活躍した。豊臣秀吉の海上賊船禁止令の発布後は、来島村上氏は秀吉直属の大名に取り立てられ、能島・因島の両村上氏は毛利家の家臣・御船手組として幕末を迎えた。芸予諸島には村上水軍ゆかりの史跡が点在し、彼らが出陣前に食べたという水軍鍋が残る。村上水軍のストーリーは、平成28年（2016）に文化庁の日本遺産に認定された。

### 日振島と藤原純友の乱

宇和島沖に浮かぶ日振島は、平安中期に起きた藤原純友の乱の勃発地として知られている。名門・藤原北家出身の藤原純友は、海賊征伐の命を受け、国司として伊予に派遣された。純友は任期終了後も伊予にとどまり、鎮圧対象だったはずの海賊衆の棟梁となる。日振島を拠点に略奪行為を行ない、淡路・讃岐の国府、大宰府を襲うなど朝廷に反抗したが、天慶4年（941）、小野妹古（小野妹子の子孫）らに鎮圧され命を落とした。

### 亀老山展望公園
きろうさんてんぼうこうえん
愛媛・大島 MAP 付録P.5 F-1

世界初の三連吊橋である来島海峡大橋が一望できる。夕景やライトアップされた夜景も見事だ。

☎0897-84-2111（今治市役所吉海支所産業建設課） 所愛媛県今治市吉海町南浦487-4 休料入園自由 交大島南ICから車で10分 Pあり

### 大山祇神社
おおやまづみじんじゃ
愛媛・大三島 MAP 付録P.2 B-2

全国にある三島神社や大山祇神社の総本社。戦いの神としても信仰されており、多くの武将が武具を奉納し、戦勝を祈った。

☎0897-82-0032 所愛媛県今治市大三島町宮浦3327 開境内自由、宝物館8:30~16:30 休無休 料宝物館1000円 交大三島ICから車で10分 Pなし

↑本殿と拝殿は国の重要文化財に指定されている

↑総檜造りの美しい総門。平成22年（2010）に再建された

### 今治市 村上水軍博物館
いまばりし むらかみすいぐんはくぶつかん
愛媛・大島 MAP 付録P.2 B-3

南北朝から戦国時代にかけて海賊として活躍した、能島村上氏の功績を古文書や復元品を通して紹介。日本唯一の中世海賊をテーマとした博物館。

☎0897-74-1065 所愛媛県今治市宮窪町宮窪1285 開9:00~17:00（入館は~16:30） 休月曜（祝日の場合は翌平日休） 料300円 交大島北ICから車で20分 Pあり

↑2階の村上家記念室では能島村上家に伝わる品を展示

## 瀬戸内料理と全国の銘酒が心ゆくまで楽しめる
### 瀬戸内割烹 むつの
せとうちかっぽう むつの

**MAP** 付録P.21 E-4

瀬戸内の旬の魚介料理と、地ものの野菜や愛媛県産肉を使った和風創作料理の店。目にもおいしいと評判の懐石コースは、3500円から1万円の全4種を用意。ベースに応じて料理を提供するので、時間を気にせずゆっくりと楽しめる。全国各地の地酒も豊富にそろう。

☎ 089-945-1606
所 愛媛県松山市三番町1-15-1 RITZビル102 営 17:00～23:00 休 日曜、祝日 交 伊予鉄道・勝山町駅から徒歩5分 P なし

予約 可
予算 D 7000円～

**懐石コース 5000円**
瀬戸内の魚介料理をメインに、旬の彩り豊かなメニューが並ぶ。写真は5000円コースの一例。使用する素材や料理の内容は季節によって変わる

↑カウンターには選り抜きの地酒が

↑落ち着いた和風の店構え

---

愛媛 | 松山 ● 食べる

## 愛媛の食材を巧みに仕上げる
# 松山の美味 華やぎの食卓

鯛を中心とした瀬戸内の恵みを存分に生かした食事処。彩り鮮やかな料理は、目で見て舌で味わって楽しめる。

### 落ち着きある和空間で瀬戸内の美味を堪能
### 日本料理 すし丸
にほんりょうりすしまる

**MAP** 付録P.21 D-4

瀬戸内海と宇和海で獲れる魚介をメインとした、四季折々の日本料理を提供。正岡子規や夏目漱石も好んで食したという松山鮓をはじめ、冬季限定のぬく寿司、活き鯛めしなど郷土料理も楽しめる。昭和23年(1948)創業の名店ならではの味と雰囲気を堪能したい。

☎ 089-941-0447
所 愛媛県松山市二番町2-3-2 営 11:00～14:00(LO) 16:30～22:00(LO) 土・日曜、祝日11:00～22:00(LO) 休 無休 交 伊予鉄道・大街道駅から徒歩4分 P なし

予約 可
予算 L 1500円～ D 3000円～

→テーブルやカウンターのほか、個室の座敷も

**松山鮓 1134円**
地元の小魚でとるだしを効かせた酢がおいしさの決め手。具材には煮穴子やタコなど、瀬戸内の魚介がたっぷり

### 鯛そうめん 1580円
鯛の煮汁を別添のだしで割り、つけつゆとしていただく。県産の天然真鯛をまるごと一尾使用した、豪華で食べごたえある一品

## 華やかで縁起の良い
## 松山名物「鯛そうめん」
# 郷土料理 五志喜
きょうどりょうり ごしき

**MAP** 付録P.21 D-4

看板メニューは、約380年の歴史に育まれた鯛そうめん。瀬戸内の天然真鯛と、色鮮やかな五色そうめんが織り成す郷土伝統の味を堪能できる。ほかにも、今治のせんざんきや八幡浜のじゃこカツなど、愛媛県のご当地人気メニューも味わえる。

↑座敷や個室、テーブル席を用意
☎089-933-3838
所愛媛県松山市三番町3-5-4
11:00～23:00 休不定休
交伊予鉄道・大街道駅から徒歩4分
Pなし

予約 望ましい
予算 L1500円～
     D3000円～

## もてなしの心が満載
## 五感で味わう懐石料理
# 懐石料理 小椋
かいせきりょうり おぐら

**MAP** 付録P.21 E-1

住宅街の一角にあり、自然豊かなロケーション。メニューは昼夜ともに、旬の地元食材を取り入れた茶懐石仕立てのコース料理。石畳の面した個室でゆったりと味わえる。カウンター席で揚げたてが楽しめる天ぷら懐石も人気。

☎089-917-6003
所愛媛県松山市祝谷3-6-27
11:30～14:30 17:30～22:00 休水曜
交伊予鉄道・赤十字病院前駅から徒歩15分 Pあり

予約 望ましい
予算 L3780円～
     D8640円～

↑懐石コースは全室個室で

### 夜の懐石コース 8000円～
コース料理のなかの向付け、椀盛り、焼き物の一例。内容は月替り。このほか揚げ物、飯物、お菓子などが付く

### 瀬戸鯛めし(土鍋ごはん) 1合800円
鯛の旨みを生かしたシンプルな味付け。炊き上がりまでは30～40分。夜限定で味わえる

## 落ち着きあるレトロな空間で
## 愛媛の味をゆったり満喫
# ごはんとお酒 なが坂
ごはんとおさけ ながさか

予約 可
予算 L800円～
     D3000円～

**MAP** 付録P.20 A-3

☎089-968-2601
所愛媛県松山市宮田町5-1
11:00～15:00(LO14:00)
17:00～23:00(LO22:15)
休無休
交JR松山駅から徒歩5分 Pあり

瀬戸内の魚介や地元農家直送の野菜など、県産食材にこだわった和食メニューと郷土料理の店。なかでも、注文を受けてから土鍋で炊き上げる「瀬戸鯛めし」は県外客にも人気。生の刺身を使った「南予の鯛めし(ひゅうがめし)」もあるので、食べ比べも楽しみたい。

↑落ち着いた雰囲気の店内

### 鍋焼うどん 550円
アルミの鍋のままアツアツで運ばれてくる。昔ながらの甘めのおつゆ。具はかまぼこ、ちくわ、肉、油揚げ、ネギとシンプル

## 甘くておいしいおつゆに
## やわらかうどんが踊る
# アサヒ

**MAP** 付録P.21 D-4

創業昭和22年(1947)の老舗うどん店で、戦後まもなく現在とほぼ同じトッピングで営業を開始。松山人好みの甘い味を今も受け継ぎ、変わらぬ味を求めて通う常連も多い。奥には座敷席もあり、家族連れでも利用しやすい。

↑11時頃から混雑する店内

☎089-921-6470
所愛媛県松山市湊町3-10-11
10:00～17:00(売り切れ次第終了)
休水曜、第2火曜
交伊予鉄道・大街道駅から徒歩8分
Pなし

予約 不可
予算 L550円～

松山の美味 華やぎの食卓

## 老舗の名品と伝統を持ち帰って堪能する
# こだわり味みやげ

和菓子の老舗が集まる松山市内。名作にゆかりある甘味や、創業から守り続ける歴史と製法。洗練された逸品を見つけたい。

**愛媛 松山●買う**

↑目と舌で楽しめる色鮮やかな季節の和菓子が数多く並ぶ。お茶席にも用いられる

### 妥協しない姿勢を貫く創業約50年の和菓子店
## 西岡菓子舗
にしおかかしほ

**MAP** 付録P.21 E-2

厳選した素材を使い、餡も小豆からていねいに手作りする和菓子店。つるの子と名付けられた看板商品は、口の中でふわっととろける食感と、ほのかに甘い黄身餡が上質な味わいを生みだす。リピーターも多く、早い時間の来店や予約がおすすめ。

☎089-925-5642 所愛媛県松山市道後一万9-56 営9:00〜17:00 休日曜 交伊予鉄道・南町駅から徒歩5分 Ｐあり

↑季節のワンシーンを生菓子でみずみずしく表現。練り切りは県産のつくね芋から作っている。1個165円〜

↑ふわふわの卵白菓子の中にトロッと黄身餡が入った「つるの子」1個145円

### 創業当時からの味を守る全14種類の素朴な蒸しパン
## 労研饅頭 たけうち本店
ろうけんまんとう たけうちほんてん

**MAP** 付録P.21 E-3

昭和6年(1931)創業の老舗。当時から受け継がれている酵母菌を使い、蒸し上げる蒸しパンが看板商品。甘みをおさえた素朴な味で、味付け7種、餡入り7種と全14種類が並ぶ。幅広い年齢層に好まれ、手みやげに選ぶ楽しさも。

☎089-921-8457 所愛媛県松山市勝山町2-12-10 営8:30〜17:30(売り切れ次第終了) 休水曜 交伊予鉄道・警察署前駅から徒歩1分 Ｐあり

↑ていねいに作られた栗甘納豆詰め合わせ756円

↑金時豆が入った一番人気の「うずら豆」や塩味の黒豆入りの「黒大豆」など種類も豊富。各108円

↑カラフルな労研饅頭がショーケースに出そろうのは9時頃

↑大納言やお多福など甘納豆の量り売りも

↑電車通りにあるモダンなデザインの外観

### 100年以上愛される松山庶民のおやつ

# ひぎりやき 澤井本舗 大街道店
ひぎりやき さわいほんぽ おおかいどうてん

📍 **MAP** 付録P.21 D-3

☎ 089-909-7909　所 愛媛県松山市大街道2-5　営 11:00～21:00（日曜は～20:00）　休 火曜　交 伊予鉄道・大街道駅から徒歩1分　P なし

大正元年(1912)から地元で親しまれてきたひぎりやき。創業当時からの味を受け継いだあずき、愛媛県産の卵をたっぷり使用した甘さひかえめのクリームは外せない。さらにイチゴ餡など季節限定商品や新たに進化した味も楽しめる。

↑店内で焼きたてを味わえる

↑香ばしい香りが店内に漂う

↑ほんのり甘い自家製つぶ餡がたっぷり入っている。「あずき」1個90円

### 上品な甘さの餡を使用 路地裏の老舗甘味処

# みよしの

📍 **MAP** 付録P.21 D-4

☎ 089-932-6333　所 愛媛県松山市二番町3-8-1　営 11:00～17:00　休 水曜　交 伊予鉄道・大街道駅から徒歩4分　P なし

落ち着いた雰囲気の店内に一歩足を踏み入れると、上品な餡の香りが鼻孔をくすぐる。昭和24年(1949)に開業した老舗の甘味処。特製の餡で作る5色のおはぎの店として、松山市内はもちろん郊外からも多くの人が買いに訪れる。

↑商店街の裏に静かにたたずむ

↑店内にはテーブルも用意

↑こし餡、つぶ餡、ごま、青のり、きなこの5種おはぎ。5個入り650円

### 一六タルトが看板商品 明治創業の老舗菓子舗

# 一六本舗 十六番館
いちろくほんぽ じゅうろくばんかん

📍 **MAP** 付録P.5 D-2

愛媛県でタルトといえば、餡をカステラ生地で巻いたもの。一六本舗のタルトは、ふんわりと美しい「の」の字を出すために、熟練者が一本一本手巻きして、味を落ち着かせるため一晩寝かせてから出荷する。手間をかけた歴史ある菓子をみやげに。

☎ 089-958-0016　所 愛媛県松山市東石井2-22-13　営 8:30～20:00　休 無休　交 伊予鉄バス・東石井下車すぐ　P あり

↑タルト伝来の様子を表す外壁

↑和と洋が調和した店内

↑ゆずの風味を効かせた上品な餡をカステラ生地で巻いたお菓子。「ひと切れ一六タルト」1個118円～

↑伊予柑と牛乳を練り込んだ餡を包んだ洋風まんじゅう。「坂の上の雲」6個入り777円

↑醤油としょうがの風味がほんのりと香る、松山名物の伝統餅菓子。「しょう油餅」1個97円

### 道後温泉本館御用達の 坊っちゃん団子

# うつぼ屋 本店
うつぼや ほんてん

📍 **MAP** 付録P.5 D-2

昭和29年(1954)創業の老舗菓子店。看板商品の坊っちゃん団子は、道後温泉 本館の3階休憩室で出される茶菓子としても有名。一旦、製造を中止したが、ファンの声で復刻した巴里恋(パリッコ)など、長く愛されるお菓子を作り続けている。

☎ 089-978-1611　所 愛媛県松山市平田町230　営 8:00～18:30　休 火曜　交 伊予鉄バス・平田下車すぐ　P あり

↑和のしつらえが美しい本店

↑贈答用の詰め合わせも豊富

↑愛媛県産のブラッドオレンジ100%使用の果汁感あふれるゼリー。「瀬戸の夕陽」1個324円

↑ミルク餡のまんじゅうをチョコレートでコーティング。「復刻巴里恋」1個140円～

↑抹茶、黄、小豆の餡の中に餅がたっぷり。「坊っちゃん団子」2本199円

こだわり味みやげ

↑現在は引退した、町内に現存する唯一の大登り窯（梅山窯）

愛媛 松山●買う

## 優美な伝統工芸の手仕事が息づく
# 砥部焼の窯元を訪ねる

県を代表する工芸の窯元では、歴史と技法を今も守り続ける。
美しい白磁や唐模様の器など、自分だけのひと品を見つけたい。

### 砥部焼とは？
**江戸後期から伝わる愛媛県指定無形文化財**

砥部では、古くは奈良時代から外山で切り出す砥石「伊予砥」の採掘が盛んであった。安永6年(1777)、その砥石屑から、白磁器の焼成に成功したのが砥部焼の始まりとされる。明治以降、「伊予ボール」の名で海外に輸出されるなど名は広まり、窯元の個性的なデザイン、手作りの良さ、使いやすさは現在も変わらず評価されている。

### 砥部焼の種類
**地元の陶石原料を生かした4種類**

精巧な技法や模様が表現された砥部焼は、白磁、染付作品、青磁、天目の4種類が国の伝統的工芸品に指定されている。

↑無色の釉薬をかけた「白磁」

↑ひかえめな藍色の「染付作品」

↑青磁釉を使用した「青磁」

鉄を含む釉薬で作る「天目」

### 伝統的紋様を受け継ぐ
## 梅山窯（梅野精陶所）
ばいざんがま（うめのせいとうしょ）

**MAP** 付録P.22 B-4

明治15年(1882)開窯。砥部焼を代表する唐草紋をはじめ、自然をモチーフにしたシンプルな絵付けが特徴。白磁の器に「呉須」と呼ばれる藍色の染料を使って大胆に描かれる代表的な砥部焼を制作する。歴史的価値の高い登り窯や、工房見学もできる。

☎089-962-2311 ⌂愛媛県伊予郡砥部町大南1441 ⏰8:05～16:50 ✖月曜、ほか不定休 ◆JR松山駅から車で40分 Ｐあり

↑ざらっとした感触の角布目皿1512円。皿全体に大胆な唐草紋が描かれる

↑玉縁鉢内外唐草3024円。ぽってりとした手になじむフォルム

↑デミタスカップ唐草1836円。一筆書きで描かれた唐草紋が印象的

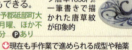
↑現在も手作業で進められる成型や釉薬掛け、絵付けなど、すべての工程が見学可

↑梅山窯で作られた作品が集結

## 砥部焼のすべてが集まる施設
# 砥部焼観光センター 炎の里
とべやきかんこうセンターえんのさと
**MAP** 付録P.22 C-3

砥部焼の伝統的紋様である唐草紋をベースに、新たなデザインを提案する千山窯を併設。製造工程を見学できるほか、約70か所の窯元の作品を販売。月1回開催される窯元が変わるテーブルギャラリーでは、新作がでることもあるので注目したい。

☎089-962-2070 所愛媛県伊予郡砥部町千足359 営8:30～18:00 休無休 制作体験540円～（コースにより異なる）交JR松山駅から車で35分 Pあり

### 砥部焼制作体験
### 絵付け工房で自分だけの砥部焼を
建物内は、素焼きの器に絵付けができる体験コーナーもある。約40分で手軽に陶工気分を楽しめる。湯呑みは540円～、茶碗は1080円～のほか、カップや丸皿、一輪挿しなども制作することができる。3週間程度で焼き上がり、郵送も可能。完成品は旅の思い出になるのもうれしい。

↑素焼きされた器を選んでオリジナルの絵付けを行なう

↑器に下絵をして、デザインのイメージを描いていく

↑伝統的な唐草模様。焼き上がるとやさしい藍色になる

↑多彩なカラーや絵柄の作品が数多く並ぶ

↑町内で最も多くの窯元が集まるエリアにある

●醤油さし1800円～。上絵付けの三ツ紋唐草（中央）、つゆ草（左奥）、唐草（右奥）の紋様はいずれも伝統的なもの

●茶碗3000円。手ロクロで成形し、絵付け職人の高度な技で作り上げる蛸唐草紋

●伝統的な紋様を現代風にアレンジした、いくら紋の八寸玉皿3300円（左）と中花の紋様2700円（右）

**注目ポイント**

### 砥部焼の技法が街のアートに
砥部町内には、坂村真民記念館から陶祖ケ丘、砥部町陶芸創作館まで続く散策路があり、地域の陶工たちが制作や絵付けをした陶板が敷きつめられている。その数は約580枚にもなり、歩道や壁など景観は華やか。アートを楽しみながらの散策ができる。

**砥部焼の窯元を訪ねる**

---

### 立ち寄りスポット

### 砥部焼の使い心地をカフェで体感できる
# トークギャラリー紫音
トークギャラリーしおん

町内外を問わず約15の窯元の作品をオーナー自身でセレクトし、普段使いできる器を中心に販売。ギャラリーで扱う器で飲み物などを提供するカフェを併設している。

**MAP** 付録P.22 A-4

☎089-962-7674 所愛媛県伊予郡砥部町五本松885-13 営10:00～18:00（カフェはLO17:30）休火曜、第3水曜 交JR松山駅から車で40分

↑燦々と陽が注ぐ1階。2階は靴を脱いでくつろげるカフェ

↑オーナー手作りのシフォンケーキはドリンクとセットで。ドリンク代＋260円で味わえる

●濃淡が美しいヨシュア工房のマグカップ。カフェ・オ・レhot460円

### 旬の味や手作りランチを焼物でいただく
# Cafe Restaurant jutaro
カフェレストランジュタロウ

砥部焼観光センター炎の里（P.87）に隣接するカフェレストラン。砥部焼の器で味わうランチ、旬のフルーツ満載のパフェやタルトも充実している。

**MAP** 付録P.22 C-3

☎089-960-7338 所愛媛県伊予郡砥部町千足359 営11:00～18:00（LO17:30）休第2水曜、第4水・木曜 交JR松山駅から車で35分 Pあり

↑やさしい光が差し込む店内

●ランチに旬のデザートをプラスできる「ジュタロウランチ」1500円～

## 愛媛県 道後温泉
### 夏目漱石も絶賛した湯の街に遊ぶ
どうごおんせん

**『日本書紀』にも登場したという名湯**

3000年の歴史を誇る道後温泉。発見は傷を負った白鷺だったという伝説があり、推古4年(596)には聖徳太子が入浴し句を読んだという逸話も残る。明治時代の道後温泉 本館の改築をきっかけに、多くの人で賑わう一大観光地となった。

**街の歩き方**：松山市の中心街から道後温泉駅まで約15分。道後温泉 本館や駅前のアーケードは歩いて散策できる。車の場合は松山ICから約25分。市営の駐車場(有料)もある。

↑おごそかな雰囲気だが銭湯感覚で利用できる公衆浴場の道後温泉 本館

愛媛｜道後温泉●歩く・観る

## 日本最古の湯屋情緒に浸る
# 旅路を癒す屈指の名湯

『日本書紀』にも記されたという歴史ある温泉。風情ある湯と広間で、心安らぐ時間を過ごす。

### 道後温泉 本館
どうごおんせん ほんかん
**MAP** 付録P.22 B-1

**国の重要文化財で入浴 今も現役の大衆浴場**

明治27年(1894)に改築された三層楼の建物。浴場は広々とした「神の湯」と、小ぶりで貸し切り湯のような「霊の湯」の2種類で、4つの入浴コースがある。夏目漱石ゆかりの「坊っちゃんの間」など観光スポットとしても名高い。

☎089-921-5141　⌂愛媛県松山市道後湯之町5-6　⏰コースにより異なる　無休(12月に1日臨時休業あり)　¥神の湯階下410円ほか　🚃伊予鉄道・道後温泉駅から徒歩5分　Ⓟあり

↑本館西側で入浴券を販売している。こちらで購入してから入場

↑休憩室利用の3コースは色に沿って進む

### 道後温泉の泉質／効能
道後温泉の湯はアルカリ性単純泉。単純泉にはさまざまな成分がほどよく入っているので、敏感肌の人でも安心して楽しめる。美容と疲労回復に効果があるといわれており、子どもからお年寄りまで満喫できる。

### 2種の湯と4つの入浴コース
入浴コースは全部で4つ。銭湯感覚で温泉に入るだけなら「神の湯階下」、浴衣で休憩もしたいなら「神の湯二階席」、浴室もランクアップしたいなら「霊の湯二階席」、個室で休憩したいなら「霊の湯三階個室」を。

|  | 神の湯 階下 | 神の湯 二階席 | 霊の湯 二階席 | 霊の湯 三階個室 |
|---|---|---|---|---|
| 料金 | 410円 | 840円 | 1250円 | 1550円 |
| 時間 | 6:00～23:00 | 6:00～22:00 | 6:00～22:00 | 6:00～22:00 |
| 札止(最終受付) | 22:30 | 21:00 | 21:00 | 20:40 |
| 休憩室 | なし | 二階大広間 | 二階小広間 | 三階個室 |

道後観光案内所　☎089-921-3708　⌂愛媛県松山市道後湯之町6-8　⏰8:30～20:00　無休　🚃伊予鉄道・道後温泉駅から徒歩1分

## 道後温泉 本館の見学施設

歴史的重要文化財である本館は価値ある展示物も見どころ

### 坊っちゃんの間
ぼっちゃんのま

道後温泉 本館の常連客だった夏目漱石ゆかりの品を展示する部屋。旧松山中学の集合写真など、お札に描かれるよりずっと若い、当時の漱石の姿を見ることもできる。廊下奥、北西の角部屋に位置する。

### 又新殿
ゆうしんでん

日本で唯一の皇室専用浴室。庵治石を使った湯殿や、お手洗いには輪島塗の便器(未使用)が使われているなど、雅な装飾とていねいな職人技が光る。観音像や灯籠が置かれた中庭も必見だ。

旅路を癒す 屈指の名湯

### 霊の湯
たまのゆ

規模は小さいながら、庵治石や大島石、大理石など高級部材をふんだんに使った贅沢な湯殿が広がる。

### 神の湯
かみのゆ

写真は神の湯女浴室。昭和の浴室改修前は真ん中で仕切られた男女の養生場として使われていた。

#### 神の湯二階席
かみのゆにかいせき

1階にある湯殿を利用。大広間でお茶とおせんべいの接待がある。

#### 霊の湯三階個室
たまのゆさんかいこしつ

貸切の個室で旅館に泊まったような気分が味わえる。接待はお茶と坊っちゃん団子。

### 霊の湯二階席
たまのゆにかいせき

広々とした25畳の休憩室は大正期の建築。お茶とおせんべいの接待が受けられる。

道後温泉の商店街「道後ハイカラ通り」のアーケードを進む

↑推古4年(596)伊予の温泉を訪れた聖徳太子がこの旅を記念して残したとされる碑文を復元

←道後温泉駅の正面に設置されている坊っちゃん時計。道後温泉 本館の振鷺閣をモチーフにしたもの

愛媛
道後温泉●食べる・買う

## 明治の香り漂う商店街を湯上がり散策
# 温泉街をそぞろ歩き

道後温泉 本館から続く商店街には、和食料理や雑貨の店が所狭しと並ぶ。道後ハイカラ通りと熟田津の道を歩いて、温泉街巡りを楽しみたい。

↑レトロな道後温泉駅の駅舎

### その日に揚がった新鮮な魚介や野菜を使用
### 伊予のご馳走 おいでん家
いよのごちそう おいでんか

**MAP** 付録P.22 B-1

☎089-931-6161　所 愛媛県松山市道後湯之町13-23　営 11:30〜14:00(LO13:00)、17:30〜23:00(LO22:00)　休 無休　交 伊予鉄道・道後温泉駅から徒歩5分　P なし

愛媛県産の野菜や、瀬戸内海産の魚介を使った愛媛ならではの料理を提供する和食処。郷土料理である刺身がのった宇和島鯛めしと、炊き込みの北条鯛めしの両方が1店舗で味わうことができるので食べ比べてみたい。

↑足が伸ばせる掘りごたつ席

↑皮付きで炙った天然鯛をご飯の上にのせ、ひしおだれ(醤油の実)をかけて味わう松山あぶり鯛めし1620円

### 老舗蔵元の直営和食処
### にきたつ庵
にきたつあん

**MAP** 付録P.22 A-1

蔵元・水口酒造の直営店。オリジナリティある粋な創作料理が楽しめる。地元の山海の幸を、彩り美しく桶に盛り付けた桶料理が名物。自慢の地ビールである「道後ビール」や多くの地酒は、観光客だけでなく地元の人にも人気だ。

☎089-924-6617　所 愛媛県松山市道後喜多町3-18　営 11:00〜21:30(LO20:30)　休 月曜(祝日の場合は翌日休)　交 伊予鉄道・道後温泉駅から徒歩10分　P あり

↑にきたつ膳2480円は昼限定メニュー。桶料理、釜飯、茶碗蒸し、先付け、お造り、デザートが付く充実した食事

↑小さな日本庭園のような風情ある前庭を通って店内へ

## 今治タオルの取扱店
### 伊織 道後本店
いおりどうごほんてん

**MAP** 付録P.22 B-1

今治市の名産品・今治タオルを数多くそろえる。1階は約1000種の今治タオルが並び、やわらかさやボリュームなど、実際に触りながら買い物ができる。2階は県産の民芸品や雑貨などを販売。

☎089-993-7588
所 愛媛県松山市道後湯之町12-30
営 9:00～22:00　休 無休
伊予鉄道・道後温泉駅から徒歩3分　P なし

→ 手ざわりが軽やかな伊織オリジナルのtsubakiミニハンカチ各648円

→ 愛媛の県花・ミカンの花のミニハンカチ各648円

→ 色やサイズのバリエーションが豊富。タオル織機で作られたネクタイやストールも販売している

→ 道後商店街のアーケード内にある

## 湯の街に似合う竹細工
### 竹屋
たけや

**MAP** 付録P.22 B-1

国産にこだわった、丈夫で味わいのある竹細工を販売。繊細な編み目が美しい湯かごや、竹の弁当箱など、長く使えるアイテムがそろう。

☎089-921-5055
所 愛媛県松山市道後湯之町6-15
営 10:00～22:00　休 火曜
伊予鉄道・道後温泉駅から徒歩3分　P なし

→ すがすがしい青竹の香りを感じるあおゆかご3240円

→ 繊細なうずら編みが美しいしろゆかご4320円

→ 散策で立ち寄りやすい立地

## 実用的でおしゃれな和陶器が集合
### 手づくり工房 道後製陶社
てづくりこうぼう どうごせいとうしゃ

**MAP** 付録P.22 B-2

愛媛の民芸品・砥部焼をはじめ、県内で活躍する作家の作品を扱う。茶碗や湯呑みなど手作りの一点ものもあり、見ているだけでも楽しめる。

☎089-941-8345
所 愛媛県松山市道後湯之町3-10
営 8:30～22:00　休 無休
伊予鉄道・道後温泉駅から徒歩2分　P なし

→ 中田窯のフタ付き丸鉢1万6200円(左)、茶碗1620円(右)

→ デザイン豊富な食器がそろう

**温泉街をそぞろ歩き**

↑八日市・護国の町並みは、国の重要伝統的建造物群保存地区に選定されている

## 愛媛 内子 歩く・観る

### 木蝋産業で栄えた山あいの街
### 愛媛県
# 内子
うちこ

**江戸・明治期の繁栄ぶりが垣間見える**

江戸後期から明治時代にかけ、木蝋の一大産地として栄えた内子。その面影を色濃く残す八日市・護国地区には、今も歴史的建造物が建ち並び、往時の繁栄を伝えている。豪商の屋敷や資料館のほか、伝統ある芝居小屋も見学したい。

**街の歩き方** 散策の起点はJR内子駅。八日市街・護国の町並みまで徒歩20分、そのほかの見どころも歩いてまわることができる。車の場合は、護国の町並み北側の駐車場を利用したい。

## 八日市・護国の町並み
ようかいちごこくのまちなみ
MAP 付録P.23 E-1

**浅黄色と白漆喰の外壁が美しい独特の風情を醸す街区を保存**

約600mの通り沿いに、伝統的な造りの町家や豪商の屋敷などが連なる八日市・護国地区。浅黄色の土壁と白漆喰のコントラストが美しく、独特の景観を形成している。

☎0893-44-5212（八日市・護国町並保存センター） 所愛媛県喜多郡内子町内子 交JR内子駅から徒歩20分 Pあり

## 八日市・護国エリアの見どころ

### 町家を復元修理
**町家資料館**
まちやしりょうかん
MAP 付録P.23 E-1

寛政5年(1793)に建てられた町家を復元。都戸や大戸を全面的に開放できる構造で、土間には生活用具を展示している。

☎0893-44-5212（八日市・護国町並保存センター） 所愛媛県喜多郡内子町内子3023 営9:00～16:30 休無休 料無料

↑当時の商家の暮らしがしっかり伝わってくる

### 木蝋産業について学べる
**木蠟資料館 上芳我邸**
もくろうしりょうかん かみはがてい
MAP 付録P.23 E-1

製蝋で財を成した豪商・本芳我家の分家の邸宅。釜場、出店倉、物置などの木蝋生産施設が残る。製蝋用具の展示も必見。

☎0893-44-2771 所愛媛県喜多郡内子町内子2696 営9:00～16:30 休無休 料500円

↑主屋は木蝋業最盛期の明治時代に建造された

内子町ビジターセンター A・runze ☎0893-44-3790 所愛媛県喜多郡内子町2020 営9:00～17:30(10～3月は～16:30) 休木曜 交JR内子駅から徒歩10分

## 内子座
うちこざ
**MAP** 付録P.23 E-1

### 地元の人々の熱意により復活を遂げた歴史ある劇場

大正5年(1916)に誕生した芝居小屋。回り舞台や花道、枡席などを備えた豪華な造りで、一時は取り壊しの危機にあったが、町民の熱意により改修。昭和60年(1985)に劇場として再出発した。
☎0893-44-2840
所愛媛県喜多郡内子町内子2102
営9:00〜16:30 休無休 料400円
交JR内子駅から徒歩10分 Pあり

↑地元の娯楽の拠点となってきた木造2階建ての劇場。催しがない日は内部や舞台裏などを見学できる

## 内子の食事処&手みやげ

散策途中に立ち寄れる食事処や、伝統工芸のみやげを探したい。趣深い街並に溶け込むように建つ、店の外観にも注目。

### 豪商の屋敷で味わう料理
**蕎麦 つみ草料理 下芳我邸**
そば つみぐさりょうり しもはがてい

明治中期に木蝋生産で栄えた本芳我家の分家として建造された邸宅を活用。地元の旬素材を使った料理を提供。
**MAP** 付録P.23 E-1
☎0893-44-6171 所愛媛県喜多郡内子町内子1946 営11:00〜15:00 休水曜(祝日の場合は翌日休) 交JR内子駅から徒歩10分 Pあり

↑化学調味料不使用のそばに地野菜の天ぷらが付く野遊び弁当1480円

↑建物は国の登録有形文化財

### 老舗の味を気軽に楽しむ
**御食事処 りんすけ**
おしょくじどころ りんすけ

約120年続く老舗料亭「魚林」の敷地内にあり、料亭の味をカジュアルに提供。郷土料理や地元食材を使用した料理もある。
**MAP** 付録P.23 E-1
☎0893-44-2816 所愛媛県喜多郡内子町内子2027 営11:30〜14:00 17:00〜20:00(LO) 休水曜 交JR内子駅から徒歩10分 Pなし

↑八幡浜産・鯛の刺身をご飯にのせて食べるたいめし1080円

↑カウンター席があり、一人でも入りやすい。座敷席も完備

↑7匁(約14cm)の和ろうそくは2本994円
↑約45℃の蝋を素手でなすりつける作業を繰り返す

### 江戸時代から続く伝統工芸
**大森和蝋燭屋**
おおもりわろうそくや

明治期まで内子に繁栄をもたらした、ハゼの実から採取する木蝋。創業から200年経った今も、昔と変わらぬ手作業で作る。
**MAP** 付録P.23 E-1
☎0893-43-0385
所愛媛県喜多郡内子町内子2214 営9:00〜17:00 休火・金曜(作業は休み、販売は営業の場合あり) 交JR内子駅から徒歩15分 Pあり

### 100年の技術を受け継ぐ
**鍛冶屋 自在工房**
かじやじざいこうぼう

今も金槌を振り、真っ赤に焼けた鉄を叩き鋼材から形を作る。硬い鉄でありながらやわらかなぬくもりを感じる商品が魅力。
**MAP** 付録P.23 D-2
☎090-5911-4038
所愛媛県喜多郡内子町内子3572 営10:00〜17:00 休不定休 交JR内子駅から徒歩2分 Pあり

↑「鉄を鍛えることにこだわりたい」と話す4代目

↓作品が入口を飾る。2階はギャラリー

↑金槌の当たった槌目が味わいを生む燭台2050円

木蝋産業で栄えた山あいの街

↑明治時代の豪商が構想10年、施工4年を費やして完成させた山荘

## 清流・肱川沿いに開けた小京都

### 愛媛県
# 大洲
おおず

**古き良き城下町の風情を守り続ける**

大洲藩6万石の城下町だった大洲は、「伊予の小京都」と呼ばれる美しい街。中心部を清らかな肱川が流れ、路地には古い家々が軒を連ねている。復元された大洲城のほか、臥龍山荘やおおず赤煉瓦館など明治時代の建物も見応えがある。

**街の歩き方**：肱川橋周辺の大洲市内に明治の家並が続く。JR伊予大洲駅から肱川へは徒歩20分ほど。駅から運行している宇和島バスや市内の循環バスも利用できる。

### 臥龍山荘
がりゅうさんそう
**MAP** 付録P.24 C-3

### 四季折々に情緒を醸し出す 匠の技を結集した建築美

肱川流域随一の景勝地「臥龍淵」に建つ別荘。趣向を凝らした3棟の建築や庭園が素晴らしく、名工の卓越した技が見てとれる。

☎0893-24-3759　愛媛県大洲市大洲411-2
⏰9:00〜17:00(最終入館16:30)　休無休
¥500円(大洲城との共通券800円)
🚃JR伊予大洲駅から徒歩25分　Pあり

↑細部まで計算された名建築

↓自然の景観を生かした趣ある庭園

大洲観光総合案内所　☎0893-57-6655　愛媛県大洲市大洲649-1
⏰9:00〜18:00　休無休　🚃JR伊予大洲駅から徒歩25分

## おはなはん通り・明治の家並
おはなはんどおり めいじのいえなみ
MAP 付録P.24 B-3
☎0893-24-2664(大洲市観光協会) 所愛媛県大洲市大洲 交JR伊予大洲駅から徒歩15分 Pあり

### テレビドラマの舞台となった落ち着きのある風景が印象的
江戸や明治期の面影を残す一角。NHK朝の連続テレビ小説『おはなはん』の撮影も行なわれた。

↑「おはなはん通り」の名で親しまれる

↑腰板張りの蔵屋敷が連なる

## 季節の行事を見学

### 大洲の鵜飼
おおずのうかい

毎年6～9月、肱川で行なわれる鵜飼を屋形船から観賞できる。鵜匠の熟練技は見事。

↑撮影:河野達郎(街づくり写真家/大洲市)

MAP 付録P.24 B-3
☎0893-57-6655 所愛媛県大洲市大洲649-1 営昼11:30～、夜18:00～ 休雨天荒天時 料昼4000円、夜6000円(食事付) 交JR伊予大洲駅から徒歩20分 Pあり

## おおず赤煉瓦館
おおずあかれんがかん
MAP 付録P.24 B-3

☎0893-24-1281 所愛媛県大洲市大洲60 営9:00～17:00 休無休 料無料(別館は200円) 交JR伊予大洲駅から徒歩15分

### 文明開化の香りを漂わせる和洋折衷の重厚な建造物
明治34年(1901)に大洲商業銀行として建造。外壁に赤レンガ、屋根に和瓦を用いた和洋折衷の造りで、風格ある外観が目をひく。

↑館内には、物産コーナーや資料室などが設けられている

## 大洲城
おおずじょう
MAP 付録P.24 A-3

☎0893-24-1146 所愛媛県大洲市大洲903 営天守9:00～17:00 休無休 料500円(臥龍山荘との共通券800円) 交JR伊予大洲駅から徒歩20分 Pあり

### 4層4階の天守閣を再建威風堂々たる大洲のシンボル
鎌倉時代に築城され、江戸時代には加藤家13代が居住。明治維新後に建物の大半が取り壊されたが、平成16年(2004)に4層4階の天守閣が復元された。

↑江戸時代の豊富な資料を基に、忠実に復元された天守閣

**清流・肱川沿いに開けた小京都**

## 大洲の休憩処&手みやげ
商家と武家屋敷が建ち並ぶ街で、散策の休憩を。甘味と風情ある店内でゆっくり過ごしたい。

### 大洲の風情が感じられる
### 山荘画廊 臥龍茶屋
さんそうがろう がりゅうちゃや

元美術教師で、水墨・水彩画の講師を務める店主が営む画廊喫茶。1階は喫茶、2階にはギャラリーがあり、写真や絵画を展示。

MAP 付録P.24 B-3
☎0893-24-6663 所愛媛県大洲市大洲398 営10:00～17:00 休月曜(祝日の場合は営業) 交JR伊予大洲駅から徒歩25分 Pあり

↑季節の和菓子付、抹茶セット600円
↑前庭にある水琴窟の音色がお出迎え

### やさしい甘みの志ぐれ餅
### 二葉屋 志保町店
ふたばや しほちょうてん

大正15年(1925)創業。志ぐれ餅は、毎朝挽く大洲産米粉が決め手。秋に販売される大洲の栗を使った栗志しぐれ餅が人気だ。

MAP 付録P.24 B-3
☎0893-23-4475 所愛媛県大洲市大洲275 営8:30～17:00 休無休 交JR伊予大洲駅から徒歩20分 Pあり

↑イートインスペースでは志ぐれ餅と抹茶がセットで350円

↑タレには地元梶田商店の醤油を使用したみたらし団子(3本)180円

↑米粉のふかしまんじゅう福ふく(3個)360円

### 文化の薫り高き伊達家の城下
# 愛媛県
# 宇和島
うわじま

**仙台から入封した伊達家の面影が随所に**

慶長20年(1615)に初代藩主・伊達秀宗が入国し、伊達10万石の城下町として花開いた宇和島。天赦園や宇和島城、宇和島市立伊達博物館などの伊達家ゆかりの名所が多い。日本屈指のリアス式海岸に面しており、風光明媚な景観も楽しめる。

**街の歩き方**：JR宇和島駅から市内巡りをスタートさせ、新内港の海沿いをめざして移動。宇和島城まで徒歩25分だが、駅から宇和島バスを利用することもできる。

愛媛／宇和島／歩く・見る

---

▲ 優美な天守閣は、国内に現存する12天守のひとつ

## 宇和島城
うわじまじょう
**MAP** 付録P.23 E-4

**華麗な天守閣から街を一望**
**築城の名手が残した堅城**

慶長6年(1601)、築城の名手と謳われた藤堂高虎が築いた城。もとは望楼型の天守閣だったが、伊達氏により現在の層塔型に新造された。天守閣は国の重要文化財。

☎0895-22-2832　愛媛県宇和島市丸之内1
9:00～16:00(4～9月は～17:00)　無休　天守200円　JR宇和島駅から徒歩20分　あり

▲ 丘の頂上にそびえる天守閣から、宇和島の街並を望む

## 宇和島市立伊達博物館
うわじましりつだてはくぶつかん
**MAP** 付録P.23 E-4

**伊達家伝来の宝物を展示**
**華麗なる品々に魅了される**

宇和島伊達家に伝わる文化遺産約4万点を収蔵。豪華な武具甲冑や調度品、古文書、書画など多彩な品々を一般公開している。年2回の展示替えを行なうほか、秋には特別展を開催。

☎0895-22-7776　愛媛県宇和島市御殿町9-14　9:00～17:00　月曜(祝日の場合は翌日休)　500円ほか　JR宇和島駅から徒歩20分　あり

▲ 伊達家屋敷跡に建設された博物館

▲ 宇和島城下を描いた貴重な屏風絵

▲ 歴代藩主の絢爛たる甲冑も見もの

---

宇和島市役所観光情報センターJR案内所　☎0895-23-5530　愛媛県宇和島市錦町10-1　9:00～18:00　無休　JR宇和島駅から徒歩1分

# 天赦園
てんしゃえん
**MAP** 付録P.23 E-4

### 雅な咲き姿が水面に映える
### 藤の花に彩られた大名庭園

7代藩主・伊達宗紀が隠居の場所として造営。園名は、伊達政宗が詠んだ漢詩の一節「天の赦す所」に由来する。園内には6つの藤棚があり、なかでも太鼓橋式の藤棚に咲く白玉藤が見事。

☎0895-22-0056 ㊟愛媛県宇和島市天赦公園 ⏰8:30〜16:30(4〜6月は〜17:00) 休12月第2月曜〜2月の最終月曜 ¥300円(南楽園との共通券480円) 🚃JR宇和島駅から徒歩20分 Ⓟあり

↑国の名勝に指定されている池泉回遊式庭園。太鼓橋式の藤棚に咲く白玉藤が池に映えて美しい

↑子孫繁栄の願いが込められた陰陽石

↑伊達宗紀が多くの書を残した書院「春雨亭」

↑伊達家の家紋「竹に雀」にちなんだ竹の植栽

文化の薫り高き伊達家の城下

## 宇和島・西予の食事処&手みやげ

この地ならではの郷土料理や、長年作り続けたこだわりの甘味。温かい雰囲気の店で、特別な味に出会いたい。

### 宇和島ならではの郷土料理
### ほづみ亭
ほづみてい

宇和海の新鮮な魚介類を使った割烹料理店。農林水産省選定の郷土料理百選に選ばれた、鯛の刺身にだし汁をかけて食べる宇和島鯛めし、じゃこ天や太刀魚の巻き焼きなど、地元で愛される郷土料理がそろう。

**MAP** 付録P.23 E-3
☎0895-22-0041 ㊟愛媛県宇和島市新町2-3-8 ⏰11:00〜14:00(LO13:30) 17:00〜23:00(LO22:30) 休日曜(連休の場合は最終日休) 🚃JR宇和島駅から徒歩6分 Ⓟあり

↑湯通しした淡泊なサメを、辛子味噌でいただく小ブカのみがらし770円〜(手前)、酢飯の代わりにおからで作る丸ずし500円〜(奥)

↑鯛の焼き身と味噌、だし汁を摺り合わせた宇和島さつまめし980円〜

↑元旅館を改装した情緒ある店内

### 5代目が継ぐ一子相伝の技
### 山田屋まんじゅう 本店
やまだやまんじゅう ほんてん

慶応3年(1867)創業、約150年にわたり1種類のまんじゅうにこだわり続ける。丹念に練り上げられたこし餡が薄皮に包まれ、薄紫色に透ける小さなまんじゅうは、芸能界、歌舞伎界にもファンを有する。

**MAP** 付録P.6 C-1
☎0894-62-0030 ㊟愛媛県西予市宇和町卯之町3-288 ⏰9:00〜18:00 休無休 🚃JR卯之町駅から徒歩11分 Ⓟあり

↑伝統を感じさせる、品のある店内

↑本店のほか国道沿いにも店舗がある

↑宇和本店の限定マークが入った山田屋まんじゅう1188円(10個入り)

## かつて栄えた産業遺産や時代を牽引する地元ブランド
# 地場産業から知る愛媛の魅力

東予地方と呼ばれる愛媛県北東部、瀬戸内海沿いの地域は地場産業が盛んな地域だ。

### 歴史ある「あかがね」の街
## 新居浜
にいはま

別子銅山とともに発展してきた瀬戸内海沿いの街。南には四国連峰を望む。毎年10月に行なわれる新居浜太鼓祭り（P.142）にはたくさんの観光客が訪れる。

### マイントピア別子
マイントピアべっし
MAP 付録P.2 C-4

#### 日本三大銅山のひとつ、別子銅山を知る

別子銅山は元禄4年（1691）に開坑。283年後の閉山までに約65万tの銅を産出し、経営していた住友家が財閥となる礎をつくった。その坑道は全長700km、最深部は海抜マイナス1000mにもなり、日本で人間が到達した最深部といわれている。マイントピア別子は当時の様子を楽しく学べる端出場ゾーンと、「銅山史と自然」をコンセプトにした、産業遺産を見学できる東平ゾーンの2か所からなる。

**東平ゾーン**
☎0897-43-1801 所愛媛県新居浜市立川町654-3
営10:00～17:00 休月曜 料無料 交新居浜ICから車で35分 Pあり

**端出場ゾーン**
☎0897-43-1801 所愛媛県新居浜市立川町707-3
営9:00～18:00（季節により変更あり）休無休（2月臨時休業あり）料入場無料、各施設利用料は別途 交新居浜ICから車で15分 Pあり

#### 巨大産業遺産の2つのエリアを巡る
道の駅マイントピア別子がある端出場ゾーンから、山間部の東平ゾーンへは車で25分ほど。幅の狭い山道なので、運転には細心の注意が必要だ。
3～11月には別子を知り尽くしたガイド付きの観光バスの運行もある。平日は5名の予約から、土・日曜、祝日は1名の予約で運行してくれる。出発時刻は11時と13時。所要時間は約2時間だ。

**東平貯鉱庫跡**
とうなるちょこうあと
東平を代表する遺構のひとつ。花崗岩造りの貯鉱庫で、各所から運ばれてきた鉱石を一時的に貯蔵していた。明治38年（1905）頃の完成とされる。

**旧水力発電所**
きゅうすいりょくはつでんしょ
当時東洋一だった596mの落差を利用して発電が行なわれた。現在も内部にはドイツ製の発電機や水車が残っている。

**中尾トンネル**
なかおトンネル
鉄道開通当時のままの姿を残す。現在も端出場駅から出発する鉱山鉄道で、観光坑道へ向かう際に通過する。

**観光坑道**
かんこうこうどう
旧火薬庫を利用した333mの坑道。別子銅山の歴史をわかりやすく解説している。

## 高品質の今治タオルを製造
# 今治
いまばり

瀬戸内しまなみ海道の基点で、またタオルと造船で知られる街。国内のタオル生産の5割を占めるという。日本最大海城のひとつ、今治城(P.109)も訪れたい。

### タオル美術館 ICHIHIRO
タオルびじゅつかん イチヒロ
**MAP** 付録P.5 F-1

#### 巨大なタオルオブジェも必見

タオルとアートを融合させた美術館。ギャラリー内ではタオルの製造工程や企画展を見学できる。おみやげも充実しており、3階のタオル工房では購入した商品にオリジナルの刺繍を入れてくれる。

☎0898-56-1515
所 愛媛県今治市朝倉上甲2930　営 9:30～18:00
休 1月第3・4火曜　料 無料(ギャラリー800円)
交 JR今治駅から車で25分　P あり

↑200色1800本のチーズ巻糸が並ぶ

## コンテックス タオルガーデン
**MAP** 付録P.5 E-1

### 多彩なデザインが魅力

織物工場跡地を改築し、当時の雰囲気を残したタオルショップとカフェが併設。オリジナルブランドのコンテックスタオルは、上質で個性的なアイテムが並ぶ。

☎0898-23-3933　所 愛媛県今治市宅間甲854-1　営 10:00～18:00
休 月曜(祝日の場合は翌日休)
交 JR今治駅から車で15分　P あり

↑ボリューミーなのに軽く、肌ざわりの良い逸品。「コンテックスプレミアムバスタオル」各5184円

↑日本の伝統的な文様に現代的なエッセンスが粋な「ハイカラハンカチーフ」各540円

↑カジュアルなデザインが使いやすい人気商品。「バスマット」各3240円

↑定番タオルからギフトまで豊富な品ぞろえ

地場産業から知る愛媛の魅力

---

### 足を延ばして面河渓へ
おもごけい

石鎚スカイラインを利用して
石鎚山の麓に広がる景勝地、面河渓へ

東予地方の南には、古くから霊峰と呼ばれ、多くの登山客で賑わう西日本最高峰の石鎚山(標高1982m)がそびえる。麓には仁淀川の上流でもある面河渓などの景勝地が広がり、美しい川面を眺めることができる。

面河渓　おもごけい
**MAP** 付録P.25 F-1
交 いよ小松ICから車で2時間15分　P あり

↑2つの遊歩道があり、渓谷沿いを散策できる

### 懐かしい味に出会える
### 面河ふるさとの駅
おもごふるさとのえき

地元産のフードやみやげが並ぶ休憩スポット。ファストフード感覚で食べられるこんにゃくやよもぎもちは、素材の風味が感じられる。

**MAP** 付録P.25 F-2
☎0892-58-2440
所 愛媛県上浮穴郡久万高原町相ノ木26
営 8:30～16:00(季節により変更あり)　休 火曜(紅葉シーズンは無休)　交 松山ICから車で1時間5分　P あり

↑秋限定の手作りこんにゃく。1個160円

↑風情ある軒先には懐かしさを感じる味わい深い食材が並ぶ

### 産直市の新鮮野菜を使用
### 天空の郷 レストランさんさん
てんくうのさとレストランさんさん

道の駅 天空の郷さんさん内にあるレストラン。久万高原町で育ったみずみずしい農産物を使用した田舎料理を、バイキングスタイルで提供する。

**MAP** 付録P.25 D-2
☎0892-21-3403　所 愛媛県上浮穴郡久万高原町入野1855-6　営 バイキング11:00～14:30(LO14:00)喫茶14:00～17:00　休 無休　交 松山ICから車で30分　P あり

↑久万高原町で育った野菜や果物の直売所も

↑お漬物、煮物の種類が豊富。地元で昔から食べられてきた味が楽しめる

## 太平洋に面した南国で個性ある風土を体感

# 高知
### こうち

険しい四国山脈を背に南は太平洋に面した南国土佐。
街に満ちた力強さと天真爛漫さは雄々しい大自然を反映したかのよう。

## おもなエリアと人気スポット

太平洋の潮風漂う高知県。各地域には独自の歴史や文化、街の気風が息づいている。

### 高知城を有する県の中枢
#### 高知周辺
こうち

よさこい祭りで知られる、明るい雰囲気に満ちた県庁所在地。坂本龍馬をはじめ、板垣退助、中江兆民など多くの偉人を輩出したことでも有名。市街地に建つ高知城も見逃せない。

↑市中央の高知城から龍馬像が立つ桂浜へは、車で30分ほど

**観光のポイント** 高知城と桂浜は、市内観光の二大スポット

### 港町でグルメを堪能
#### 須崎・久礼
すさき・くれ

須崎市と西土佐町久礼は、海に面した港町。リアス式海岸に沿って進む横浪黒潮ラインを走り南国の風を感じたい。港町では、ここでしか味わえない朝獲れの鮮魚を堪能できる。

**観光のポイント** ご当地グルメや街の景観も楽しみ

### 高原に広がる大パノラマ
#### 四国カルスト
しこくカルスト

高知と愛媛の県境にある、日本三大カルストのひとつ。高原に石灰石が露出し、独自の壮大な景観を見せる。季節ごとに変わる景色は見ものだが、通行止めの可能性がある冬は要注意。

**観光のポイント** 車を走らせ、雄大な景色を眺めたい

### 四国最南端の岬へ
#### 足摺・竜串周辺
あしずり・たつくし

黒潮の飛沫が上がる足摺岬、白浜と奇岩のある竜串と、ともに自然の神秘に触れられる。周囲には亜熱帯植物も見られ、ほかの地域とは一線を画す、独自の南国ムードが感じられる。

**観光のポイント** 自然が織り成す海辺の造形美は必見

### 清流が流れる穏やかな地
#### 四万十川周辺
しまんとがわ

津野町、中土佐町、四万十町、四万十市と、四万十川流域は広大。悠々たる流れと沈下橋がのどかな雰囲気をもたらし、観光客が多く訪れる絶景地。あおさのりなど、川の幸もおすすめだ。

↑全長196kmの大河には、47本の沈下橋が架けられている

**観光のポイント** 土佐の小京都・中村と、西土佐を拠点にしたい

### 空海ゆかりの名所を訪問
#### 室戸・安芸周辺
むろと・あき

県東部に位置する室戸市は空海が悟りを開いた地であり、ゆかりの史跡が点在する。東部の中心都市である安芸市には、ノスタルジックな街並が残る。ともに海のグルメも充実している。

**観光のポイント** 歴史散策のあとは海の幸に舌つづみ

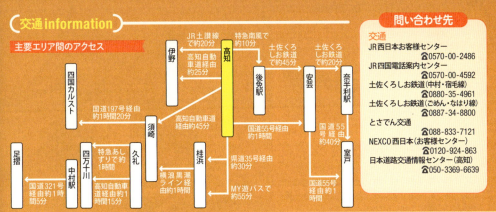

## 高知県
# 高知
こうち

### 明朗快活な気風が流れる高知県の中心地

坂本龍馬をはじめあまたの名志士や文士を育んだ土佐の中枢、高知市。市内には龍馬ゆかりのスポットだけでなく、土佐藩を治めた山内家にちなむ史跡も多い。桂浜や近郊を流れる仁淀川など、豊かな自然も併せて楽しみたい。

**街の歩き方**：路面電車（とさでん交通）の路線が市内を十字に走り、平日は5〜10分間隔で運行。桂浜へは車での移動がおすすめ。とさでん交通バスもあり、目的に合わせて利用したい。

### 先人から継承する和の文化と美に触れる
# 巧妙の極み
# 南国土佐の名城

高知市の中心地にあり、雄壮な姿で街を見守る高知城。
山内一豊の軌跡をたどり、風情ある景観にも注目したい。

## 高知城
こうちじょう

**MAP** 付録P.28 C-2

### 土佐24万石を拝領した山内一豊が創建 当時の本丸御殿が完全に残る希有な城

関ヶ原の戦いで敗れた長宗我部氏に代わり土佐に入国した山内氏が築城。江戸時代の本丸建築群が現存する日本唯一の城で、400年超の歴史が体感できる。また、追手門と天守が一枚の写真に収まる珍しい城でもある。

☎088-824-5701
所 高知県高知市丸ノ内1-2-1　営 9:00〜17:00（入館は〜16:30）　休 無休　料 無料（天守・懐徳館は420円）
交 とさでん・高知城前電停から徒歩3分　P あり

■ **天守** てんしゅ
初期の典型的な望楼型天守。古天守が残る城は、現在全国で12城のみ

■ **追手門** おうてもん
江戸時代再建の堂々たる表門。ここから天守を望む、絶好の写真撮影スポット

■ **詰門** つめもん
本丸と二ノ丸をつなぐ門。2階は家老たちの詰所だったという

■ **石落とし** いしおとし
敵からの攻撃を防ぐ仕掛け。現存する全国唯一の忍び返しの鉄剣も

高知市観光案内所　☎088-826-3337　所 高知県高知市北本町2-10-17
とさてらす内　営 9:00〜17:00　休 無休　交 JR高知駅前から徒歩1分

桜の名所として有名。ライトアップされる夜の姿も美しい

### 高知の歴史を紐解く施設

**土佐藩の歴史を伝える博物館**
**2017年3月4日にオープン**

高知城のふもとに開館する新博物館。西南雄藩のひとつ、土佐藩の歴史資料や絢爛たる大名道具の数々を鑑賞できる。体験型の展示や映像なども備えた展示室は、大人から子どもまで楽しみながら歴史を学ぶ事ができる。迫力ある高知城の姿を目の前にする展望ロビーも必見。

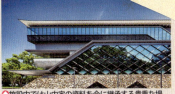
↑施設内では山内家の資料を今に継承する貴重な場

**高知県立 高知城歴史博物館**
こうちけんりつ こうちじょうれきしはくぶつかん
MAP 付録P.28 C-2
☎088-871-1600 所高知県高知市大手筋2-7-5
交とさでん交通・高知城前電停から徒歩3分
URL kochi-johaku.jp

## 高知市旧山内家
## 下屋敷長屋展示館
こうちしきゅうやまうちけ しもやしきながやてんじかん
MAP 付録P.28 C-4

### 江戸時代後期に建てられた
### 山内家の足軽屋敷

幕末の藩主・山内容堂の下屋敷があった場所にある。桁行十七間半の長屋で、当時は足軽の詰所として利用されていた。現在はホテル三翠園の外構の一部だが、本格的な武家長屋が残る全国でも数少ない建物として国の重要文化財に指定されている。

↑幕末当時の庶民の生活を今に伝える

↑和舟や高知出身の偉人たちを紹介するパネルも展示

☎088-832-7477(高知市教育委員会)
所高知県高知市鷹匠町1-3-35 営7:00～17:00 休無休 料無料 交とさでん交通・県庁前駅電停から徒歩4分 Pなし

巧妙の極み 南国土佐の名城

### 立ち寄りスポット

## 高知県立文学館
こうちけんりつぶんがくかん

土佐の歴史風土が生み出した、個性豊かな高知の文学を紹介。寺田寅彦や宮尾登美子など、高知県出身者の展示も充実している。

MAP 付録P.28 C-2
☎088-822-0231 所高知県高知市丸ノ内1-1-20 営9:00～17:00(入館は～16:30) 休無休 料常設展360円ほか 交とさでん・高知城前電停から徒歩5分 Pあり

↑高知城公園内に建つ

↑名作を生み出した、数々の作家や作品を紹介

## はりまや橋
はりまやばし

江戸時代に架けられていた橋を再現。純信とお馬の恋愛物語で知られ、「土佐の高知の」で始まるよさこい節のフレーズにもなっている。

MAP 付録P.29 E-3
交とさでん・はりまや橋電停から徒歩1分

↑純信とお馬のモニュメントも設置されている

103

## 歴史

戦国時代から明治初期にかけて時代を牽引

# 時代を開拓した土佐の豪傑

土佐国を掌握した戦国武将の長宗我部元親。四国平定、天下取りと元親の夢は大きく膨らむ。
江戸時代に土佐藩が置かれ、動乱の幕末に颯爽と登場した龍馬は、近代日本の夜明けをめざす。

### 16世紀中頃～後半　戦国時代の土佐を平定した男
## 元親の土佐統一

**戦国時代に頭角を現した豪族・長宗我部氏
農民兵士の活躍で群雄割拠の土佐を統一する**

地方豪族が各地に割拠した戦国時代。土佐では、守護・細川氏の衰退により、本山氏、吉良氏、長宗我部氏、津野氏などの「土佐七雄」と呼ばれる豪族たちが台頭していた。それまで細川氏の保護下で権勢をふるってきた長宗我部兼序は、後ろ盾を失ったことで、ほかの豪族たちから猛攻撃を受けた。ついに永正5年(1508)、本山氏・吉良氏らの連合軍が、兼序の本拠・岡豊城（南国市）を攻め落とす。

兼序を継いだ国親は、永禄3年(1560)に本山氏への反撃を開始。初陣となった国親の嫡子・元親が武勲を挙げた。幼少時の元親は色白でおとなしく、姫若子とあだ名されていたが、初陣後は将来を期待されて「土佐の出来人」と呼ばれた。元親は家督を継ぐと、本山氏ら諸豪族を相次いで撃破し、天正3年(1575)に土佐を統一する。その成功の陰には、元親が組織した半農半兵の武装団「一領具足」の活躍があった。四国統一へ、さらには天下取りへと野望を抱く元親を彼らが後方で支えた。

➡土佐の戦国大名・長宗我部元親（1539～1599）は、戦の合間に寺社の造営や復興に尽力。南学などの学問に通じ、茶道や和歌も楽しむ文化人でもあった

### 一領具足　兵士となった土佐の農民

平時は与えられた土地で農業に従事し、畦道に槍と一領しかない具足（武具）を用意し、戦となれば馬で戦地に駆けつけた。長宗我部氏の考案した半農半兵の組織で、元親の土佐支配や四国統一で大いに活躍した。

### 16世紀後半　三日天下に終わった元親の夢
## 土佐から四国を制覇

**長宗我部元親がついに四国統一を果たすも
信長や秀吉の導く時代の流れに翻弄される**

長宗我部元親が土佐を制覇したころ、中央では室町幕府を倒した織田信長が各地へ勢力を伸ばしていった。四国統一をめざす元親はまず、信長と良好な関係を結び、四国取りの承諾を取り付ける。信長の妨害の心配がなくなると、四国各地へ侵攻を開始。阿波（徳島）、讃岐（香川）、伊予（愛媛）と各地の城へ次々と攻め込んだ。ところがその段になって、元親の急激な勢力拡大を危惧した信長が態度を一変。元親の四国取り了承の約束を反故にしてしまう。反発した元親に対し、信長は元親討伐の派兵命令を下したが、派兵直前の天正10年(1582)6月、本能寺の変で信長は絶命。元親への派兵は中止となる。元親はこれに乗じて四国での進軍を強化し、三好氏に代わって阿波も治めていた讃岐の十河氏、阿波（徳島）の三好氏、続いて伊予の河野氏らも屈服させ、天正13年(1585)の春、47歳にしてついに元親は四国統一を果たす。

元親の四国支配は、わずか半年ほどで終止符を打つ。信長亡きあとに勢力を伸ばした豊臣秀吉が、その年の6月に元親討伐の兵を四国へ送り込んできたのだ。秀吉の討伐軍12万3000に対し、元親軍は4万。多勢に無勢でかなうはずもなく、元親は重臣の説得を受け入れて降伏。秀吉から土佐一国のみを与えられ、秀吉の配下となった。

1575年頃の四国内勢力図

**17世紀前半～18世紀**

### 山内家とともに歩んだ土佐藩
# 江戸時代の土佐

**山内一豊が土佐藩の初代藩主に迎えられる。
財政困難な藩の改革を山内家歴代藩主が担う**

　長宗我部元親を継いだ盛親は、関ヶ原の戦いで西軍に味方したため、徳川家康に土佐国を没収される。代わって、遠州掛川城主の山内一豊が、慶長6年(1601)に盛親の居城・浦戸城(高知市)へ入城。9万8000石の初代土佐藩主となる。本拠を浦戸から大高坂山へ移し、高知城と城下町の整備を始めた。一豊は入城の2年後に死去。妻・千代は出家して見性院と号し、2代藩主・忠義を陰で支えた。

　初期の徳川幕府は、新都づくりのために各藩に重い負担を課しており、土佐藩の財政はしだいに困窮していった。忠義は財政を立て直すべく、藩政改革(元和改革)に乗り出す。儒学者の野中兼山を奉行職に充て、高知平野の新田開発や捕鯨・林業・紙業など諸産業の育成に努め、藩政の基盤を確立する。5代豊房は儒学者・谷秦山を起用し、法整備など社会秩序や学芸を重視する文治政策を推し進めた。江戸後期には、藩士の教育にも力が注がれた。8代豊敷は、宝暦10年(1760)に藩校の教授館を設立。土佐で興隆した朱子学一派の南学を中心に学問を奨励。その風潮は有力商人らにも広まり、土佐に学問や文化の熱が高まっていった。

⦿山内但馬守盛豊の子として尾張に生まれた山内一豊(1545～1605)。信長に父が討たれて浪人となるが、関ヶ原の戦いで活躍し、土佐24万石の領主までのし上がった

---

**妻・千代** ▶ **内助の功で一豊を支える**

　山内一豊の妻・千代は、教養が高く、政治力にも優れ、その才を生かして夫を出世させた内助の功で知られる。一豊が織田方の浪人だった頃、持参金の10両で名馬を買わせ、夫を信長の目に留まらせたという。秀吉没後の戦乱期には、大坂で石田三成の監視下にありながら、豊臣側の情報を夫に送って家康に貢献。そうした活躍により、一豊は家康から土佐を与えられる。

---

## 長宗我部元親ゆかりの地を訪れる

### 雪蹊寺
せっけいじ

**高知・高知** MAP 付録P.27 D-3

平安初期創建とされる寺を元親が再興。元親の菩提寺となっており、四国遍路の第33番札所だ。

☎088-837-2233
所 高知県高知市長浜857-3
開休料 境内自由
交 JR高知駅から車で30分
P あり

⦿元親の長男・信親の墓がある

### 若宮八幡宮
わかみやはちまんぐう

**高知・高知** MAP 付録P.27 D-4

文治元年(1185)創建。武家の守護神として信仰された。元親は永禄3年(1560)の本山氏攻めの出陣前に戦勝祈願した。

☎088-841-2464
所 高知県高知市長浜6600
開休料 境内自由
交 JR高知駅から車で30分 P あり

⦿元親は出陣のたびに祈願した

### 土佐神社
とさじんじゃ

**高知・高知** MAP 付録P.27 E-2

5世紀創建と伝わる古社。現社殿は、室町時代に元親が建立した入りとんぼ様式の壮大な建物。

☎088-845-1096
所 高知県高知市一宮しなね2-16-1
開休料 境内自由
交 JR土佐一宮駅から徒歩15分
P あり

⦿重要文化財の建築物が多い境内

### 高知県立歴史民俗資料館
こうちけんりつれきしみんぞくしりょうかん

**高知・南国** MAP 付録P.27 E-2

岡豊城のあった岡豊山にあり、長宗我部氏や岡豊城に関する資料などを展示している。

☎088-862-2211
所 高知県南国市岡豊町八幡1099-1
開 9:00～17:00(入館は～16:30)
休 無休(臨時休館あり) 料 460円
交 JR高知駅から車で20分 P あり

⦿長宗我部軍の本陣を再現

*時代を開拓した土佐の豪傑*

## 19世紀中頃 土佐で躍動した幕末の志士たち
# 土佐勤王党の結成

### 開国かそれとも攘夷かで日本が揺れるなか
### 土佐に尊王攘夷派グループが結成される

　山内豊信が15代土佐藩主に就いた5年後の嘉永6年(1853)、アメリカのペリー提督が浦賀に来航し、鎖国中の日本に開国を要求した。幕府内では、12代将軍徳川家慶が跡取りのないまま死去したことから世継ぎ問題が浮上。幕府の意見は二分し、混乱を極めた。大老に就いた彦根藩主・井伊直弼は、朝廷の許しを得ぬまま日米修好通商条約に調印。これが朝廷や一部大名らの反発を呼び、開国反対と天皇の権威回復をめざす尊王攘夷運動が広まっていく。
　土佐藩では、豊信から重職の参政に抜擢された吉田東洋が、海防強化を含めた藩政改革を進めていた。そんな矢先、井伊が尊攘派を弾圧する安政の大獄を断行。世継ぎ問題で井伊と対立した豊信も隠居・謹慎処分を受ける。豊信は以後、容堂と名乗るようになる。尊攘派に井伊が暗殺されると(桜田門外の変)、長州と薩摩、そして土佐を筆頭に尊王攘夷運動が活発化。土佐では文久元年(1861)、武市瑞山を盟主に土佐勤王党が結成される。党員には坂本龍馬や中岡慎太郎が名を連ね、龍馬のような下級武士や庄屋層が大勢を占めた。土佐藩でまとまって尊王攘夷に向かおうとする武士に対し、龍馬は藩を飛び出し行動することを決意し、処罰覚悟で脱藩する。謹慎が解けた容堂と吉田東洋は、朝廷と幕府を合体して幕府の統制強化を図る公武合体論を支持。幕府側とみなされた東洋は、土佐勤王党員に暗殺される。

**武市瑞山**(1829〜1865)
上士と下士の中間身分・白札の家柄。江戸で剣術修業をしていたとき、遊学中の坂本龍馬や長州藩の久坂玄瑞らと交流し、のちに土佐勤王党を結成。党の弾圧により切腹する。

**山内豊信/容堂**(1827〜1872)
幕府のとりなしで分家から藩主になれた恩があり、最後まで徳川家を擁護した。龍馬の武力回避の大政奉還に賛同し、幕府に建白した。容堂は隠居後の号。

(写真提供：高知県立歴史民俗資料館)

**吉田東洋**(1816〜1862)
長宗我部家重臣の子孫で、山内家とも同じ祖先といわれ、土佐藩士に重用された家柄。遊学中に極めた国学や漢学などの知識を藩政改革に生かし、容堂の片腕として活躍した。

## 19世紀中頃〜19世紀後半 新時代に向けて龍馬が東奔西走
# 龍馬らの脱藩とその後

### 藩にとどまらない広い世界を求めた龍馬が
### 新たな近代国家日本の扉を開ける先導役となる

　文久3年(1863)、尊攘派急先鋒の長州藩が公武合体派のクーデターにより京都を追放されると、尊攘派はしだいに弱体化した。土佐勤王党も山内容堂の弾圧を受けて活動を停滞させ、中岡慎太郎は脱藩する。一方、土佐を出た龍馬は、各地をまわったあとに江戸へ向かい、幕府軍艦奉行並の勝海舟のもとで世界の情勢や航海術を学ぶ。のちに長崎で貿易商社の亀山社中(海援隊の前身)を設立している。慶応2年(1866)には、中岡とともに薩長同盟の締結を斡旋し、倒幕への道筋をつけた。土佐藩から脱藩の罪を解かれた龍馬は、国家構想の船中八策を藩に提出。容堂はこれをもとに、将軍慶喜に大政奉還を建白する。慶応3年(1867)、王政復古の大号令で新時代の扉が開く直前の11月15日、龍馬と中岡は京都で刺客に暗殺される。その後に起きた戊辰戦争では、板垣退助率いる土佐藩兵が新政府軍として参戦した。

⊃ 坂本龍馬(1835〜1867)は、町人郷士の出身。暗殺された11月15日は、奇しくも龍馬の誕生日だった

## 19世紀後半〜 龍馬の夢を受け継ぐ土佐人たち
# 明治維新後の土佐

### 明治新政府で土佐藩の重臣が要職に就く
### 土佐の元藩士が新時代の政財界で活躍

　戊辰戦争の功績により、板垣退助や後藤象二郎数名の土佐藩士は、明治新政府の要職に就いた。板垣らはのちに下野し、旧藩閥が独占する政府に対して、国会開設による民主政治を要求。のちに広まる自由民権運動の礎を築いた。明治4年(1871)、廃藩置県によって土佐は高知県となる。土佐藩士出身の岩崎弥太郎は、幕末に龍馬の海援隊も所属した長崎・土佐商会で腕をふるっていた。維新後は当時の経験を生かして海運業を営み、三菱財閥の創業者となる。龍馬が描いた近代国家や「世界の海援隊」の夢が、土佐の血を継ぐ人々によって切り拓かれていった。

## かつて城も築かれていた土佐の玄関口
# 景勝地・桂浜を歩く

美しい海岸風景にたたずむ龍馬像。高台には、戦国～安土桃山時代に土佐の本拠地となった城が築かれた。風光明媚な海岸を歩き、戦乱の時代と龍馬に思いを馳せてみよう。

### 戦国と龍馬の時代をたどる

高知市沿岸部の浦戸湾口に弧を描く桂浜。緑の松と五色の砂、青い海が美しい景勝地として知られる。民謡の『よさこい節』に「月の名所は桂浜」と唄われる名月の地でもある。その桂浜の東端の龍頭岬には、有名な坂本龍馬像がある。自身が夢見た世界の海を望観するかのように、太平洋を見つめて龍馬がたたずむ。桂浜を見下ろす高台には坂本龍馬記念館もあり、桂浜一帯が龍馬ファンの聖地だ。記念館の周辺には、16世紀に四国を統一した長宗我部氏の居城・浦戸城があり、江戸時代以前まで四国の中心地となっていた。城址を含めた桂浜一帯は公園として整備され、今では水族館などの施設も点在する観光地として賑わっている。

**桂浜**  MAP 付録P.27 F-4
☎088-842-0081(桅浜観光案内所) 所高知県高知市浦戸
時見学自由 交JR高知駅から車で30分 Pあり

↑中秋の名月の時期に観月会が開かれ、さまざまなイベントが行なわれる

## 桂浜で知る坂本龍馬

### 坂本龍馬像
さかもとりょうぞう
MAP 付録P.27 F-4

昭和初期、龍馬を慕う県の青年有志らが建立。龍馬の誕生日かつ命日である11月15日前後には、横に展望台が設置される。

↑右手を懐に入れたポーズの理由は諸説ある

### 高知県立 坂本龍馬記念館
こうちけんりつ さかもとりょうまきねんかん
MAP 付録P.27 F-4

全国から坂本龍馬ファンが訪れる龍馬の殿堂。直筆の書簡や、近江屋・坂本家の再現セットなどが展示され、彼の生き様に触れることができる。立地が良く、屋上からの眺めも抜群。
☎088-841-0001 所高知県高知市浦戸城山830
時9:00～17:00 休無休 料500円 交JR高知駅から車で30分 Pあり ※新館増築・既存館改修工事のため2017年4月から約1年間全面休館。2018年春リニューアルオープン予定

**おみやげを探す**

### 加茂屋
かもや
MAP 付録P.27 F-4

桂浜公園内にある、みやげ店＆食事処。龍馬グッズや高知みやげが充実の品ぞろえ。
☎088-841-2516 所高知県高知市浦戸6 時8:30～17:30(食事は9:00～15:30) 休不定休 交JR高知駅から車で30分 Pあり

↑龍馬のラベル付きビール450円
↑おすすめは龍馬像のミニチュア810円～
↑景勝地ならではのおみやげ、湯呑み各820円

↑凝った建築様式も印象的

*時代を開拓した土佐の豪傑*

107

## 土佐・高知の年譜 -戦国時代以降-

| 西暦 | 元号 | 事項 |
|---|---|---|
| 1467 | 応仁元 | 応仁の乱が起こり、戦国の時代に入る |
| 1508 | 永正5 | 長宗我部元秀の岡豊城 ⇨ P.109、落城 |
| 1560 | 永禄3 | 長宗我部元親、本山氏との長浜の戦いで勝利。初陣を飾る |
| 1568 | 11 | 元親、土佐神社 ⇨ P.105を再興する |
| 1569 | 12 | 元親、安芸国虎に勝利。安芸城落城 |
| 1575 | 天正3 | 元親、土佐統一 |
| 1582 | 10 | 本能寺の変 |
| 1585 | 13 | 春、元親が四国を統一。間もなく豊臣秀吉の四国出兵を受け、元親は降伏。元親は土佐一国のみの知行を許される |
| 1585 | 13 | 蜂須賀家政が阿波国へ。翌年、徳島城（現・徳島中央公園 ⇨ P.154）が完成 |
| 1591 | 19 | 元親、浦戸に築城 |
| 1592 | 文禄元 | 豊臣秀吉の命で、元親・盛親、朝鮮出兵 |
| 1599 | 慶長4 | 元親、京都で死去 |
| 1600 | 5 | 長宗我部盛親、関ヶ原の戦いで西軍に加勢したが、敗走。領国没収される |
| 1600 | 5 | 山内一豊、土佐国主となる。翌年、浦戸城へ移る |
| 1603 | 8 | 大高坂城（現・高知城 ⇨ P.102）が完成し、山内一豊が移る。城の名前を河中山城と改める |
| 1603 | 8 | 加藤嘉明、松山城 ⇨ P.74を築く |
| 1624頃 | 寛永元 | この頃、土佐の捕鯨が盛んになる |
| 1631 | 8 | 野中兼山、筆頭となる |
| 1663 | 寛文3 | 野中失脚、のち死去 |
| 1690 | 元禄3 | 別子銅山（現・マイントピア別子 ⇨ P.98）が発見される |
| 1727 | 文政10 | 高知城下で大火事が発生 |
| 1760 | 宝暦10 | 山内豊敷、教授館を設立 |
| 1835 | 天保6 | 金毘羅大芝居（現・旧金毘羅大芝居＜金丸座＞ ⇨ P.55）の定小屋（現・国重文）が完成 |
| 1835 | 6 | 高知城下にて坂本龍馬誕生 |
| 1841 | 12 | 14歳の中浜万次郎、宇佐漁港から出港したのち漂流 |

| 西暦 | 元号 | 事項 |
|---|---|---|
| 1848 | 嘉永元 | 15代藩主・山内容堂(豊信)、藩政改革を始める |
| 1852 | 5 | 中浜万次郎、アメリカより土佐に帰還 |
| 1853 | 6 | ペリー、浦賀に来航。幕府は事態に対応するため、アメリカに関する知識が豊富な中浜万次郎を招聘 |
| 1861 | 文久元 | 武市瑞山、土佐勤王党を結成。坂本龍馬らが加盟 |
| 1862 | 2 | 坂本龍馬、吉村虎太郎ら脱藩 吉田東洋、暗殺される |
| 1862 | 2 | のちに植物学の父と呼ばれるまでになった牧野富太郎、佐川に生まれる。没後の昭和33年(1958)に高知県立牧野植物園 ⇨ P.110が開園 |
| 1865 | 慶応元 | 武市瑞山、切腹を命じられる |
| 1865 | 元 | 坂本龍馬らが長崎において、亀山社中（のちの海援隊）を結成 |
| 1866 | 2 | 坂本龍馬らの斡旋の末、薩長同盟成立 |
| 1867 | 3 | 王政復古の大号令 |
| 1867 | 3 | 坂本龍馬、中岡慎太郎、京都の近江屋で切られる。龍馬は死去 |
| 1868 | 明治元 | 明治維新 |
| 1870 | 3 | 岩崎弥太郎、土佐藩職を失い、三菱商会の前身となる九十九商会を立ち上げる |
| 1871 | 4 | 廃藩置県で高知県が誕生 |
| 1874 | 7 | 板垣退助、後藤象二郎（ともに土佐藩士）らが民選議員設立建白書を提出 |
| 1885 | 18 | 内閣制度発足 |
| 1891 | 24 | 板垣退助、自由党の党首に |
| 1929 | 昭和4 | 高知市生まれの浜口雄幸、7月に総理大臣に就任（〜1931年3月） |

⇨上空から眺めた高知市街。写真中心部の水部が浦戸湾で、その上に桂浜が見える

# 数多くの城・城跡が残っている
## 四国の名城を訪れる

戦国時代に戦場と化し、江戸時代には藩政の中心として君臨。江戸時代から現存する日本の12天守のうち、4城が四国に集まり、お城ファンを魅了している。

### 湯築城跡
ゆづきじょうあと
愛媛・松山 MAP 付録P.22 B-2

南北朝～戦国期の伊予国守護・河野氏の居城。二重の堀と土塁を備えた、中世城郭では珍しい平山城。秀吉の四国攻めで降伏。今は道後公園・湯築城跡として復元・整備され、資料館もある。

☎089-941-1480　所愛媛県松山市道後公園　時入園自由、資料館9:00～17:00　休月曜　料無料　交伊予鉄道・道後公園電停から徒歩1分　Pあり

### 今治城
いまばりじょう
愛媛・今治 MAP 付録P.2 B-3

藤堂高虎が江戸初期に瀬戸内海沿岸に築いた海城で別名「吹揚城」。17世紀半ばに久松松平氏の居城となった。天守や門などが再建されている。

☎0898-31-9233　所愛媛県今治市通町3-1-3　時9:00～17:00　休無休（臨時休業あり）　料500円、学生250円　交JR今治駅から徒歩25分　Pあり

### 宇和島城 ➡P.96
うわじまじょう
愛媛・宇和島 MAP 付録P.23 E-4

慶長6年（1601）に築城の名手・藤堂高虎が築城したのち、伊達家が改築した壮麗な天守が残る。

### 大洲城 ➡P.95
おおずじょう
愛媛・大洲 MAP 付録P.24 A-3

鎌倉末期に守護・宇都宮氏が築城し、藤堂高虎が再建した。近年、四層四階の天守閣を復元。

### 松山城 ➡P.74
まつやまじょう
愛媛・松山 MAP 付録P.20 C-3

加藤嘉明が江戸初期に築城後、松平氏の居城に。幕末再建の天守閣など21の現存建築が残る。

### 高松城 ➡P.37
たかまつじょう （史跡高松城玉藻公園）
香川・高松 MAP 付録P.14 C-1

16世紀末に讃岐国を治めた生駒氏が築いた海城。江戸初期以降は松平氏が居城。櫓や門が現存。

### 徳島城 ➡P.154
とくしまじょう （徳島中央公園）
徳島・徳島 MAP 付録P.32 C-1

戦国時代に長宗我部元親の侵攻を受け、のちに蜂須賀氏が居城した。表門を復元。庭園や石垣が残る。現在は徳島中央公園として整備されている。

### 高知城 ➡P.102
こうちじょう
高知・高知 MAP 付録P.28 C-2

戦国期の大高坂山城のあった地に、江戸初期に山内一豊が築城。享保12年（1727）、大火に見舞われた。18世紀再建の天守がある。

四国の名城・城跡MAP

時代を開拓した土佐の豪傑

### 国史跡 岡豊城跡
こくしせき おこうじょうあと
高知・南国 MAP 付録P.27 E-2

戦国期に四国をほぼ制覇した長宗我部氏の居城。一時は、本山氏に攻め落とされた。16世紀末に居城は浦戸城へ移る。石垣や空堀、土塁が残る。

☎088-862-2211（高知県立歴史民俗資料館）　所高知県南国市岡豊町八幡1099-1　時入園自由　交JR高知駅から車で20分　Pあり

### 丸亀城
まるがめじょう
香川・丸亀 MAP 付録P.3 F-2

現存木造12天守のひとつ。高さ約66mの石垣は日本一の高さを誇る。その勾配の美しさは、丸亀名産のうちわになぞらえ「扇の勾配」と呼ばれる。

☎0877-22-0331（亀山市観光案内所）　所香川県丸亀市一番丁　時入園自由、天守9:00～16:30（入城～16:00）　休無休　料天守200円ほか　交JR丸亀駅から徒歩10分　Pあり

四季を彩る多様な植物を鑑賞する
# 植物学者が愛した緑の世界へ

植物に魅せられた、牧野富太郎博士ゆかりの植物園。
約6haの園地には、博士が命名したものをはじめ、
多くの植物が育ち、色とりどりの草花を観察できる。

## 高知県立 牧野植物園
こうちけんりつ まきのしょくぶつえん
MAP 付録P.27 E-3

☎088-882-2601　所高知県高知市五台山4200-6　営9:00～17:00　休無休　料720円　交JR高知駅からMY遊バス・牧野植物園正門前下車、徒歩1分　Pあり

### 約3000種類の植物が彩る起伏に富んだ植物園

「日本植物分類学の父」といわれる牧野富太郎博士の業績を讃え開園した。多種多様な植物が見られ、植物に関する学び・研究の場としてのみならず、憩いの場としても広く市民に親しまれている。

↑温室をはじめ、常設展示など見どころがいっぱい

↑高知の自然を再現した「土佐の植物生態園」
↑温室では、国内外から収集したあでやかな熱帯花木が観賞できる

### 園内で見られる四季折々の花を探して歩きたい

春 カンザクラ　春 ゴヨウアケビ　夏 オウゴンオニユリ
秋 ノジギク　秋 キンモクセイ　冬 シロバナヤブツバキ

---

### 「草木の精」牧野富太郎博士はどんな人？

**植物研究と植物知識の教育普及に尽力**
**日本の植物学に多大な影響を与えた偉人**

文久2年(1862)、高知県佐川町生まれ。幼少より独学で植物学を学び、上京後は独学で植物の研究に打ち込む。創刊した雑誌で日本初の新種「ヤマトグサ」を発表。94年の生涯で命名した新種や新品種は1500を超える。

↑図書館などがある本館。内藤廣氏設計の建築群にも注目

↑教育普及にも熱心だった牧野博士＜高知県立牧野植物園所蔵＞

↑展示館中庭には、博士ゆかりの植物が多く植栽されている

↑展示館では、博士の生涯を年代ごとに詳しく紹介している

POST CARD

STAMP

『おとな旅プレミアム 四国』(TAC出版)より
室戸岬 ©PIXTA

# 牧野植物園周辺の見どころ

市内を一望できる五台山を散策。桜やツツジの名所としても知られ、山頂にある展望台からは、高知の市街地や浦戸湾を望む。

↑みやげ店やカフェが入った五台山展望サービスセンター屋上にある展望台からの眺望

## 山頂の展望台から絶景を望む
### 五台山公園
ごだいさんこうえん

**MAP** 付録P.27 E-3

標高146mの五台山山頂一帯に整備された公園。高知市街地や高知港、浦戸湾が見渡せる展望台があり、夜景スポットとしても知られる。

☎088-861-3036
所 高知県高知市五台山　休 入園自由
交 JR高知駅から車で15分　P あり

↑展望台の一部は丸く突き出ている。スリルを感じながら美しいパノラマの風景を

## 国指定の文化財が多い名刹
### 竹林寺
ちくりんじ

**MAP** 付録P.27 E-3

神亀元年(724)、聖武天皇の勅願により行基が開創。本堂、仏像17体、書院が、国の重要文化財指定。庭園も国の名勝に指定されている。

☎088-882-3085
所 高知市五台山3577　休 拝観自由
交 JR高知駅から車で15分　P あり

↑寛永21年(1644)造営の本堂。本尊として文殊菩薩が祀られ、文殊堂とも呼ばれる

↑かつての塔は明治時代に倒壊。昭和55年(1980)に鎌倉時代初期の様式で再建された五重塔

植物学者が愛した緑の世界へ

### 歴史Column

## 紀貫之『土佐日記』の軌跡をたどる

高知から室戸を南下し、鳴門海峡を越え京都へ55日に及ぶ旅を描いた『土佐日記』

　平安時代を代表する歌人、紀貫之が国司として土佐国に渡ったのは延長8年(930)のこと。当時は流刑地のひとつであったほど、交通の便が悪い土地であった。4年間の務めを果たした紀貫之は、国府(現・高知県南国市)を発ち、大津(現・高知市大津)から舟で京に戻ったが、この行程を描いたのが「男もすなる…」の書き出しで有名な『土佐日記』だ。内容には虚構もあるとされるが、右図のようなルートをたどったと考えられている(諸説あり)。奈半利〜室戸甲浦付近の国道55号沿いから海岸線を眺め、紀貫之の旅に思いを馳せてみたい。

推定されるルートと主な停泊地・通過地

## 高知市街から足を延ばして、四国随一の清流に出会う
# 仁淀川と土佐和紙の里へ

高知市街から車で約30分、いの町は、神秘的な輝きを誇る仁淀川流域にある。
高知の伝統工芸「土佐和紙」の発祥地でもあり、紙漉き体験もできる。

**高知 — 高知●歩く・観る**

### 水晶のように澄み切った清流 穏やかな流れに心癒されて

　西日本最高峰の石鎚山系を源流とする仁淀川。近年は「日本で一番美しい川」にも選ばれ、透き通るような流れが全国のファンを魅了している。
　仁淀川の美しさを表す言葉が「仁淀ブルー」だ。源流域に残る手つかずの原生林が清流を生み出し、さらにこの地特有のブルーがかった石が水を神秘的な青色に見せる。安居渓谷といった源流域に行けば、奇跡のブルーが体感できるはずだ。また高知市からほど近い「いの町」でも、豊かな水をたたえた風光明媚な景色が堪能できる。いの町は、古くから和紙の里として知られる街。手漉きの体験を通し、仁淀川がもたらす土佐の風土にも触れてみたい。

### 川沿いの街と見どころ

仁淀川町、越知町、佐川町、日高村、いの町、土佐市を流れる仁淀川。屋形船観光や風情ある街並巡りも楽しい。

**屋形船仁淀川** やかたぶねによどがわ
乗船場は下流域の日高村。予約すれば船内で仁淀川弁当も食べられる。乗船時間約50分。
☎0889-24-6988　㊟高知県高岡郡日高村本村209-1　1日5便運航、要予約
休荒天時　JR伊野駅から車で25分
Pあり
MAP 付録P.26 A-2

**安居渓谷** やすいけいこく
仁淀ブルーと渓谷美が楽しめる、源流域の支流安居川。紅葉シーズンも人気。
JR伊野駅から車で1時間5分
MAP 付録P.5 F-3

112

### さかわ・酒蔵の道 さかわ さかぐらのみち
土佐藩筆頭家老の城下町だった佐川町。築150余年の商家や酒蔵が今も残っている。
- 交 JR佐川駅から徒歩10分
- MAP 付録P.8 A-3

---

> 土佐和紙を知る、作ってみる

高知の伝統工芸、土佐和紙の街「いの町」へ。紙漉き職人に学び、自分だけの和紙を作りたい。

## 道の駅 土佐和紙工芸村くらうど
みちのえき とさわしこうげいむらくらうど
MAP 付録P.26 A-2

### 川を望む、仁淀川観光の拠点

仁淀川に面した大型施設。レストラン、宿泊施設、スパ、産直市などがそろう。土佐和紙手漉き体験をはじめ、はた織り体験、カヌー&ラフト体験も可能だ。

- ☎088-892-1001
- 所 高知県吾川郡いの町鹿座1226
- 関 施設により異なる
- 休 無休(紙漉き体験は水曜休)
- 交 JR伊野駅から車で10分
- P あり

↑この地を拠点に、流域の魅力を発見してみよう

### 土佐和紙手漉き体験

1. いの町に伝わる伝統工芸を気軽に体験。体験コースは、はがきや色紙など
2. はがき作りは、草花入りが600円。制作30分、乾くまでさらに30分ほど
3. 用意された草花や和紙をちりばめて、オリジナルのはがきが完成

## いの町 紙の博物館
いのちょう かみのはくぶつかん
MAP 付録P.26 B-3

### 土佐和紙の歴史や工程を紹介

土佐漆喰などを用いた高知らしい建物で、和紙に関するさまざまな展示を行なう。紙漉き体験も可能。ショップでは、和紙製品や小物がそろう。

- ☎088-893-0886
- 所 高知県吾川郡いの町幸町110-1
- 関 9:00～17:00(体験受付～16:00)
- 休 月曜(祝日の場合は翌日休)
- 料 500円
- 交 JR伊野駅から徒歩7分
- P あり

↑多彩な展示物で、土佐和紙の歴史や変遷が学べる

仁淀川と土佐和紙の里へ

↑創意工夫に富んだ「思い出の間」。料理は意外にも手が届きやすい価格帯

## 土佐の恵みを贅沢にいただく
# 豪華なひと皿 郷土料理の宴

藁焼きの大胆な調理方法や皿鉢料理は高知ならでは。名産のカツオや地元の野菜が味わえる店舗をご紹介。

### 土佐らしい温かさとおおらかさを伝統の料理ともてなしで味わう
### 料亭旅館 臨水
りょうていりょかんりんすい

**MAP** 付録P.28 C-4

山内家の宝物蔵跡地に建つ料亭旅館。昭和23年（1948）築造の建物は、随所に意匠を凝らした圧巻の造り。館内の風情と、米や味噌にまで地元食材にこだわった伝統の料理を心ゆくまで堪能したい。3代目女将の人情味あふれるもてなしや、高知県全18蔵元の地酒も楽しみ。

↑鏡川のほとりにたたずむ
☎088-822-1166
所 高知県高知市鷹匠町1-3-14
営 11:30〜15:00(LO13:30)
17:00〜22:00(LO20:30)
休 無休
交 とさでん・高知城前電停から徒歩5分
P あり

| 予約 | 要予約 |
|---|---|
| 予算 | L 2000円〜 / D 3500円〜 |

↑創業以来80年余。高知ならではの海・山の幸で客人をもてなす。宿泊もおすすめ

**土佐赤牛すき焼定食 2160円**
「土佐あかうし」は、肉本来の旨みが味わえる土佐和牛。赤身とサシのバランスがほどよい肉を、すきやきで堪能して

### 無農薬の藁で焼く
### ぬくぬくのカツオたたき
# 藤のや
ふじのや

| 予約 | 望ましい |
|---|---|
| 予算 | ⒟ 4500円 |

**MAP** 付録 P.29 E-3

→名物のカツオを求め、全国各地から常連客が訪れる

名物は注文を受けてから焼くカツオのたたき。表面を黒くなるまで焼き上げるこの店独自の方法だが、県内で有機栽培された藁を使っているため苦みは一切なく、とろけるような舌ざわり。そのほかの郷土料理もすべてシンプルで素朴。素材の良さとていねいな仕込みに裏付けされた、真髄を極めた一品だ。

**かつおのたたき 1500円～**
高知の魚といえば、カツオ。香ばしさと魚の旨みが口いっぱいに広がるたたきを、塩またはたれでどうぞ。刺身と食べ比べるのもいい

☎088-885-0015
所 高知県高知南はりまや町1-16-21
営 17:00～23:00 休 日曜(日・月連休の場合は月曜休)
交 とさでん・はりまや橋電停から徒歩2分 Ｐなし

↑座敷、小上がり、カウンター席を用意。県外客に人気の店

---

### 豊富にそろう郷土料理
### 土佐の恵みに舌つづみ
# 土佐料理 司
とさりょうり つかさ

**MAP** 付録 P.29 E-2

| 予約 | 不要 |
|---|---|
| 予算 | Ⓛ 1800円～<br>⒟ 4000円～ |

大正6年(1917)創業の老舗郷土料理店。一本釣りのカツオにこだわったたたきや刺身をはじめ、皿鉢料理など高知ならではの料理を提供する。どろめ、焼きサバ棒寿司といった土佐の珍味から、土佐黒毛和牛のしゃぶしゃぶなど、山の幸まで充実。

**皿鉢料理(4名用) 1万5000円**
天然鮮魚の刺身、寿司、組み物などが大皿に載った高知名物の宴会料理。高知では、自宅で宴会や祝い事を行なう際、仕出しとして頼むことが多い

↑落ち着いた店内でくつろいで

↑店は、はりまや橋からすぐ

☎088-873-4351
所 高知県高知市はりまや町1-2-15 営 11:30～22:00 日曜11:00～21:30 休 無休 交 とさでん・はりまや橋電停から徒歩3分 Ｐあり

↑1階はテーブル席、2階は個室を完備

豪華なひと皿 郷土料理の宴

115

↑清潔感に満ちた店内。ボックステーブル席もゆとりがあり、接待に使われることもある

| 予約 | 望ましい |
|---|---|
| 予算 | ⓁL 3000円〜 ⒹD 6000円〜 |

## 落ち着きのある店内で創作美食と地酒を堪能

### 旬鮮料理 愛禅
しゅんせんりょうり あいぜん

**MAP** 付録P.29 E-2

「おいしい食事とおいしい酒をゆっくり楽しんでほしい」そんな思いでオーナーが開店した、大人のための食事処。料理は和食を中心とした創作系で、カツオから和牛カツレツまで幅が広い。コースは4000円からで、1人でも可。中学生以下は入店お断り。

☎ 088-861-4282
所 高知県高知市はりまや町1-4-11
営 17:00〜23:00(LO22:30) 平日の11:30〜14:00は予約制で営業 休 水曜
交 とさでん・はりまや橋電停から徒歩4分 Ｐ なし

↑オープンキッチンで調理するたたき

**カツオの藁焼き塩タタキ1950円**
冷凍もののカツオは一切使わず、県内産の藁で一気に焼き上げる

### カツオや居酒屋料理など土佐の郷土料理がずらり

## 酔鯨亭 高知店
すいげいてい こうちてん

**MAP** 付録P.29 E-3

| 予約 | 可 |
|---|---|
| 予算 | ⓁL 1000円〜 ⒹD 4000円〜 |

カツオたたきのほか、ウツボの唐揚げやチャンバラ貝など高知の名物料理が豊富。1階にはカウンター席とテーブル席、2階には座敷があり、蔵元「酔鯨酒造」の酒とともに、居酒屋感覚で高知のグルメが楽しめる。

↑気軽に入れる居酒屋の雰囲気

☎ 088-882-6577
所 高知県高知市南はりまや町1-17-25
営 11:30〜14:00 17:00〜22:00(LO21:30) 休 日曜、祝日のランチ 交 とさでん・はりまや橋電停から徒歩2分 Ｐ あり

**土佐のおもてなしセット 2700円**
どろめ、酒盗、チャンバラ貝、カツオのたたき、鯨の竜田揚げ、青さのりの天ぷらがセットに

### チャレンジ精神を武器に野菜の可能性を追求

## 一心 風土庵
いっしん ふうどあん

**MAP** 付録P.29 E-3

| 予約 | 可(週末の夜は望ましい) |
|---|---|
| 予算 | ⓁL 1100円〜 ⒹD 4000円〜 |

高知の風土、とりわけ旬の野菜にこだわったレストラン。多彩な経験を持つオーナーシェフが、ジャンルを問わず、素材を生かしたアレンジ料理を提供する。野菜をアクセントにした「四万十豚の角煮 つるむらさき」も人気。

↑店内禁煙、入店は5歳以上

☎ 088-882-0045
所 高知県高知市はりまや町1-17-26
営 11:30〜14:00 18:00〜21:00(金・土曜は〜22:00) 休 日曜、第3月曜、不定休あり 交 とさでん・はりまや橋電停から徒歩2分 Ｐ なし

**季節野菜のせいろ蒸し 自家製アンチョビソース 1026円**
魚や肉ばかりでなく、各種野菜も高知の特産品。蒸した旬の野菜を自家製ソースでどうぞ

↑家に招かれたような雰囲気で、ゆっくり食事が楽しめる

# 賑やかで親しみあふれる雰囲気に包まれる
## ひろめ市場に集う

豊かな海の幸や特産が屋台に並ぶ市場で、食事や買い物を。明るく活気のある店と地元の人たちが、いつでも迎えてくれる。

**さまざまなジャンルの飲食店やショップが建ち並ぶ雑多な屋台村**

迷路のように入り組んだ施設内に、60を超える和洋中の飲食店や物販店がひしめく。好みの料理を購入し、通路に並べられたテーブルで食事を楽しむフードコート形式。昼からお酒を楽しむ姿も見られる。特産品も多数販売されているので、おみやげ探しも可。

### ひろめ市場
ひろめいちば
MAP 付録P.29 D-2
☎088-822-5287
所 高知県高知市帯屋町2-3-1
営 8:00(日曜7:00)〜23:00
休 1・5・9月の第2または第3水曜
交 JR高知駅から徒歩20分 P あり

豪華なひと皿 郷土料理の宴／ひろめ市場

### やいろ亭
やいろてい

**ビールと天ぷらで乾杯！**

定食のほか、カツオやウツボ唐揚げなど一品料理も充実。人気は、キュウリ味付け350円。
営 11:30〜22:00 日曜10:30〜21:00

↑青さのりの天ぷら500円

↑ほうじ茶大福は、イートイン、持ち帰り両方可能

### スイーツ食堂 マンテンノホシ
スイーツしょくどう マンテンノホシ

**大人気の大福をおみやげに**

県山間部にある津野町のアンテナショップ。人気の大福をはじめ、お茶入りのビールもある。
営 10:00〜23:00(LO22:30)

↑津野町の特産ほうじ茶

### 黒潮物産
くろしおぶっさん

**手作り芋けんぴがずらり**

高く積み上げられたけんぴタワーが目印。定番、柚子入り、青のり入りなど種類が豊富。
営 8:00〜18:00

↑しょうが入り・塩・プレーンの芋けんぴ。3つで1000円

### 黒潮水産
くろしおすいさん

**鮮魚や寿司ならお任せ**

カツオのたたきや寿司が並ぶ鮮魚店。真空パックのカツオのたたきは、おみやげにぴったり。
営 8:00(日曜7:00)〜22:00

↑トロまぐろの寿司や土佐の珍味、海産物が多数そろう

↑カツオのたたき600円。焼きサバ寿司なども販売

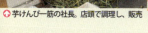
↑芋けんぴ一筋の社長。店頭で調理し、販売

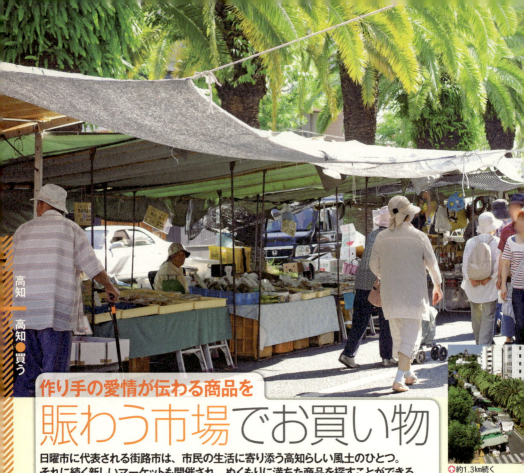

↑約1.3km続く高知城下の市場

## 作り手の愛情が伝わる商品を
# 賑わう市場でお買い物

日曜市に代表される街路市は、市民の生活に寄り添う高知らしい風土のひとつ。それに続く新しいマーケットも開催され、ぬくもりに満ちた商品を探すことができる。

### 日曜市
にちよういち

**MAP** 付録P.29 D-2

300年以上前に始まったという高知の街路市。なかでもいちばん大きいのが、400以上の店舗が野菜や果物、加工品などを販売する日曜市だ。市場の魅力は商品が新鮮なこと、そして生産者の顔が見えること。買い物を楽しみながら、おおらかな高知の風土も併せて感じたい。

☎088-823-9456(高知市産業政策課) ⚐高知県高知市追手筋 ⏰日曜5:00～18:00(10～3月は5:30～17:00) ※出店準備及び撤収時間も含む 休8月10～12日 交とさでん・蓮池町通電停から徒歩1分 Pなし

日本最大級の歴史ある街路市

トマトをはじめ、季節の野菜がずらり。2月は文旦、5月は小夏など高知特産の旬の果物も販売されていて、店によっては自宅への発送も可能だ。名物のジャコやゆず果汁もぜひ試してみて

学生による観光案内所もあります。休憩所でくつろいでいってくださいね

## 高知市内の個性豊かな市場
**週末開催する新しいコンセプトの青空市も魅力的**

↑ 自然派志向の野菜が豊富に並ぶ。親子連れも多い

### のんびり穏やか、"池公園の土曜市"
### 高知オーガニックマーケット
こうちオーガニックマーケット

**MAP** 付録P.27 E-3

市中心部から車で約20分、青空が広がる池公園で開かれる、オーガニックにこだわった市場。有機農産物や無添加の手作りケーキ、雑貨など、体も心もなごむ逸品が並ぶ。

↑ 人気の革小物店

☎088-840-6260 所高知県高知市池2311-1 営土曜8:00～14:00(7・8月は9:00～12:00) 交MY遊バス・住吉池前下車すぐ Pあり

↓ 疲れたら良質なコーヒーで一服

### 石畳の並木道で若手作家の作品探し
### おびさんマルシェ

**MAP** 付録P.29 D-3

市中心部で開かれるアートの市場。若手作家による手作りの雑貨や小物、また、高知の風土を生かしたグルメも楽しめる。

↑ 温かみのある手作り雑貨をおみやげにしたい

☎088-871-6527 所高知県高知市帯屋町 おびさんロード 営11:00～日没 休月1回開催、日程は要確認 交とさでん・大橋通電停から徒歩1分 Pなし

↓ おびさんロードに並ぶパラソルが目をひく

賑わう市場でお買い物

有機しょうがを使った、喉ごしの良いジュース

高知の特産品、しょうがを使ったジンジャーエール

↑ おばちゃん手作りの漬物も。どれも白ご飯がすすむ味

素朴な風合いの器や調味料入れ。おみやげにどうぞ

↑ 陶磁器や土佐刃物など、食べ物以外のお店も楽しみ

愛情たっぷり込めて作っています。お酒にも合いますよ

## 地の名物を自分に、みやげに
# 土佐の銘品 お持ち帰り

地元に根付いた工芸品や甘さひかえめの和菓子。おみやげに喜ばれる逸品を探したい。

➕ 看板商品だけでなく、季節ごとに登場する菓子も楽しみ（西川屋老舗 本店）

## 高知らしいおみやげならここ

### A 土佐せれくとしょっぷ てんこす
とさせれくとしょっぷ てんこす
高知 MAP 付録P.29 E-3

高知の食材や加工品、さらに木工品や雑貨など、県全域の特産品が豊富にそろう。併設のカフェ＆レストランでは、地元素材を使った料理も味わえる。

- ☎ 088-855-5411
- 所 高知県高知市帯屋町1-11-40
- 営 9:00～21:00
- 休 無休
- 交 とさでん・はりまや橋電停から徒歩3分
- P なし

### B 土佐刃物流通センター
鍛冶屋手作り、本物の土佐刃物
とさはものりゅうつうセンター
南国 MAP 付録P.27 F-1

土佐に長く伝わる伝統工芸、土佐刃物の直販所。家庭用からレジャー用まで常時3000点と品ぞろえが豊富。陳列も見やすく手になじむ一品が選べる。

- ☎ 0887-52-0467
- 所 高知県香美市土佐山田町上改田109
- 営 8:30～17:00 土・日曜、祝日10:00～16:00
- 休 臨時休業あり
- 交 南国ICから車で10分
- P あり

**和紙セット** 各257円
いの町名産の土佐和紙セット。小物を包んだりお菓子に添えたり使い道いろいろ
Ⓐ 土佐せれくとしょっぷ てんこす

**木紋柄コースター** 各756円(上)、各1080円(下)
県産杉で作られたコースター。細かいデザインとやわらかい手ざわりが特徴
Ⓐ 土佐せれくとしょっぷ てんこす

**かつおけずり節** 540円(左)、771円(右)
瓶の中には厳選された鰹節が。好みの醤油を入れて、濃厚な「だし醤油」を作ってみよう
Ⓐ 土佐せれくとしょっぷ てんこす

**くじらナイフ** 各2000円
マッコウクジラやナガスクジラなど愛らしいフォルム。子どもや孫へのおみやげにおすすめ
Ⓑ 土佐刃物流通センター

**土佐手ぬぐい** 各972円
高知特産の長太郎貝やみょうが、ゆず、四方竹などが描かれた、かわいらしい手ぬぐい
Ⓐ 土佐せれくとしょっぷ てんこす

**土左日記** 1080円（15個入り）
『土佐日記』の紀貫之にちなんだ人気菓子。こし餡をお餅で包んだ、やさしい甘さと口あたり
C 菓子処 青柳 はりまや橋本店

**竜馬がゆく** 1080円（14個入り）
ミルクと栗を使用。和と洋がミックスした、しっとりとした食感のおまんじゅう
C 菓子処 青柳 はりまや橋本店

**ケンピ** 108円（1個）
創業当時から販売している伝統商品。小麦粉と砂糖のみで作った、素朴な味わい
D 西川屋老舗 本店

**四国カルスト星空さんぽ** 951円（6個入り）
ブルーベリークリーム入りのブッセケーキ。数ある西川屋の菓子のなかでは新しい商品
D 西川屋老舗 本店

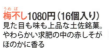

**梅不し** 1080円（16個入り）
見た目も味も上品な土佐銘菓。やわらかい求肥の中の赤しそがほのかに香る
D 西川屋老舗 本店

**人のよろしさ** 1080円（9個入り）
牛乳を使った白餡をもっちり生地で包んだ乳菓。商品名は山頭火の俳句に由来
E 浜幸 本店

**白花梅檀** 390円（3個入り）
皮むき餡をやわらかい生地で包んだ、上品な和菓子。お茶にもコーヒーにも合う
E 浜幸 本店

**アイスクリン4段** 250円
元祖の白をはじめ、チョコや抹茶など味も豊富。選べる4段のせが人気
F 1×1=1

**かんざし** 1080円（11個入り）
高知銘菓の代名詞。甘酸っぱいゆずが香る、銀紙焼きのお菓子
E 浜幸本店

---

## 土佐の銘品お持ち帰り

### 和の心を尊ぶ和菓子を持ち帰り

**C 菓子処 青柳 はりまや橋本店**
かしどころ あおやぎ はりまやばしほんてん
高知 MAP 付録P.29 E-2

「土左日記」と「竜馬がゆく」が看板商品。2階のカフェでは、人気の抹茶パフェが楽しめる。

☎088-861-6066 所高知県高知市はりまや町1-4-1 営10:00〜20:00 休無休 交とさでん・はりまや橋電停から徒歩3分 Pなし

### 元禄元年創業、伝統の菓子処

**D 西川屋老舗 本店**
にしがわやしにせほんてん
高知 MAP 付録P.27 D-2

土佐藩の御用菓子司であった老舗。「ケンピ」や「梅不し」をはじめ季節の和菓子も充実。

☎088-882-1734 所高知県高知市知寄町1-7-2 営9:00〜19:00 休無休 交とさでん・知寄町一丁目電停から徒歩1分 Pあり

### はりまや橋横に建つ街の顔

**E 浜幸 本店**
はまこう ほんてん
高知 MAP 付録P.29 E-3

「かんざし」で知られる菓舗。原料にこだわった、風味豊かな菓子やゼリーがそろう。

☎088-875-8151 所高知県高知市はりまや町1-1-1 営9:00〜20:30 休無休 交とさでん・はりまや橋電停から徒歩1分 Pなし

### あっさり懐かしいアイスクリン

**F 1×1=1**
いちかけるいちはいち
高知 MAP 付録P.29 F-3

アイスクリンは、乳脂肪分が少ないさっぱり氷菓子。昔ながらの味を楽しんでみて。

☎088-882-4852 所高知県高知市南はりまや町2-3-12 営9:00〜18:00 休水曜（6〜8月は無休）交とさでん・はりまや橋電停から徒歩5分 Pなし

## 太平洋を望む、穏やかな漁師町
# 高知県
# 須崎・久礼
すさき・くれ

### 朝獲れの新鮮な魚やご当地グルメを満喫

高知県のほぼ中央に位置する、須崎市と中土佐町久礼。ともに太平洋に面した港町で、須崎はシンコ（メジカ）やウツボ、久礼はカツオと、獲れたての鮮魚が楽しめる。また、昭和の雰囲気が残る昔懐かしい街並も魅力的だ。

**街の歩き方:** 須崎・久礼間の移動は、高知自動車道を経由し車で約25分。鉄道の場合、所要約15分。JR土佐久礼駅周辺には観光スポットが集まり、徒歩で移動できる。

高知 / 須崎・久礼 ● 歩く観る

## 絶景も美食も満喫する、高知からのドライブコースを走る
# 横浪黒潮ラインを抜け
# カツオの街へ

海沿いに長く延びるドライブコースで、浦ノ内湾や太平洋を望む。須崎や久礼の街に立ち寄り、名産のカツオやご当地グルメに舌つづみ。

### 横浪黒潮ライン
よこなみくろしおらいん
**MAP** 付録P.30 C-1

**青空と太平洋を見渡す横浪半島のスカイライン**

高知市宇佐から須崎市へと続くおよそ19kmのドライブコース。リアス式海岸の尾根伝いを走る道路は起伏が多いが、展望所からは、目の前一面に雄大な太平洋を見渡せる。

**駅前かわらばん まっことまっこと** ☎050-8803-1334 ⬛高知県須崎市原町1-9-11
⏰9:00～18:00 休火曜 ✉JR須崎駅から徒歩1分

## 黒潮に乗りやってくる高知のカツオ

良質なカツオは、たたきでも刺身でも絶品の味わい。産地の港町でいただきたい

### 県民に親しまれる、土佐を代表する魚

　豪快な一本釣りが有名な高知のカツオ漁。網漁では魚同士がぶつかって身が崩れてしまうため、高知では古くから手間がかかるこの漁法が採用されてきた。春のカツオは初鰹、秋のカツオは戻り鰹といわれ、好みは人によって分かれるが、どちらも格別の味わいだ。

　カツオの街として有名なのは、中土佐町久礼や黒潮町土佐佐賀など。国の家計調査では、1世帯あたりのカツオ消費量は高知県が群を抜いて1位。高知県民のカツオ好きがうかがえる。

⬆ 早朝から漁港で水揚げされる鮮度の良いカツオ

### 黒潮の恵みを存分に味わって

　中土佐町久礼は、400年も前からカツオ漁が盛んな街。また、四万十川上流域から運ばれてきた木材の搬出港としても発展を遂げた。久礼には今も歴史が脈々と息づいており、漁師町として初めて街の景観が国の重要文化財に選定された。

　高知県内でも地域によってカツオの食べ方は異なるが、ぬくぬくのまま厚めに切って薬味と食べるのが久礼流だ。

⬆ 漁師たちの守り神、久礼八幡宮。秋の大祭も壮観

横浪黒潮ラインを抜けカツオの街へ

123

水揚げされたばかりの新鮮な海の幸が並ぶ

# 港町・久礼でカツオを堪能する

歴史ある市場や酒蔵など、地域に密着した漁師町の雰囲気を味わいたい。

### カツオの街の商店街
## 久礼大正町市場
くれたいしょうまちいちば
久礼 MAP 付録P.30 C-2

明治時代中期に、漁師の奥さんたちが魚を売り出したのが始まりという。わずか数十mの小さな商店街だが、活きの良い魚や干物、野菜や果物などが並び賑わう。市場内には定食が楽しめる「浜ちゃん」や、買った刺身を持ち込める「田中の漁師小屋」があり、鮮魚が味わえる。

☎0889-52-2060(大正町市場協同組合)
所 高知県高岡郡中土佐町久礼大正町
営休 店舗により異なる
交 JR土佐久礼駅から徒歩6分 P あり

地元庶民の台所。昔と変わらぬ活気がある

朝獲れの鮮魚や、加工したばかりの品物が並ぶ。商品がそろうのはお昼前後。海が荒れている日はお休み

アーケード内のお店でイートインも可能。新鮮なカツオの刺身定食(右)は時期によって異なるが、おおよそ750〜800円ほど

### 県内最古の造り酒屋
## 西岡酒造店
にしおかしゅぞうてん
久礼 MAP 付録P.30 C-2

江戸時代中期に創業。酒蔵は当時のまま、道具なども展示され酒造りの歴史に触れられる。店舗先のギャラリーはいつでも見学可。試飲も可能なので、飲み比べて好みを見つけたい。

☎0889-52-2018
所 高知県高岡郡中土佐町久礼6154
営 9:00～16:00
休 無休 交 JR土佐久礼駅から徒歩3分 P あり

↑235年前の蔵をそのまま利用した趣あるたたずまい

↑蔵の奥では、中土佐町を舞台にした青柳祐介作『土佐の一本釣り』の原画を展示している

→「純平」や「一本釣り」「久礼」など。どれも、特産のカツオのたたきに合う、辛口でキレの良い味

### カツオの藁焼きを体験
## 黒潮工房
くろしおこうぼう
久礼 MAP 付録P.30 C-2

久礼の小高い丘に建つ温泉宿泊施設「黒潮本陣」に隣接。藁の炎でカツオを一気に焼き上げる、中土佐流の藁焼きたたき作り体験がおすすめです。たたき定食や干物定食も楽しめる。

☎0889-40-1160
所 高知県高岡郡中土佐町久礼8009-11 営 8:00～15:00(ランチは10:30～14:30、体験は10:30～14:00) 休 第2木曜 料 初級コース800円～(カツオ代は別途時価) 交 JR土佐久礼駅から徒歩20分 P あり

→体験は、さばいた節を焼く初級と一本さばくとこから挑戦する中級がある

### 須崎で巨木を訪れる
高さ25mの巨木に宿る神秘的なパワーを感じる
## 大谷のクス
おおたにのクス
須崎 MAP 付録P.30 B-1

須賀神社の境内に立つ四国最大級の巨樹。樹齢は約2000年と言われ、主幹の空洞に楠神が祀られる。病弱な人も健康になると伝わり、健康祈願の参拝客が訪れる。国の天然記念物に指定。

☎0889-42-8591(須崎市教育委員会) 所 高知県須崎市大谷 須賀神社 交 JR須崎駅から車で15分 P あり

## 安和の大ナギ
あわのおおナギ
須崎 MAP 付録P.30 A-1

樹齢約500年の、マキ科の常緑樹。安和地区の地蔵堂境内にひっそりとたずんでいる。

☎0889-42-8591(須崎市教育委員会) 所 高知県須崎市安和 交 JR安和駅から徒歩7分 P あり

### 須崎名物「鍋焼きラーメン」
須崎を代表するご当地グルメ。市内には約40軒の店があり、子どもから大人まで、多くの庶民に愛されている。

### シンプルで素朴な味
## 橋本食堂
はしもとしょくどう
須崎 MAP 付録P.30 A-1

鶏ガラだしの効いた、旨みの強い醤油スープが人気。土鍋に入っているので最後までアツアツがいただける。お腹に余裕のある人は、シメにご飯を入れて。

☎0889-42-2201 所 高知県須崎市横町4-19 営 11:00～15:00 休 日曜、祝日 交 JR須崎駅から車で5分 P あり

↑老若男女に愛される食堂

→スープに麺がよく絡む。普通550円

港町・久礼でカツオを堪能する

# DRIVE SHIKOKU

## 爽やかな空気が流れる天空の楽園
## 四国カルストに車を走らせる

# 広大な高原の風を感じて

開放的な景観の大パノラマが2県をつなぐカルスト台地。屈強な石灰石や牧草地帯など、見どころが多いのも魅力。

### 四国カルストはどんなところ？

**愛媛と高知の県境、東西25km続く高原地**

標高1000〜1500mの高原に位置する四国カルストは、山口県の秋吉台、福岡県の平尾台と並ぶ日本三大カルストのひとつ。白い石灰岩や可憐な高原植物が見られる台地には春から秋にかけて牛の放牧が行われ、見渡す限りの大パノラマが堪能できる。

↑冬は通行止めになることも

### カルストについてより深く知るなら

**カルスト学習館**
カルストがくしゅうかん

独特の地形を持つ四国カルストが、形成されるまでを学べる場所。また、高原の動植物も紹介。

MAP 付録P.25 F-4
☎0889-62-3371
所 高知県津野町芳生野4921-22
営 4〜11月 8:30〜17:00
休 月・火曜（祝日の場合は開館）
交 須崎東ICから車で1時間20分
P あり

↑カルスト関係の展示が充実

## 1 天狗高原
てんぐこうげん

MAP 付録P.25 F-4

**四国カルストの最高峰**

草原の中に石灰岩が露出した、四国カルストを代表する景勝地。眼下に山々が連なる、雄大な景観が見もの。

☎0889-55-2021（津野町産業課）
所 高知県高岡郡津野町ほか
交 須崎東ICから車で1時間15分
P あり

→遊歩道や宿泊施設、キャンプ場なども整備されている

## 2 五段高原
ごだんこうげん

MAP 付録P.25 F-4

**牧草地に爽快な風が吹く**

石灰岩が点在する牧草地に牛が放牧され、のどかな景色が見渡せる。天気が良ければ頂上から太平洋が見えることも。

☎0892-21-1111（久万高原町役場）
所 愛媛県上浮穴郡久万高原町ほか
交 須崎東ICから車で1時間20分
P あり

→緑の草原に映える風力発電の白い風車が印象的

→高原植物を眺めながら、のんびりと散策を

### 3 姫鶴平
めづるだいら

MAP 付録P.25 E-4

**空に手が届きそうな"四国の屋根"**

青空と牧草地が見渡す限り広がる、四国カルストの中央地点。四国山脈が一望できる広場や、宿泊施設もある。
- ☎0892-21-1111(久万高原町役場)
- 所 愛媛県上浮穴郡久万高原町ほか
- 交 須崎東ICから車で1時間25分 Pあり

### 4 大野ヶ原
おおのがはら

MAP 付録P.25 D-4

**動物とふれあい、乳製品を満喫**

酪農が盛んで、牧場をはじめ乳製品を販売する店舗もある。高台にある源氏ヶ駄場からの眺めも見事。
- ☎0894-72-1115(西予市野村産業建設課)
- 所 愛媛県西予市野村町ほか
- 交 須崎東ICから車で1時間50分 Pあり

→悠々自適に過ごす牛の姿を見ることができる

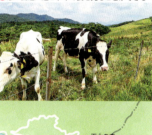

---

移動時間 ◆ 約2時間

## おすすめドライブルート

ドライブのメインルートは、四国カルストを東西に走る四国カルスト縦断線。東端の天狗高原を出発し西端の大野ヶ原に抜ける台地には牧草地が広がり、爽やかな高原の風が感じられる。

**須崎東IC**
すさきひがし

↓ 高知自動車道、国道197号
51km／約1時間15分

**1 天狗高原**
てんぐこうげん

↓ 県道383号
5km／約10分

**2 五段高原**
ごだんこうげん

↓ 県道383号
2km／約4分

**3 姫鶴平**
めづるだいら

↓ 県道383号
12km／約25分

**4 大野ヶ原**
おおのがはら

↓ 国道197号、高知自動車道
70km／約1時間50分

**須崎東IC**
すさきひがし

※大野ヶ原から四万十ICまで72km／約2時間、松山ICまで73km／約1時間50分

広大な高原の風を感じて

---

---

### ドライブ途中の休憩に

**地物食材を堪能できる**

## 姫鶴荘
めづるそう

MAP 付録P.25 E-4

四国カルストの中心地にあるレストラン。久万高原町の食材を使用した料理が味わえる。

→店内からも眺望が楽しめる

- ☎0892-55-0057
- 所 愛媛県上浮穴郡久万高原町西谷8109
- 営 9:00～16:30(LO) 休 11月末～4月1日
- 交 須崎東ICから車で1時間25分 Pあり

→久万高原町で育ったあまごの料理は看板メニュー。あまごのフライ864円、あまごの塩焼き 648円

**牧場のこだわりスイーツ**

## カフェ もみの木
カフェ もみのき

MAP 付録P.25 D-4

大野ヶ原高原のカフェ。添加物を使用しないなめらかな手作りチーズケーキや、搾りたての牛乳も用意。

- ☎0894-76-0230 所 愛媛県西予市野村町大野ヶ原210
- 営 9:30～18:00(季節により異なる) 休 不定休(冬季休業あり) 交 須崎東ICから車で1時間50分 Pあり

→これを目当てに訪れる人も多い人気の味。チーズケーキ400円

→濃厚だけど後味よい、自家製の無添加アイスクリーム

→カントリー雑貨なども販売している

## ゆったりと時間が流れる癒しの里
# 高知県
# 四万十川
しまんとがわ

### 清流と山の緑が織り成す日本の原風景

津野町に源を発し、ゆるやかに蛇行しながら太平洋へ注ぐ四国最長の四万十川。196kmの大河には見どころがあふれているが、中流の四万十市西土佐江川崎と、下流に位置する土佐の小京都・中村を拠点にした観光がおすすめだ。

**街の歩き方**：見どころの景色や沈下橋は、JR江川崎駅と土佐くろしお鉄道・中村駅の間に点在。サイクリングを楽しみながらの散策や、高知西南交通の周遊観光バスも活用したい。

高知 ● 四万十川 ● 歩く・観る

## 雄大な自然を全身で感じ取る
# 悠久の美景
# 日本最後の清流

澄みわたる大河の流れと、渡された沈下橋がつくり上げる叙情。観光遊覧船に乗って四万十川の水辺を下り、ゆるやかな時間を過ごしたい。

### 四万十川
しまんとがわ

**MAP** 付録P.6 B-4

**津野町不入山(いらずやま)から支流を集めて大河へ
川エビやうなぎなどグルメも味わえる**

本流に大きなダムがないことから「日本最後の清流」と呼ばれる。しかし、流域の魅力はその水質よりも、悠々とした川の流れと沈下橋、そして周囲の山々と大空が醸すのどかな景観にある。サイクリングや観光遊覧船を利用し、穏やかな県西部の雰囲気を楽しみたい。
☎0880-35-4171(四万十市観光協会)
⌂高知県四万十市ほか

四万十市観光協会 ☎0880-35-4171 ⌂高知県四万十市右山383-15
⏰8:30〜17:30 休無休 🚃土佐くろしお鉄道・中村駅から徒歩5分

128

## 沈下橋のある風景を眺める

四万十川のシンボルといえる47本の沈下橋。台風や豪雨が多い地域ならではの欄干のない橋で、川が増水した際、水面下に沈むよう作られている。今でも生活道路として使用され、四万十川流域のおおらかな景観に見事に調和している。

**勝間沈下橋**
かつまちんかばし
MAP 付録P.7 E-3

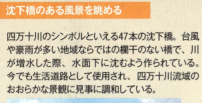

**佐田沈下橋**
さだちんかばし
MAP 付録P.7 E-3

**岩間沈下橋**
いわまちんかばし
MAP 付録P.7 D-2

悠久の美景 日本最後の清流

# 船から、橋の上から、四万十川を楽しむ
# 大河の多彩な景色

爽やかな風と走るサイクリングや、水面に近づく観光船。
さまざまな場所から、思い出に残る風景を見つけたい。

## 自転車で川沿いをサイクリング

### 四万十川りんりんサイクル
しまんとがわりんりんサイクル
江川崎ほか MAP 付録P.7 D-2

**乗り捨て可の貸し自転車で爽快なサイクリング**

レンタサイクルでのんびりと周遊できる。貸し出し・返却のできる場所は、ふるさと案内所、川の駅カヌー館、四万十楽舎、しゃえんじり、かわらっこ、新ロイヤルホテル四万十、四万十市観光協会の7か所あり、自由に選択できる。

☎0880-52-2121(川の駅カヌー館) ⑰高知県四万十市西土佐用井1111-11 ⑭8:30〜17:00(前日までに要予約) ㊡ターミナルにより異なる ㊎1日レンタル1500円ほか ㊋JR江川崎駅から車で2分 Ⓟあり

↑ルート案内もしてくれる

↑美しい四万十川に沿ってサイクリング

↑川の駅カヌー館のターミナル前

## 舟や観光船で清流を下る

### 四万十の碧
しまんとのあお
中村 MAP 付録P.7 E-3

**屋形船に乗って下流域の豊かな表情を堪能**

変化に富んだ川をゆく航路が自慢。のどかな雰囲気の川沿いや、佐田沈下橋、三里沈下橋などの絶景ポイントも見られる。予約をすれば、船内で食事をいただくことも可能。

☎0880-38-2000 ⑰高知県四万十市三里1446 ⑭9:00〜16:00の1時間おきに運航 ㊡荒天時 ㊎60分コース2000円〜 ㊋土佐くろしお鉄道・中村駅から車で25分 Ⓟあり

↑屋形船で沈下橋をくぐる

↑窓は開放され清流のせせらぎが間近に聞こえる

### 四万十かっぱ川舟下り
しまんとかっぱかわふねくだり
十川 MAP 付録P.7 E-2

**船頭による昔話を聞きながら手漕ぎの川舟で川下りを**

下流域とは異なる、中上流域の魅力が楽しめる。船頭は地元の漁師。コース途中の「盗人河原」で川のせせらぎに耳を澄ませてみて。

☎0880-29-1005 ⑰高知県高岡郡四万十町十和川口35-1 ⑭10:00〜15:00(乗船時刻、1日4便運航) ㊡荒天時 ㊎2000円 ㊋JR十川駅から車で5分 Ⓟあり

↑船頭の巧みな手漕ぎの技術で川下りを満喫。運航日は事前に問い合わせたい

## 川の恵みが堪能できる立ち寄り店

### 食と空間が織りなすドラマ
### 味劇場ちか
あじげきじょうちか

四万十市屈指の人気店。厨房を舞台に見立てた劇場空間で、料理人が調理する過程を眺めながら食事が楽しめる。

中村 **MAP** 付録P.6 A-4
☎0880-34-5041 所高知県四万十市中村新町1-39-2 営17:00～23:00(LO22:15) 休無休 交土佐くろしお鉄道・中村駅から車で5分 Pあり

↑香ばしさと旨みが口の中で広がる焼サバ姿寿司。1本1728円

←青さのり天ぷら626円。サクサク食感と海苔の上品な香りが絶妙

### 清流の天然の幸を生かした老舗
### 川漁師の店 四万十屋
かわりょうしのみせ しまんとや

四万十川で獲れた天然ものを使い、手作り・無添加による地元料理を提供。2階は四万十川の眺めが堪能できる。

中村 **MAP** 付録P.6 B-4
☎0880-36-2828 所高知県四万十市山路2494-1 営10:00～16:00(売店は9:00～17:00) 休無休 交土佐くろしお鉄道・中村駅から車で7分 Pあり

↑風味と食感が楽しめる川エビから揚げ。580円

←天然うな重3880円。炭火で素焼きしたうなぎを甘辛ダレで

**注目ポイント**

### 四万十川の伝統漁法

川とともに生きてきた四万十川の川漁師。船上でかがり火を振る鮎の火振り漁や、サザエの貝殻を結んだロープでゴリを追い込むゴリのガラ曳き漁、枝を川に沈める柴づけ漁など、さまざまな伝統漁法が今に受け継がれている。

うなぎ
鮎

↑束ねた笹の束を仕掛け、川エビやうなぎを獲る柴づけ漁

大河の多彩な景色

## ひと足延ばして砂浜の美術館へ

### 砂浜美術館
すなはまびじゅつかん

黒潮町 **MAP** 付録P.7 E-3

### 砂浜にはためくTシャツアート

美しい砂浜を中心に街全体をフィールドに「作品」を発信する、建物のない美術館。毎年5月に開催するTシャツアート展や、11月半ばのキルト展がとくに人気。

☎0880-43-4915 所高知県幡多郡黒潮町入野 営散策自由 料無料(イベント時は協力金300円) 交土佐くろしお鉄道・土佐入野駅から徒歩10分 Pあり

↑海岸に流れ着いた物が作品になる「漂流物展」

↑パッチワークキルトを展示する「潮風のキルト展」

↑キャンバスに見立てたTシャツが風になびく、人気の「Tシャツアート展」

### 黒潮が接岸する四国の最南端
# 高知県
# 足摺・竜串
あしずり・たつくし

**大海を望む足摺半島で地球の鼓動を体感**

四国最南端に位置する土佐清水市は、断崖に白波が砕ける足摺岬をはじめ、奇岩が点在する竜串海岸など、自然の造形美が見られる街だ。清水サバや宗田節の産地として知られ、また釣りのメッカでもあり、新鮮な魚介も楽しめる。

**街の歩き方**：足摺岬から竜串公園一帯への移動は車がおすすめ。県道348号の足摺スカイラインを経由して約40分。高知西南交通バスも利用できるが本数が少ないので注意。

高知　足摺・竜串●歩く・観る

### 足摺岬
あしずりみさき
**MAP** 付録P.30 C-4

**岬の断崖に波しぶきが上がる
迫力ある大自然を目の前に**

視界270度の展望台が2か所あり、遥かに見えるアーチ状の水平線と、変化に富んだ海岸線が見渡せる。断崖に立つ灯台は日本最大の規模。
☎0880-82-3155（土佐清水市観光協会）
所 高知県土佐清水市足摺岬　開 休 料 散策自由　交 土佐くろしお鉄道・中村駅から車で1時間5分　P あり

132　足摺岬観光案内所　☎0880-88-1551　所 高知県土佐清水市足摺岬1349　開 金〜日曜、祝日9:00〜16:00　休 月〜木曜　交 土佐くろしお鉄道・中村駅から車で1時間5分

## 竜串海域公園
たつくしかいいきこうえん
**MAP** 付録P.30 A-3

### 素晴らしい海中景観を ダイビングやボートで観賞

日本で初めて海中国定公園に指定。日本一の規模を誇るシコロサンゴの群落地など、美しい海中をグラスボートで楽しみたい。

↑ハチの巣のような浸食の跡が特徴的

☎0880-82-3155(土佐清水市観光協会)
所高知県土佐清水市竜串 料休散策自由 交土佐くろしお鉄道・中村駅から車で50分 Pあり

↑竜串海岸には、海蝕や風蝕によってできた珍しい岩が多い

## ジョン万次郎資料館
ジョンまんじろうしりょうかん
**MAP** 付録P.30 B-3

### 海の駅 あしずり内にある ジョン万次郎ゆかりの国際交流の館

土佐清水の貧しい漁師の家に生まれた万次郎。漂流後アメリカで学び、帰国後は日本の外交に多大な貢献をした。彼の生涯をわかりやすく展示、再現している。

☎0880-82-3155(土佐清水市観光協会) 所高知県土佐清水市養老303 料8:30~17:00 休無休 料400円 交土佐くろしお鉄道・中村駅から車で45分 Pあり

↑スポットごとに、ジョン万次郎の生涯を紹介　↑漂流から帰国までの経緯をジオラマで再現

## 足摺海底館
あしずりかいていかん
**MAP** 付録P.30 A-3

### 中四国唯一の海中展望塔で 自然の海の中を散歩

7mのらせん階段を下りた先に、海中窓が付いた展望室がある。サンゴ礁や、自由に泳ぎ回る色とりどりの熱帯魚が観賞できる。

↑囲いのないシンプルな構造の海底館

☎0880-85-0201 所高知県土佐清水市三崎4124-1 料8:30(9~3月9:00)~17:00 休無休 料900円 交土佐くろしお鉄道・中村駅から車で50分 Pあり

### 立ち寄りスポット

#### 竜串観光汽船
たつくしかんこうきせん
**MAP** 付録P.30 A-3

竜串海域公園にはグラスボートが運航しており、ガラス越しに奇勝やサンゴ、熱帯魚が鑑賞できる。

☎0880-85-0037 所高知県土佐清水市竜串19-10 料8:00~17:00(12~2月は~16:00) 休無休 料往復1560円 交土佐くろしお鉄道・中村駅から車で50分 Pあり

↑船から海中をのぞく

黒潮が接岸する四国の最南端

---

## 足摺岬周辺の見どころ

### 日本最大級の花崗岩洞門
#### 白山洞門
はくさんどうもん
**MAP** 付録P.30 C-4

海蝕によってできた、高さ16m幅17mの洞門。海岸に続く遊歩道で、間近まで歩いて行ける。

所高知県土佐清水市足摺岬 交土佐くろしお鉄道・中村駅から車で1時間

↑大波がつくり出した海岸のオブジェ

### 圧巻の巨大な亜熱帯常緑樹
#### 松尾のアコウ
まつおのアコウ
**MAP** 付録P.30 C-4

松尾神社の境内にある、樹齢約300年の巨樹。大正時代に国の天然記念物に指定された。

所高知県土佐清水市松尾 交土佐くろしお鉄道・中村駅から車で1時間

↑周囲9m、樹高が25mもある

### 巨石に秘められたミステリー
#### 唐人駄場遺跡巨石群
とうじんだばいせききょせきぐん
**MAP** 付録P.30 C-4

一帯からは縄文~弥生時代にかけての石器や土器片が数多く出土。6~7mもの巨石群にはいまだ謎が多い。

所高知県土佐清水市松尾 交土佐くろしお鉄道・中村駅から車で1時間

↑移動法や研削法はいまも不明

期せずして西洋文明に飛び込んだ青年の波乱に満ちた人生

# ジョン万次郎と日本の近代

少年時代に漂流を経験してアメリカへ渡り、西洋の最先端の教育を受けて帰国した万次郎。
鎖国と開国で揺れる日本にリアルな西洋事情を伝え、日本の近代化を後押しした。

## 14歳で漂流し、無人島生活を経験

ジョン万次郎こと中浜万次郎は、文政10年（1827）、足摺岬近くの幡多郡中浜（土佐清水市）で、漁師を営む家に生まれた。父を9歳で亡くし、10歳から働きに出て家計を助けた。宇佐浦（土佐市）の漁船で働いていた天保12年（1841）、14歳の万次郎は船仲間と出漁中に嵐に遭い漂流する。無人島の鳥島にたどり着いた5人に、過酷な無人島生活が待っていた。漂流から143日目、アメリカの捕鯨船ジョン・ホーランド号に発見され、奇跡的に救出される。
しかし、鎖国中の日本に外国船は近づくことができず、仮に戻ったとしても脱国とみなされれば命の保証もなく、万次郎たちの帰郷はかなわなかった。

## アメリカで非凡な才能を発揮する

5人を乗せたジョン・ホーランド号は捕鯨航海をしながら5か月後にハワイ・ホノルル港に停泊。万次郎以外の4人は下船した。船長のホイットフィールドは、少年・万次郎の利発さや人柄が気に入り、アメリカへともなった。天保14年（1843）、母港のマサチューセッツ州ニューベッドフォードへ帰港。異国の地を踏んだ万次郎は、船名をとってジョン・マンと呼ばれた。船長のもとで学校へ通い、首席となる秀才ぶりを発揮し、卒業後は捕鯨船フランクリン号に乗り、航海途中で一等航海士となった。ゴールドラッシュに沸くサンフランシスコの金山で稼ぎ、帰国の準備も進めた。

## ついに仲間とともに帰国の途へ

金鉱で稼いだお金で上陸用の手漕ぎボートを手に入れた万次郎は、中国行きの商船に乗り込み仲間の待つハワイへ向かう。仲間のうち1人は病死し、もう1人は地元女性と結婚してハワイにとどまることを決意。残る2人とホノルルを出航した。日本の近くにたどり着くと、用意したボートに乗り換え、薩摩藩領の琉球（沖縄）に上陸。嘉永4年（1851）、出国前14歳だった万次郎は24歳になっていた。

## 幕末の日本で海外事情通として活躍

帰国後は本土へ送られ、薩摩藩などから長期間の尋問を受ける。翌年、ようやく故郷の土佐へ戻り、11年ぶりに母親と再会する。土佐藩の聴取で万次郎が語った異国話は藩主・山内容堂の耳にも入り、取り調べをした絵師・河田小龍がまとめた『漂巽紀略』の写本は、多くの大名に読まれた。
万次郎が土佐藩校・教授館で教授となった嘉永6年（1853）、ペリーが日本に来航する。万次郎は幕府の役人に取り立てられ、造船指導や英会話の教授などで活躍。開国に向けて日米和親条約の締結に尽力した。万延元年（1860）には、日米修好通商条約批准のための海外使節団の一員として咸臨丸に乗船し、アメリカを再訪する。維新後は、開成学校（現・東京大学）の教授を務め、明治31年（1898）、71歳で波乱の生涯を閉じた。

### 漂流からアメリカに上陸するまでの軌跡

⇧ 中浜万次郎は帰国後、幕府に招聘され直参旗本として迎えられた。ペリー来航に揺れる日本にとって、彼の知識と経験が不可欠であった

| 西暦 | 元号 | 事項 |
|---|---|---|
| 1827 | 文政10 | 土佐の中浜(現・高知県土佐清水市)で、漁師の次男として誕生した |
| 1841 | 天保12 | 漁に出て遭難 |
| 1843 | 14 | アメリカで英語や航海術など、幅広く学ぶ |
| 1850 | 嘉永3 | サンフランシスコの鉱山で働き帰国費用を貯める |
| 1851 | 4 | 琉球に上陸 |
| 1852 | 5 | 11年ぶりに帰郷 |
| 1853 | 6 | 幕府に招聘される |
| 1854 | 安政元 | 結婚 |
| 1860 | 万延元 | 咸臨丸(船長・勝海舟)に乗り渡米 |
| 1866 | 慶応2 | 開成館の開校に参加 |
| 1869 | 明治2 | 開成学校(現・東京大学)の教授に就任 |
| 1870 | 3 | 渡欧 |
| 1898 | 31 | 死去。71歳 |

### ジョン万次郎と関わった人物

**坂本龍馬** 天保6年~慶応3年(1836~1867)
土佐勤王党に入る以前、土佐に帰郷した折に、万次郎の見聞した異国事情を河田小龍から伝え聞いている。

**岩崎弥太郎** 天保5年~明治18年(1835~1885)
土佐藩校・教授館で、教授の万次郎から語学や海運、造船などを学んだ。やがて、三菱財閥の創業者となる。

**勝海舟** 文政6年~明治32年(1823~1899)
日米修好通商条約批准交換のために派遣された使節団の船・咸臨丸の艦長として万次郎とともに渡米した。

**福沢諭吉** 天保5年~明治34年(1835~1901)
万次郎と咸臨丸に乗船。万次郎に勧められ『ウェブスター大辞書』を持ち帰った。その8年後に慶應義塾を創設。

**板垣退助** 天保8年~大正8年(1837~1919)
明治の自由民権運動の主導者といわれる。同郷である万次郎から少なからぬ影響を受けた。

## ジョン万次郎資料館 →P.133
ジョンまんじろうしりょうかん
足摺 MAP 付録P.30 B-3
ジョン万次郎の生涯を、さまざま資料を用いて展示・解説している。

## 鯨とともに歩む土佐の海洋文化
# 捕鯨の歴史と
# ホエールウォッチング

鯨と土佐は切っても切り離せない関係にある。長宗我部元親は、浦戸から大阪湾へ鯨を持ち込み秀吉を驚かせた、という逸話も残るほど。

### 江戸時代に生まれた土佐の捕鯨

　土佐湾は日本有数のクジラの生息域として知られている。土佐の捕鯨は江戸初期に始まり、モリで突く原始的な漁法で行なわれ、17世紀後半に網で追い込む「網取り式」に代わって捕獲数を増やしていった。英米の遠洋式捕鯨船団が沖合で操業を始めると、土佐捕鯨はしだいに衰退する。民間捕鯨集団の鯨組が取り仕切っていたが、幕末以降は藩の管理下に置かれた。土佐で約300年続いた捕鯨は、昭和初期にその幕を閉じる。今ではホエールウォッチングが盛んに行なわれている。

↑鯨を解体する作業の様子が描かれている『捕鯨絵図第四図』

### ホエールウォッチング - 鯨を見に行く

## ホエールウォッチングin桂浜
ホエールウォッチングインかつらはま
高知・桂浜 MAP 付録P.27 E-4
☎088-848-0639　所高知県高知市浦戸18-1 浦戸漁港
時4月末~9月末頃8:00、13:00(6・10月は8:30のみ)、所要4時間
料乗船料6000円(ガイド、ドリンク付)
交JR高知駅から車で30分

## 大方ホエールウォッチング
おおかたホエールウォッチング
高知・黒潮町 MAP 付録P.7 F-3
☎0880-43-1058　所高知県幡多郡黒潮町入野227(入野漁港)
時4月末~10月中旬8:00、10:00、12:00、所要4時間
料乗船料6000円(ガイド、ドリンク付)
交土佐くろしお鉄道・土佐入野駅から徒歩20分

※上記以外でもホエールウォッチングは開催されています。
詳細はhttps://www.attaka.or.jp

ジョン万次郎と日本の近代

黒潮が躍る地、高知県東部へ
# 高知県
## 室戸・安芸
むろと・あき

**抜けるような青い空と海に心洗われる**

高知県の東南端に位置する室戸市は、澄んだ青空に亜熱帯樹林と岩礁が映える南国の街だ。空海の修行の地で、近年は海洋深層水でも知られる。また県東部の中心都市・安芸市も、武家屋敷など歴史的な見どころが多い。

**街の歩き方**：室戸岬周辺は車移動が中心。土佐くろしお鉄道・安芸駅から室戸岬まで海岸沿いに車で1時間。安芸市内の散策なら、車は野良時計の東側にある無料駐車場を利用したい。

高知／室戸・安芸●歩く・観る

**豪快な海のしぶきと奇岩が作り出す室戸の絶景**

## 地平線へ続く太平洋を眺めて

高知市から車で約2時間。南方一面に太平洋が広がり、地球の偉大さを実感できる。行き交う船を眺めながら、悠々と流れる時を感じたい。

### 室戸岬
むろとみさき
**MAP** 付録P.31 F-2

**豪快な波が打ち寄せる岬「台風銀座」としても有名**

浸食された岩礁や隆起した海岸に荒波が打ち寄せる、日本八景のひとつ。岬には北川村出身の幕末の志士・中岡慎太郎の像があり、その横には「恋人の聖地」に認定された展望台が立つ。

☎ 0887-22-5161（室戸市観光ジオパーク推進課） 所 高知県室戸市室戸岬町 交 土佐くろしお鉄道・奈半利駅から車で40分

## 室戸岬周辺の見どころ

### 若き日の空海が悟りを開いた地
**御厨人窟**
みくろど
**MAP** 付録P.31 F-2
約1200年前に空海が修行の際、住居として使っていたと伝わる洞窟。

所 高知県室戸市室戸岬町 交 土佐くろしお鉄道・奈半利駅から車で40分 ※2016年現在、落石のため立入禁止

ここから見える空と海が名前の由来という

### ダイナミックな海岸風景を観賞
**乱礁遊歩道**
らんしょうゆうほどう
**MAP** 付録P.31 F-2
室戸岬から東に約2km続く遊歩道。亜熱帯植物や奇岩が見られるほか、空海ゆかりの史跡も点在している。

所 高知県室戸市室戸岬町 交 土佐くろしお鉄道・奈半利駅から車で40分

波に削られた奇岩に、地球の営みを実感

**室戸市観光協会案内所** ☎ 0887-22-0574 所 高知県室戸市室戸岬町1810-2（2016年11月頃移転予定あり） 営 8:30〜17:00 休 無休 交 土佐くろしお鉄道・奈半利駅から車で40分

白亜の灯台が漁師や航海者たちの安全を守る。レンズの大きさは日本最大級で光達距離も日本一。貴重な地形を有する室戸市全域は、ユネスコ世界ジオパークに加盟認定

## 室戸の海洋深層水を体感する

海洋深層水は、地球の両極付近の深海で生まれる。室戸には、ミネラルバランスにすぐれ栄養性にも富んだ海洋深層水があり、健康・美容・水産・農業など多方面に活用されており、近年注目が集まっている。

### シレスト室戸
シレストむろと

**MAP** 付録P.31 F-2

#### 海洋深層水で健康増進

室戸海洋深層水のプールや風呂があり、レストランや売店も併設している。

↑ 約34℃の温水プール

☎0887-22-6610
所 高知県室戸市室戸岬町3795-1
営 10:00～21:00(金・土曜、祝前日は～22:00) 料 1300円など 休 第2水曜 交 土佐くろしお鉄道・奈半利駅から車で40分 P あり

↑ 海洋深層水の露天風呂

### 星野リゾート ウトコ オーベルジュ＆スパ
ほしのリゾート ウトコ オーベルジュ＆スパ

**MAP** 付録P.31 F-2  ➡ P.32

#### ディープシーテラピー体験

海洋深層水のプールでのんびり体を水に浮かべたり、ストレッチを行ない心身を解放できる。また、海泥や海藻を使ったスパトリートメントが女性に人気。滞在型のスパプログラムも用意している。
※宿泊者限定メニュー

↑ 多彩なメニューでリラックス

地平線へ続く太平洋を眺めて

---

### 道の駅 キラメッセ室戸に立ち寄り

#### 食遊鯨の郷
しょくゆういさのごう

捕鯨の歴史を感じさせる鯨料理がおすすめ。刺身、竜田揚げ、たたき、さえずり（舌）の酢味噌和えが味わえる「鯨御膳」はボリューム満点。

**MAP** 付録P.31 D-1

☎0887-25-3500
所 高知県室戸市吉良川町丙890-11
営 10:00～20:00(11～2月は～19:30) LOは各30分前 休 月曜(祝日の場合は翌日休) 交 土佐くろしお鉄道・奈半利駅から車で25分 P あり
※2017年1月下旬まで改装休業中

↑ 鯨肉を使った「鯨ジャーキー」432円

↑ 4種類の鯨メニューが楽しめる「鯨御膳」2500円

#### 鯨館
くじらかん

ザトウクジラやマッコウクジラの骨格標本、ジオラマ、捕鯨の道具など300点以上を展示。鯨の生態と捕鯨の歴史を理解できる。

**MAP** 付録P.31 D-1

☎0887-25-3377
所 高知県室戸市吉良川町丙890-11
営 9:00～17:00 休 月曜(祝日の場合は翌日休) 料 300円 交 土佐くろしお鉄道・奈半利駅から車で25分 P あり

↑ 復元された勢子舟が見事

## ゆるやかな時間が流れる街に寄り道
# 安芸 懐かしの昔町情緒

田園地帯に昔ながらの建物が残る、あたたかな雰囲気の安芸市。
この地に栄えた文化や歴史をたどり、彼方に思いを馳せてみたい。

○ 家に時計がなかった当時、周辺で農作業をする人がこの時計のおかげで時間を知ることができたという

### 野良時計
のらどけい
MAP 付録 P.31 E-4

**120年の時を刻んだ櫓時計
今も市民を見守り続ける**

地元の大地主が明治の中頃、独学で作り上げた。のどかな田園風景に調和する、安芸を象徴する存在だ。
☎0887-34-8344（安芸観光情報センター）　所高知県安芸市土居　問外観のみ見学自由　交土佐くろしお鉄道・安芸駅から車で5分　Pあり

#### 注目ポイント
**岩崎弥太郎生家が残る地**
いわさきやたろう

三菱グループの創業者、岩崎弥太郎は安芸出身で、郊外に彼の生家が修復保存されている。三菱マークの原型といわれる家紋にも注目。
○ 動乱期に飛躍した偉人生誕の地

### 土居廓中武家屋敷
どいかちゅうぶけやしき
MAP 付録 P.31 E-3

**藩政期の歴史を今に伝える
生垣が印象的な街並**

土佐藩の家老・五藤家が形成した武家町。安芸氏代々の居城跡近くに、うばめ樫の生垣や河原石の練り塀など昔の街並が残されている。
☎0887-34-8344（安芸観光情報センター）　所高知県安芸市土居　問外観のみ見学自由　交土佐くろしお鉄道・安芸駅から車で7分　Pあり

○ 狭い通りに面し、特徴的な生垣が見られる

### 野村家住宅
のむらけじゅうたく
MAP 付録 P.31 E-3

**当時の建築様式が見られる
家老に仕えた上級家臣の館**

土居廓中武家屋敷のなかで唯一、一般公開されている。江戸時代の特徴的な武家様式が見られる間取りで、凝った構造が興味深い。
☎0887-34-8344（安芸観光情報センター）　所高知県安芸市土居　問8:00～17:00　休無休　交土佐くろしお鉄道・安芸駅から車で7分　Pあり

○ 武者隠しの壁など、武家屋敷らしい間取り

安芸観光情報センター　☎0887-34-8344　所高知県安芸市矢ノ丸1-4-32
問8:30～17:30　休無休　交土佐くろしお鉄道・安芸駅から徒歩5分

## 安芸から足を延ばして

### モネと中岡慎太郎の面影
# 北川村
きたがわむら

有数の柚子の産地である一方、「モネの庭」や「中岡慎太郎館・同復元生家」などの観光施設も充実。

## 北川村「モネの庭」マルモッタン
きたがわむら モネのにわ マルモッタン
**MAP** 付録P.9 E-3

### 世界に2つしかないモネの庭

印象派の画家クロード・モネの庭園を日本に作り上げた。光・水・花をテーマにした庭があり、春から秋にかけて四季折々の花々が咲き乱れる。

☎0887-32-1233 所高知県安芸郡北川村野友甲1100 営10:00～17:00(最終入園は16:30) 休火曜(祝日の場合は営業)、1月10日～2月末 料700円 交土佐くろしお鉄道・奈半利駅から車で10分 Pあり

→数々の睡蓮が咲く「水の庭」では、モネが最後まで栽培できなかったという青い睡蓮が見られる

→モネの絵をイメージした「光の庭」

### 庭園に咲く季節の花々を観賞しよう

チューリップ 3～4月 / スイレン 5～10月 / ルドベキア 6～10月 / ダリア 7～10月

安芸 懐かしの昔町情緒

---

## 安芸から足を延ばして

### ゆずの香りが漂う森の里
# 馬路村
うまじむら

約96％が山林で、ゆずの村として知られる馬路村。ゆず加工品のほか、木工製品と温泉も人気。

## 馬路村ふるさとセンター まかいちょって家
うまじむらふるさとセンター まかいちょってや
**MAP** 付録P.9 E-2

### 馬路のことなら「任せといて」

馬路村の入口にある総合観光案内所。定番のゆず製品のほか、高知県の県木「魚梁瀬杉」の木工芸品が購入できる。奥に休憩コーナーあり。

☎0887-44-2133 所高知県安芸郡馬路村馬路382-1 営9:00～17:00 休無休 交土佐くろしお鉄道・安田駅から車で30分 Pあり

→はちみつ、ゆず、水のみで作られた「ごっくん馬路村」180ml 110円

→「ぽん酢しょうゆ 1000人の村」360ml 470円(左)、「馬路ずしの素」500ml 630円(右)

→「umaji化粧水 ゆずの花」150ml 2520円(左)、「umaji クリーム ゆずの花」30ml 3510円(右)

→ゆずを使った商品が充実

### 注目ポイント
### 木材運搬の歴史を知る

材木を運搬するために使われたトロッコ列車を復元した「森林鉄道」や、伐り出した材木を山から運び出すときに使った水力の「インクライン」に乗車できる。いずれも運行は日祝だけなので注意。

→森林鉄道の料金は、2周で400円

→インクラインは、往復で400円

## 真夏の二大祭りを訪れる
# 南国を彩る華麗な舞

伝統的な祭りと舞には、力強さや繊細さ、時代を超えて継承された美が宿る。特徴ある圧巻の演舞に魅了されたい。

特集●南国を彩る華麗なる舞

### 四国三大祭りのひとつ
## よさこい祭り
よさこいまつり

鳴子を打ち鳴らし、大音量の音楽に合わせて派手な衣装の踊り子たちが舞う。全国各地に広まったよさこい祭りのルーツがここにある。

↑連帯ごとにそろった、華やかな衣装で演舞を披露する。色とりどりの装いも見応えがある

### 踊り子たちの迫力に圧倒される
### 4日間のカーニバル

　高知の夏の風物詩、よさこい祭り。昭和29年(1954)に地元の有志が経済復興の足がかりにすべく企画したのが始まり。踊りは特設の舞台の上で行なわれたという。それがしだいに全国規模となり、大阪万博にも参加、海外でも披露されるようになった。
　現在のよさこい祭りは約200チーム、約1万9000人もの踊り子たちが舞い踊る。「鳴子を鳴らし前進する踊りであること」以外は自由なため、チームの衣装や音楽、踊りは個性豊か。踊り子たちの一糸乱れぬ動きは圧巻だ。

### 市内16か所に点在する
### バラエティに富んだ会場

　10・11日の祭り本番では、すべてのチームが演舞を行なう。会場によって日時が異なるので、目当てのチームがあるなら事前に確認が必要だ。大型のステージに映えるパフォーマンスを行なう中央公園競演場、4車線を使ってのびのびと踊る追手筋本部競演場や梅ノ辻競演場など、それぞれのステージに合わせた踊りが見られる。

→朱色、黄色、黒の昔ながらの色使いの鳴子。軽快な音が響きわたる

### 見学information

#### 開催時期と旅のプラン
毎年8月9〜12日に行なわれる。9日は前夜祭と花火、10・11日は本番、12日には全国大会と後夜祭が開催される。

#### 見学場所
市内に9か所の競演場、7か所の演舞場がある。追手筋本部競演場にある有料の桟敷席はゆったりと見学したい人におすすめだ。

#### 参加する方法
「あったか高知踊り子隊」「市民憲章よさこい踊り子隊」に参加すれば、チームに所属していなくてもよさこい祭りに参加することができる。申し込みについては事前に確認を。

←子どもを中心とした連帯もある。年齢問わずに楽しく踊り、全身で表現する

#### 問い合わせ
よさこい祭振興会 ☎088-875-1178
高知市観光協会 ☎088-823-4016

### 日本三大盆踊りのひとつ
# 阿波おどり
あわおどり

お囃子の音に合わせて老若男女の踊り子たちが街中を練り歩く。かけ声が頭から離れなくなったら、あなたも踊る阿呆の仲間入りだ。

↑力強く乱舞する「男踊り」は、腰を落として地面を這うように踊るのが見どころ

## 踊る阿呆も見る阿呆も熱気の渦に巻き込む4日間

阿波おどりは420年もの歴史がある伝統芸能。起源は明らかではないが、精霊踊りや念仏踊りがもとになっているという。その名のとおり旧阿波国である徳島が本場であり、現在全国各地で開催されている踊りは徳島県人会を中心に広まったものが多い。

二拍子の「よしこの」のリズムに合わせて、女踊りは艶っぽく上品に、男踊りは大きな振りで滑稽に踊るのが基本。踊り子たちの後ろには鉦や笛、三味線などの鳴り物が続く。18時から始まる祭りは4時間半ほど続き、市内一帯を盛り上げる。

## 演舞場では祭り気分を味わい街なかでは一緒に楽しむ

メイン会場は市内6か所の演舞場。桟敷席があるので、のんびりと祭りを満喫できる。無料演舞場の桟敷席は非常に混雑するので、事前の場所取りは必須。演舞場以外でも公園のステージを使ったおどり広場や、演舞場同士を結ぶおどりロードで、踊りを間近で見ることができる。飛び入り参加ができることもあるので積極的に楽しみたい。

←一糸乱れぬ「女踊り」は統一がとれた美しさで観客を魅了

## 見学information

### 開催時期と旅のプラン
毎年8月12〜15日に行なわれる。夜の部は18時開演。昼には有名連がショーを披露する「選抜阿波おどり大会」も開催される。

### 見学場所
演舞場では桟敷席でゆったり鑑賞できる。有料演舞場のチケットはネットやコンビニで購入できるので事前に用意しておきたい。

### 参加する方法
「にわか連」に加わることで飛び入り参加が可能。踊り当日の18時30分と20時30分に集合場所へ。有名連の踊り子のレッスンを受けて、演舞場での踊りに参加できる。

### 問い合わせ
徳島市観光協会 ☎088-622-4010
徳島市役所観光課 ☎088-621-5232

↑最後を彩る総踊りは会場も最高潮に達する

よさこい祭り／阿波おどり

こちらも見ておきたい四国の祭り
# おごそかな神事から奇祭・珍祭まで

市民参加型で一緒に楽しめる祭りや、格式ある神社の大祭など、特別な日の行事を間近で体感したい。

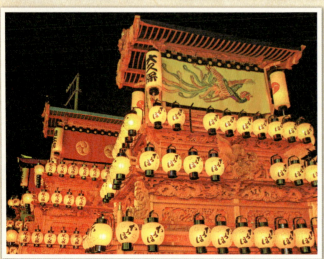

### 江戸時代から続く秋祭り
## 西条まつり
さいじょうまつり
**10月14〜16日開催　愛媛県西条市**

五穀豊穣を神に感謝する神事で、伊曽乃神社、嘉母神社、石岡神社、飯積神社の4つの神社の例大祭が次々に行なわれる。奉納されるだんじり、みこし、太鼓台など屋台の数は約150台。その数は日本一ともいわれる。彫刻で飾られた屋台の行列や、明かりの灯る提灯、響き渡る祭りばやしは会場を活気づけ、豪華絢爛だ。

問い合わせ
☎0897-52-1446(西条市観光物産課)
所 愛媛県西条市明屋敷164

⬇神社に奉納されるだんじり。100個を超える提灯が付けられる

特集●南国を彩る華麗なる舞

### 華やかな太鼓台が街を彩る
## 新居浜太鼓祭り
にいはまたいこまつり
**10月15〜18日開催　愛媛県新居浜市**

豊作を祝う秋祭りで、壮観な太鼓台が市内を練り歩く。いちばんの見どころである「かきくらべ」は、重さ約3tの太鼓台を男衆が担ぎ上げ、力比べをするというもの。意地のぶつかり合いが祭りを盛り上げる。

問い合わせ
☎0897-65-1261(新居浜市運輸観光課)
所 愛媛県新居浜市内各地

### 厄払いをする牛鬼は迫力満点
## うわじま牛鬼まつり
うわじまうしおにまつり
**7月22〜24日開催　愛媛県宇和島市**

毎年7月22日から3日間にわたって行なわれる。鬼の顔に長い首、赤い布やシュロで覆われた牛の胴体、剣のような尻尾を持つ「牛鬼」数十体が街中を練り歩く。花火大会やカーニバル、走り込み闘牛大会などイベントも豊富。

問い合わせ
☎0895-22-5555(うわじま牛鬼まつり実行委員会)
所 愛媛県宇和島市中央町1-6-12

### 進化し続ける野球拳は必見
## 松山まつり
まつやままつり
**8月中旬開催　愛媛県松山市**

昭和41年(1966)に四国四大祭りのひとつとして行なわれた「松山おどり」が始まり。松山発祥の野球拳をモチーフにした野球拳おどりや、野球サンバで盛り上がりをみせる。誰でも参加できる市民参加連もある。

問い合わせ
☎089-941-4111(松山まつり実行委員会)
所 愛媛県松山市大手町2-5-7

⬆地区により異なる鮮麗な太鼓台は迫力がある

⬆全長5〜6mの山車、「牛鬼」が練り歩く

⬆明るい衣装とエネルギーあふれる演舞は注目

### 五穀豊穣や豊魚を願う神事
# さぬき豊浜ちょうさ祭
さぬきとよはまちょうさまつり

**10月第2金〜日曜開催　観音寺市豊浜町**

ちょうさとは太鼓台である山車のこと。23台の伝統あるちょうさを、そろいの法被を着た人々が担ぎ上げる。最終日に行なわれる一宮神社でのかきくらべにはすべてのちょうさが集合し、いちばんの見どころとなる。

問い合わせ
☎ 0875-23-3933（さぬき豊浜ちょうさ祭実行委員会）
所 香川県観音寺市坂本町1-1-1

▶ 夕暮れどきになると、ちょうさに飾られた提灯が揺れ幻想的な雰囲気

▶ 一宮神社にはちょうさが集まり、神前奉納のかきくらべを行なう

### 1368段の石段を大行列が進む
# 金刀比羅宮例大祭
ことひらぐうれいたいさい

**10月9〜11日開催　香川県仲多度郡琴平**

こんぴらさんとして親しまれている神社の例大祭。10月10日の「お下がり」の日は大神様が門前町へ下りられる日だという。平安絵巻のような行列の御神輿渡御が夜間に石段を下りるさまは神聖かつ美しい。

問い合わせ
☎ 0877-75-2121（金刀比羅宮社務所）
所 香川県仲多度郡琴平町892-1

▶ 神輿は数百名がかりで支えられる。御本宮から町内の御神事場まで約2kmになる

おごそかな神事から奇祭・珍祭まで

### ハプニング続出の奇祭
# どろんこ祭り（御田植祭り）
どろんこまつり（おんだまつり）

**10月第1日曜開催　愛媛県西予市**

牛による代かきや、どろんこ劇となるあぜ豆植え、豊作を願う神事のさんばいおろしなどが行なわれる。平成12年（2000）には愛媛県の無形民俗文化財に指定された。

問い合わせ
☎ 0894-82-1116（西予市観光協会城川支部）
所 愛媛県西予市城川町土居

▶ 田植え始めに田の神を招き下ろすさんばいおろし

### 内子の河原に巨大凧が揚がる
# いかざき大凧合戦
いかざきおおだこがっせん

**5月5日開催　愛媛県喜多郡内子町**

県の無形民俗文化財に指定された約400年の歴史を持つ伝承行事。生まれた子どもの健やかな成長を祈願し、大凧に子どもの名前を書いて揚げたのが始まりとされる。「ガガリ」という刃物を備えた約500統の凧が揚がり、相手の糸を切りあう戦いは見もの。

問い合わせ
☎ 0893-44-2118
（内子町役場 町並・地域振興課）
所 愛媛県喜多郡内子町五十崎 豊秋河原

▶ 参加者は力強く綱を引き100畳大凧を空高く揚げる。空中を舞う巨大な凧は優雅（上）大勢で競う合戦の様子。相手の糸を切る巧みな技術が披露され白熱する（下）

# 海と山に囲まれた自然と文化が彩る阿波（あわ）の国
## TOKUSHIMA

# 徳島
とくしま

四国の東玄関にあたる鳴門のうず潮や吉野川の奇勝など、自然の誇り高き徳島県。
夏の風物詩・阿波おどりをはじめ、浄瑠璃や藍染めなど継承される文化も多彩だ。

## おもなエリアと人気スポット

鳴門のうず潮や祖谷渓（いやけい）が徳島を代表する観光地。ノスタルジックなうだつの街並も訪れたい。

### うず潮の眺めは必見
### 鳴門
なると

ダイナミックなうず潮で知られる、鳴門海峡のある地。世界初の陶板による名画美術館「大塚国際美術館」も人気。鯛やわかめなど、鳴門グルメが楽しめるレストランも多い。

**観光のポイント** 鳴門海峡や大鳴門橋は、徳島を代表する名所

↑観潮船でうず潮を間近に見学できる。大谷焼の体験スポットも

### 自然豊かな水と緑の都
### 徳島
とくしま

徳島県の県庁所在地。眉山（びざん）や徳島中央公園、鳴門までを往復する撫養航路など豊かな自然が魅力だ。毎年8月に開催される阿波おどりのシーズンには、全国から多くの観光客が訪れる。

**観光のポイント** 新町川が流れる緑あふれる都市をのんびりと散策して

↑阿波人形浄瑠璃や阿波藍など、伝統芸が受け継がれている

### 歴史的なうだつの町並み
### 脇町
わきまち

藍商人の屋敷や蔵が建ち並ぶ「うだつの町並み」で有名。うだつとは屋根に付いた袖壁のことで、商人の財力の象徴だった。当時の繁栄がしのばれる古き良き街並は、散策にぴったりだ。

**観光のポイント** 散策は40分ほど。白壁が照明に照らされる夕刻も幻想的

↑黒瓦と白壁の建物が並ぶ脇町。商人たちの栄華を今に伝える

### 平家落人の伝説が残る
### 祖谷
いや

手つかずの大自然が広がる秘境。祖谷川の渓谷が続く祖谷渓、吉野川上流域にある大歩危・小歩危ともに、奇勝が見られる。平家の落人伝説があり、かずら橋などゆかりの地も多い。

**観光のポイント** 緑深い山奥を訪れ、四季折々の渓流美を楽しみたい

↑かずら橋は人気の観光地。山々が染まる紅葉の時季もおすすめ

## 交通 information

### 主要エリア間のアクセス

### 問い合わせ先

交通
JR西日本お客様センター
☎0570-00-2486
JR四国電話案内センター
☎0570-00-4592
徳島バス
☎088-622-1811
四国交通
☎0883-72-2171
NEXCO西日本(お客様センター)
☎0120-924-863
日本道路交通情報センター(徳島)
☎050-3369-6636

### 関西圏とつながる四国の東玄関

# 徳島県
# 鳴門
なると

## 見どころは世界三大潮流・鳴門のうず潮

徳島県の北東端に位置する鳴門は、大鳴門橋によって淡路島とつながり、関西圏および本州と四国を結ぶ玄関口。瀬戸内海国立公園に指定された海沿いのエリアや鳴門のうず潮は観光の要で、陸地や船上など多くのポイントから絶景が望める。

**市内交通**：大鳴門橋遊歩道 渦の道や千畳敷展望台へは、JR鳴門駅から徳島バスで約25分。車の場合は、鳴門ICから約10分。近隣には鳴門公園駐車場があるので利用したい。

徳島　鳴門　歩く・観る

## 大鳴門橋から眺めるダイナミックな自然の力
# 海峡に見る鳴門のうず潮

観潮船に乗ってうず潮を間近にし、展望台から海峡を見下ろす。白波が立つ、迫力満点の光景が目の前に広がる。

### 大鳴門橋遊歩道 渦の道
おおなるときょうゆうほどう うずのみち
**MAP** 付録P.33 F-1

#### ガラスの床の真下には鳴門海峡の豪快なうず潮

大鳴門橋の橋桁に設けられた約450mの遊歩道。中央展望室には、ガラスの床が設置され、45m下のうず潮を見ることができる。

☎088-683-6262　所徳島県鳴門市鳴門町土佐泊浦福池65 鳴門公園内　営9:00〜18:00(10〜2月は〜17:00)、夏休み期間8:00〜19:00　休無休(3・6・9・12月は第2月曜休)　料510円　交JR鳴門駅から徳島バス・鳴門公園下車、徒歩7分　Pあり

▶真下にうず潮が見えるガラスの床。スリル満点の海上散歩が楽しめる

### 注目ポイント

**うず潮はなぜ発生するの？**
瀬戸内海と太平洋(紀伊水道)を結ぶ鳴門海峡では、潮の干満によって水位差ができる。その水位差を埋めるため、勢いよく海水が流れることで、うず潮が発生する。

**うず潮はいつ見られる？**
うず潮は潮の満ち引きによって発生するため、まずは潮見表をチェック。満潮・干潮時間の前後1時間半が見ごろ。春と秋の大潮には、巨大な渦が発生する可能性も。

**おすすめスポットは？**
うず潮を間近で見るなら観潮船。真上から全体を見るなら、大鳴門橋遊歩道 渦の道がおすすめ。

鳴門市観光情報センター　☎088-686-0743　所徳島県鳴門市撫養町大桑島濤岩75-1　営8:00〜20:00　休無休　交JR鳴門駅から車で5分

146

## 観潮船で迫力あるうず潮に接近

### 大型観潮船 わんだーなると
おおがたかんちょうせん わんだーなると
**MAP** 付録P.33 E-1

#### 大型船でゆったりクルージング
定員399名の大型船。1等船室と2等船室がある。揺れが少ないため、船酔いが心配な人やゆったりうず潮を見たい人に最適。

☎088-687-0101（鳴門観光汽船）　所徳島県鳴門市鳴門町土佐泊浦大毛264-1　営9:00～16:20の40分ごと　休無休　料1800円　交JR鳴門駅から徳島バス・鳴門観光港下車すぐ　Pあり

↑海風を感じて30分間の船の旅

### 水中観潮船 アクアエディ
すいちゅうかんちょうせん アクアエディ
**MAP** 付録P.33 E-1

#### 世界初！水中展望室がある高速艇
船底に展望室があり、海中でうず巻く潮流が見られる。見晴らしの良い展望デッキもある。

☎088-687-0101（鳴門観光汽船）　所徳島県鳴門市鳴門町土佐泊浦大毛264-1　営9:15～16:15の30分ごと　休無休　料2400円　交JR鳴門駅から徳島バス・鳴門観光港下車すぐ　Pあり
※要予約（空席があれば予約なしでも乗船可）

↑水面下1mの別世界を堪能

## エスカヒル鳴門
エスカヒルなると
**MAP** 付録P.33 F-1

### シースルーエスカレーターで景色を楽しみながら展望台へ
全長68m、高低差34mのエスカレーター。鳴門公園駐車場前から鳴門山山頂にあるパノラマ展望台まで一気に行くことができる。

↑天気が良い日は淡路島や小豆島も見える

☎088-687-0222　所徳島県鳴門市鳴門町土佐泊浦福池65鳴門公園内　営8:00～17:00　休無休　料400円　交JR鳴門駅から徳島バス・鳴門公園下車、徒歩7分　Pあり

↑標高99mのパノラマ展望台

↑ガラス張りのエスカレーター

## 千畳敷展望台
せんじょうじきてんぼうだい
**MAP** 付録P.33 F-1

### 大鳴門橋を背景にして記念撮影にもぴったりの場所
鳴門公園内にある展望台。目の前に鳴門海峡と大鳴門橋の景色が広がるビューポイント。周辺にはみやげ物店も多い。

☎088-684-1157　所徳島県鳴門市鳴門町土佐泊浦福池65鳴門公園内　営休料見学自由　交JR鳴門駅から徳島バス・鳴門公園下車、徒歩10分　Pあり

↑「日本の道100選」に選定された大鳴門橋を望む

海峡に見る鳴門のうず潮

↑陶板名画とは、陶板に原画を転写し焼成したもの。スクロヴェーニ礼拝堂も原画の大きさや色彩など見事に再現

## 現地に行った気分で芸術作品を鑑賞する
# 世界の名画に浸る午後

日本最大級の展示スペースに西洋名画がずらりと並ぶ。
誰もが知るあの名画を間近で鑑賞できる贅沢な空間。

↑ゴッホの『ひまわり』。名画ならではの力強さを感じる一枚

徳島｜鳴門●歩く・観る

### 世界で類を見ない陶板名画美術館
## 大塚国際美術館
おおつかこくさいびじゅつかん

地下3階、地上2階の広い館内に1000点余りの陶板名画が並ぶ。作品は古代壁画から現代絵画まで時代別に展示されているため、鑑賞ルートを進むと名画の歴史も学べる。美術ボランティアによる定時ガイドも行なわれている。

**MAP** 付録P.33 F-1

☎088-687-3737　徳島県鳴門市鳴門町土佐泊浦福池65-1 鳴門公園内　9:30～17:00(最終入館16:00)　月曜(祝日の場合は翌日休)、8月無休、そのほか特別休館あり　3240円　JR鳴門駅から徳島バス・大塚国際美術館前下車、徒歩1分　Pあり
※写真は大塚国際美術館の展示作品を撮影したものです

↑レオナルド・ダ・ヴィンチの名作『モナ・リザ』の微笑みを間近で

↑ミケランジェロが描いたシスティーナ礼拝堂天井画および壁画を再現

↑鑑賞ルートは約4km。じっくり見ると3時間はかかる

## 職人の技巧が表れる伝統の焼物作りに挑戦
# 大谷焼の温かい手仕事
おおたにやき

窯元の焼物作品は、匠の技と愛情が表れたぬくもりを感じるデザイン。暮らしのなかに息づく伝統を体験し、好みの器を持ち帰りたい。

### 大谷焼とは？
約200年前から続く、四国を代表する陶器のひとつ。大人の身長を超える甕は、藍染めの甕にも使われている。大物陶器の制作に使う「寝ろくろ」が独特で、日本最大級の登り窯で焼き上げられる。最近は、湯呑みや茶碗など身近な実用品や、インテリア製品など数多くの製品が作られている。

### 伝統ある窯元で作陶体験を
## 大西陶器
おおにしとうき

**MAP** 付録P.35 F-1

平成26年(2014)に今の場所に移転し、工房とギャラリーを新設。建物前には、大きな藍甕や睡蓮鉢が並べられている。釉薬をかけない特殊な焼き方により、波のような黄金模様が浮かび上がる。

☎088-689-0414
所徳島県鳴門市大麻町大谷東山谷17-2　営9:00～17:00　休水曜
交鳴門ICから車で15分　Pあり

↑大谷焼のツートンカラーが美しい「湯呑み」1620円

↑白さが際立つ「ビールジョッキ」2700円、「湯呑み」1620円

### 大谷焼制作体験
#### 初心者でもOK！陶芸に挑戦してみよう
陶芸は「作ること」と「使うこと」の両方が味わえる。自分で作った食器は愛着がわくはずだ。1kgの粘土で作陶できる「手びねりコース」、3個作ってお気に入りの2個を焼成できる「電動ろくろコース」のほか、「絵付けコース」もある（要予約）。

↑3個作って、お気に入りの2個を焼く。完成品は後日郵送

↑ていねいに指導してくれる「電動ろくろコース」2484円

↑難しいポイントも、コツを教わって挑戦してみよう

### お気に入りの逸品探しはこちらでも
#### 熟練した手びねりの技が光る
## 佳実窯
よしみがま

3代目の窯元が、焼き締め陶、変窯、灰釉などの技法を取り入れて、新境地の大谷焼に取り組む。茶碗、カップ、ビールジョッキ、花器のほか、独特なオブジェが魅力的。シックな色合いの大谷焼が並ぶ。

**MAP** 付録P.35 F-1

☎088-689-0172
所徳島県鳴門市大麻町大谷東山谷45
営9:00～18:00　休無休　料無料
交鳴門ICから車で15分　Pあり

↑手ごろな大きさの「カップ」2160円

↑「コーヒーカップ＆ソーサー」2160円

↑二人で使える「夫婦湯呑み」3240円

↑紅白の模様が美しい「花瓶」5400円

↑工房の奥には、窯がいくつも並ぶ

↑湯呑みからお皿まで、種類が豊富

↑カウンターのほか、座敷とテーブルを合わせて150席と広々としている

## 新鮮な魚介を求めて遠方から訪れる客も多い
### 鮮魚市場 魚大将
かいせんいちば さかなたいしょう

**MAP** 付録P.33 D-3

毎朝、大将が新鮮な魚介類を市場から仕入れている。活じめの刺身はプリプリの食感。ボリューム満点ながら値段も良心的。手書きメニューの「本日のおすすめ定食」は、種類も豊富で注文に悩むほど。

予約 望ましい
予算 L 1000円〜
　　 D 1000円〜

☎ 088-685-8750
所 徳島県鳴門市瀬戸町明神弐軒家90-1 営 11:30〜14:30 16:30〜22:00 休 月曜(祝日の場合は翌日休) 交 JR鳴門駅から車で7分 P あり

↑店頭の大きな生け簀には旬の魚が泳いでいる

**旬盛り合わせ定食 1620円**
日替わりで、旬の刺身を盛り合わせたボリューム満点の定食

---

## 潮の香りと風味豊かな食材に舌つづみ
# 海の幸を味わう

徳島｜鳴門●食べる・買う

市場から届く鯛やアサリを、店で手早く調理する。
港の食卓でいただく、素材の持つ味わいを堪能したい。

### 季節の旬を楽しめる和食店
### 鳴門鯛の茶碗蒸しも人気
### 和処とみます
わどころとみます

**MAP** 付録P.33 D-4

季節ごとに移り変わる旬の魚を、洗練された店内で味わえる。地魚を使ったメニューが豊富なので、個室や宴会場で県外からの客をもてなす地元の人たち。手ごろな値段のランチもあり、気軽に立ち寄りたい。

予約 可(4000円以上は要)
予算 L 700円〜
　　 D 700円〜

☎ 088-686-0203
所 徳島県鳴門市撫養町斎田大堤322 営 11:00〜15:00 17:00〜21:30(LO21:00) 休 水曜 交 JR鳴門駅から徒歩8分 P あり

↑全館バリアフリーでエレベーターが完備された広い店内

**お腹が鳴丼 1465円**
鳴門名産の鳴門鯛、なると金時、レンコン、わかめをひとつの丼に凝縮

### 地場産の新鮮な魚介類を
### 炭火で磯焼きしていただく
### 片山水産
かたやますいさん

**MAP** 付録P.11 D-1

粟田漁港の近く、目の前には播磨灘が広がる。店頭に並ぶいけすには、魚や貝が数多く用意され、新鮮で豪快な海鮮料理に期待が高まる。なかでも、大アサリの貝焼きは見た目もジュージーな味わい。

予約 可(19:00以降は要)
予算 L 3000円〜
　　 D 5000円〜

☎ 088-682-0366
所 徳島県鳴門市北灘町粟田大岸16-1 営 11:00〜21:00(LO20:30) 休 火曜 交 JR鳴門駅から車で15分 P あり

**海鮮どんぶり 1080円**
その日の旬のネタで内容が変わる、定番の海鮮丼。小鉢、味噌汁、漬物が付く

**貝焼きセット 2160円**
アワビ1個、サザエ2個、大アサリ2個を炭火で焼いてくれる。特製のたれが美味！

↑ガラス張りの開放的なテーブル席

# 地元ブランドのアイテムをお持ち帰り
# 鳴門の手みやげ

鳴門海峡のうず潮がモチーフとなった菓子や、地元の特産物をそのままみやげにすることもできる。

↱観光案内のパンフレットも充実

鳴門市うずしお観光協会の
直営ショップで定番商品を
## なると物産館
なるとぶっさんかん

**MAP** 付録P.33 D-4

鳴門産のレンコン、わかめ、なると金時を使った商品のほか、大谷焼や藍染めも購入可能。店内では、なると金時・焼き芋味の手作りジェラートも味わえる。

☎088-685-2992
所 徳島県鳴門市撫養町南浜東浜165-10 うずしお会館1F 営9:00～17:00 休無休 交JR鳴門駅から徒歩8分 Pあり

↱なると金時芋の焼き菓子、おいもまあむ162円

↱鳴門市のご当地うどん、鳴ちゅるうどん540円

↱本練りの芋餡を使ったきんつばの渦ぎん129円

↱期間限定商品のなると金時を糖蜜に漬けて焼いた炙り金時540円

四国を代表する銘菓は
南蛮菓子がルーツ
## ハタダ 鳴門店
ハタダ なるとてん

**MAP** 付録P.11 E-2

ポルトガル伝来の南蛮菓子「トルタ」がルーツの「ハタダ栗タルト」は、刻んだ栗と柚子餡をふんわりとやわらかなスポンジで巻き上げた、ハタダを代表する銘菓として人気。

☎088-686-1108
所 徳島県鳴門市大津町矢倉43-52 営8:30～20:00 休無休 交JR鳴門駅から車で10分 Pあり

↱上品な甘さの「鳴門金時ポテト」5個入り771円

↱刻んだ栗と香り豊かな柚子餡を使用した「ハタダ栗タルト」1本648円

↱なると金時芋の風味そのままのおいしさ「金時のさぶ」7枚入り413円

鳴門産のみやげならここ
干物作り体験も可能
## 豊田商店
とよたしょうてん

**MAP** 付録P.33 E-3

地元の新鮮な魚を使った自家製の干物や、漁師直送の天然鳴門わかめなどが充実。20種類以上の干物をその場で焼いて食べられるほか、干物づくり体験も可能。

☎088-687-0856
所 徳島県鳴門市鳴門町土佐泊浦高砂203-2 営7:00～18:00 休無休 交JR鳴門駅から車で15分 Pあり

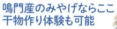
↱貴重な天然わかめは180g入り540円～

↱鯛の干物で自宅でも鯛めしが作れる。1620円

↱人気のなると金時は5kg入りで2700円～

↱大毛島（おおげじま）産の自家製らっきょう漬けは324円～

海の幸を味わう／鳴門の手みやげ

## 城下町として繁栄した都
# 城下文化と阿波おどり

**穏やかな川、緑豊かな山**
## 徳島県
# 徳島
とくしま

### 優美な眉山を望み、水とともに暮らす

吉野川や新町川など多くの河川が流れ、眉山の緑が美しい街は、徳島藩初代藩主・蜂須賀家政が地の利を生かして城を築いたのが始まりとされる。阿波の政治・経済の中心として栄え、阿波おどりや人形浄瑠璃など独自の文化も生み出した。

**街の歩き方**:JR徳島駅から、主な観光スポットは徒歩で移動できる。郊外に行く場合、徳島市営バスの循環ルートを利用したい。眉山へは、阿波おどり会館からロープウェイが運行。

徳島のシンボル眉山と美しい水辺の風景に癒される。城郭遺構や名物の阿波おどりが歴史と文化を物語り、400年の歴史を持つ重要文化財の人形浄瑠璃も必見。

徳島｜徳島 歩く・観る

## 眉山
びざん
**MAP** 付録P.32 A-2

### 眉のようになだらかな姿が『万葉集』にも詠われた美しさ

古くは「眉のごと雲居に見ゆる阿波の山」と『万葉集』に詠まれ、現代でも小説や映画の舞台になった徳島のシンボル。山頂からは、市街地はもちろん天気の良い日には淡路島や紀伊半島まで一望できる。夜景の美しさも一見の価値あり。

☎088-652-3617（眉山ロープウェイ）
所 徳島県徳島市眉山町茂助ヶ原
交 JR徳島駅から徒歩10分、眉山ロープウェイで6分
P あり

**ロープウェイで山頂へ**
阿波おどり会館5階のロープウェイ山麓駅から眉山の山頂290mまで6分間の空中遊覧。
☎088-652-3617 営9:00～21:00（11～3月は～17:30）休無休（点検による運休あり）料往復1020円

徳島市街の北部を流れる吉野川から眺めた眉山。どの方角から見ても眉のような形に見えるというのが名称の由来だ

徳島市総合観光案内所 ☎088-622-8556 所徳島県徳島市寺島本町西1-4-2
営9:00～20:00 休無休 交JR徳島駅から徒歩2分

## 徳島の街並を水路から眺める

「水都」といわれる徳島の所以がよくわかる、多くの川と美しい自然。船に揺られ、街の歴史や暮らしを感じて

吉野川をはじめ、大小138の河川が流れる徳島市。明治から昭和にかけ水運で重要な役割を果たした撫養航路や、豊かな緑や水鳥が見られるひょうたん島クルーズなど、水路から見どころを巡りたい。

↑ 渡り鳥やカモメが間近で見られるクルーズ

↑ 水上から眺める眉山の景色。川を生かした街づくりを行なっている

### 撫養航路
むやこうろ
**MAP** 付録P.32 B-2
**かつては交通や輸送を担った歴史ある航路**

明治25年(1892)、徳島〜鳴門間をつなぐ航路として開設。鉄道の開通により廃止されたが遊覧船で復活した。

☎090-3783-2084(新町川を守る会)
所 徳島県徳島市南内町 両国橋
営 月に2回運航 料 保険料1500円
交 JR徳島駅から徒歩10分(両国橋乗り場) P あり
※要予約、10名以上で出航

↑ 往復約4時間のコース

### ひょうたん島クルーズ
ひょうたんじまクルーズ
**MAP** 付録P.32 B-2
**美しい公園やヨットハーバーを眺めて**

その形から「ひょうたん島」と呼ばれる中洲を一周する遊覧船。約6km、30分間のクルーズでは、22本の橋をくぐる。

☎090-3783-2084
所 徳島県徳島市南内町2-4 新町川水際公園内 営 11:00〜15:40(7・8月は〜19:50) 休 荒天時 料 保険料200円
交 JR徳島駅から徒歩10分 P あり

↑ 親水公園や城山の桜も目の前

### 踊らにゃ損損！阿波おどり
## 阿波おどり会館
あわおどりかいかん

一年を通じて阿波おどりが見学できる施設。専属連「阿波の風」と一緒に踊ることもできる。阿波おどりミュージアムや物産観光交流プラザ「あるでよ徳島(P.157)」も併設。

**MAP** 付録P.32 B-2

☎088-611-1611 所 徳島県徳島市新町橋2-20 休 9:00〜21:00(施設により異なる) 休 2・6・10月の第2水曜(祝日の場合は翌日休) 料 入館無料(阿波おどり観賞料600円〜)
交 JR徳島駅から徒歩10分 P あり

↑ 阿波おどりが見学できる

↑ 阿波踊りの歴史も3D映像で学べる

城下文化と阿波おどり

# 徳島中央公園
とくしまちゅうおうこうえん
**MAP** 付録P.32 C-1

## 徳島城跡地に造られた緑と水が豊かな総合公園

徳島藩主・蜂須賀公の居城跡を整備し、明治39年(1906)に開設した公園。石垣や堀、庭など、江戸時代の面影が残る園内は、市民の憩いの場となっている。

☎088-621-5295(徳島市公園緑地課) 徳島県徳島市徳島町1番外 休料 園自由 JR徳島駅から徒歩10分 Pあり

## 徳島中央公園の見どころ

### 市の成り立ちや文化を知る
#### 徳島市立徳島城博物館
とくしましりつとくしまじょうはくぶつかん
**MAP** 付録P.32 C-2

阿波25万石として栄えた徳島藩と蜂須賀家に関する資料を展示。大名の暮らしや城下町の様子がわかる。
☎088-656-2525
営9:30〜16:30 休月曜(祝日の場合は翌日休) 料300円(特別展は別途)

↑日本に唯一残る江戸時代の和船「千山丸」

### 国指定名勝の回遊式庭園
#### 旧徳島城表御殿庭園
きゅうとくしまじょうおもてごてんていえん
**MAP** 付録P.32 C-2

枯山水庭と築山泉水庭からなる回遊式庭園。武将で茶人の上田宗箇が造ったとされる。
☎088-621-5295 営9:00〜17:00(最終入園16:30) 休月曜(祝日の場合は翌平日) 料50円

↑徳島特産の青石が使われている

↑原生林が残る城山を中心に公園が広がる

↑徳島市制100周年を記念し復元された鷲の門

### 歴史Column

## 民衆に愛される藩主・蜂須賀家政

城を造り、城下町を開き、現在の徳島市の基礎を築いた徳島藩初代藩主

豊臣秀吉の家臣として父・蜂須賀正勝とともに多くの戦で活躍した家政は、天正13年(1585)、秀吉から阿波国を与えられ、阿波18万石の大名となった。その翌年には、城を築き、城下町の建設を進め、城下を「徳島」と名付けた。城が完成した際の祝賀行事では、民衆にも酒を振る舞い、喜んだ人々が2日にわたって踊ったことが、阿波おどりの発祥ともいわれている。

↑経済、軍事に強い城下町をつくり上げた

## 人形浄瑠璃を知る
徳島で400年続く伝統芸能。国の指定無形民俗重要文化財の阿波人形浄瑠璃

人形浄瑠璃とは、三味線と太夫による語り物に合わせ人形を操る演劇。徳島では、蜂須賀家政が推奨したことで民衆に広がり、人形の頭の大型化や大振りな人形操作など、阿波独自の人形浄瑠璃に発展。お家騒動を題材にした名作『傾城阿波の鳴門順礼歌の段』は現在も盛んに上演されている。

### 浄瑠璃人形がずらりと並ぶ
#### 阿波木偶人形会館
あわでこにんぎょうかいかん
**MAP** 付録P.35 F-1

約100体の木偶人形と資料を展示。人形頭の制作や仕掛けの説明、人形芝居のビデオ上映がある。
☎088-665-5600 徳島県徳島市川内町宮島本浦226-1 営9:00〜17:00 休第1・3月曜(祝日の場合は開館) 料400円 JR徳島駅から車で15分 Pあり

↓阿波は天狗久など人形師の名人を輩出

### 伝統芸能・阿波人形浄瑠璃の活動拠点
#### 徳島県立阿波十郎兵衛屋敷
とくしまけんりつあわじゅうろうべえやしき
**MAP** 付録P.35 F-1

阿波人形浄瑠璃の拠点施設で、毎日2回の上演を行なう。阿波木偶人形や舞台で使用する道具なども展示。
☎088-665-2202 徳島県徳島市川内町宮島本浦184 営9:30〜17:00(7・8月は〜18:00)、人形浄瑠璃上演は11:00〜、14:00〜 休無休 料410円 JR徳島駅から車で15分 Pあり

↑昔ながらの農村舞台で上演

# 阿波藍、洗練された日本情緒を感じる色
# 艶美な深い青に染まる

阿波藍を微生物の力で発酵させてから使う徳島県の藍染め。無数に色を表現できる繊細な伝統工芸を肌で感じる。

### 「JAPAN BLUE」の阿波藍
「青は藍より出でて藍より青し」ということわざがあるように、藍染めの色は「JAPAN BLUE」として、世界に知られている。徳島は、この藍染めの原料になる「すくも」づくりの本場として、伝統が引き継がれている。なかでも徳島産の「すくも」は「阿波藍」と呼ばれる貴重品である。

## 古庄藍染処
ふるしょうあいぞめどころ
佐古 MAP 付録P.35 F-1

### 徳島の天然藍にこだわり
### 江戸時代から続く製法で染色

江戸末期から代々続く藍染め工房。6代目の古庄紀治さんは「守るだけではなく伝えていきたい」と、多忙の合間を縫って、体験希望者を受け入れている。

☎088-622-3028 徳島県徳島市佐古七番町9-12 9:30〜15:00 日曜、祝日 見学無料 JR蔵元駅から徒歩10分 あり

→藍の葉を発酵させて染料にした徳島産の「すくも」。工芸職人だけではなく、藍作を行なう人材も貴重だという

## 藍染め焼制作体験

### プロと同じ藍染めの甕を使う本格体験

自然界の材料のみで藍液を作る「天然灰汁発酵建て」による藍染めは完成まで1週間かかるが、体験は1日から可能。午前と午後に1組ずつ、少人数の予約制になっている。ハンカチ1000円〜、タオル2500円〜。

→絞り染めの手法で、一部を縛って模様をつくる

↑1番染めの甕に浸し、絞るように揉んで10分ほどおく

→水洗いをしたあと、2番染めと水洗いを繰り返す。1日体験はここまで

→薄い藍から4段階で濃くしていく。完成まで1週間ほどかかる

→希望者は毎日通って体験できるが、1日だけでも完成品を送ってくれる

---

## 藍の街で伝統文化を身近に感じる

### 本物を求めるならここで
## 藍屋敷おくむら 藍住本店
あいやしきおくむら あいずみほんてん

藍の商家として活躍していた奥村家の直営ショップ。天然の本藍染めの作家作品から、ハンカチや暖簾など、手ごろな日用品を購入できる。

藍住 MAP 付録P.35 E-1
☎088-692-8723 徳島県板野郡藍住町徳命前須西179 9:00〜17:00 火曜 藍住ICから車で5分 あり

↑「小銭入れ」1180円のほか、帽子やバッグがある

↑さまざまな柄がある「コースター」各1080円

↑入手しにくい作家の作品も豊富

### 藍と藍染めの歴史を学ぶ
## 藍住町歴史館 藍の館
あいずみちょうれきしかん あいのやかた

江戸時代の藍商人だった旧奥村家の屋敷を利用した資料館。小さな人形で藍の栽培から販売まで再現したジオラマがあり、藍の文化を理解しやすい。

藍住 MAP 付録P.35 E-1
☎088-692-6317 徳島県板野郡藍住町徳命前須西172 9:00〜17:00 火曜(祝日の場合は開館) 300円 藍住ICから車で5分 あり

→人形で再現した藍染め

→民具や古文書、古布もある

城下文化と阿波おどり／艶美な深い青に染まる

**Aディナー 5940円**
黒毛和牛の牛ヒレステーキ150gのほか、季節のオードブル、サラダ、ライスなど

## 徳島の個性あふれる名物が並ぶ
# ご当地グルメ

徳島｜徳島●食べる・買う

徳島産の鮮魚にこだわった店や、地元ブランド牛など、この地に根付く逸品の味わいは見逃せない。

### 阿波和牛のステーキとしゃぶしゃぶを味わう
## ステーキハウス トクガワ

**MAP** 付録P.32 B-3

極上の阿波すだち牛(黒毛和牛)と新鮮な魚介類を、目の前の鉄板で豪快に焼いてくれる。牛ヒレ肉は口の中でとろけるようにやわらかく、甘みがあって美味。牛の脂からとったガーリックオイルでソテーしてくれる。

予約 可(ランチは要)
予算 Ⓛ3000円～
　　 Ⓓ5000円～
　　 (チャージ 500円)

☎088-652-2100
所 徳島県徳島市鷹匠町1-35
営 12:00～13:30 17:00～22:00 (LO21:30)
休 祝日のランチ、日曜
交 JR徳島駅から徒歩15分
Ⓟなし

↑目の前で焼いてくれる

↑店内は50席あり、3室の個室もある

### 阿波尾鶏の専門店で地鶏三昧の飲み会を
## 骨付き阿波尾鶏 一鴻 徳島本店
ほねつきあわおどり いっこう とくしまほんてん

**MAP** 付録P.32 B-2

名古屋コーチンや比内地鶏を抜いて、全国のブランド鶏のなかで出荷量1位の阿波尾鶏の専門店。名物の骨付きもも肉は、表面はパリッとして、中はジューシー。弾力のある身をぜひ味わってほしい。

予約 望ましい
予算 Ⓓ3000円～

☎088-623-2311
所 徳島県徳島市仲之町1-46 アクティアネックスビル2F
営 17:00～24:00 (LO23:30)
休 無休
交 JR徳島駅から徒歩15分
Ⓟなし

↑和風モダンのトーンとインテリアは落ち着きある雰囲気

**骨付き阿波尾鶏 1280円**
野菜・スパイスなど17種の味付けで、熟成させた阿波尾鶏をパリッと焼き上げた逸品

### 徳島産の天然の魚を使用 地酒や焼酎が充実
## 徳島魚問屋 と〉喝
とくしまさかなどんや ととかつ

**MAP** 付録P.32 B-2

阿波の食材にこだわった自慢の料理に加え、地酒や焼酎も徳島のものを厳選。名物の鯛めしに使う鳴門鯛は、鳴門海峡の潮流で引き締まっている。食べきれずに残ったら、おむすびにして持ち帰ることができる。

☎088-625-0110
所 徳島県徳島市紺屋町13-1 ととビル1-2F
営 17:00～23:00 (LO22:00)
休 日曜(祝日の場合は不定、月曜が祝日の場合は日・月曜休)
交 JR徳島駅から徒歩15分
Ⓟなし

予約 望ましい
予算 Ⓓ6000円～

↑落ち着いた割烹の雰囲気

**鯛めしコース 5400円**
2名より注文できるおすすめコース。前菜からデザートまで11品が楽しめる

# 伝統あるお気に入りの味を持ち帰る
# 徳島の手みやげ

老舗が作る芸術品のような美しさの和菓子や和三盆など、洗練された商品や食みやげは喜ばれること間違いなし。

→製糖所の敷地内にある売店には、試食も用意されている

### 上品な甘みが広がり やさしい口どけの和三盆
## 岡田製糖所
おかだせいとうしょ

**MAP** 付録P.35 D-1

阿波和三盆糖は、和菓子の品のあるやさしい甘さに欠かせない原材料。現在、徳島と香川の数軒でしか生産されておらず、ここでは昔ながらの製法で職人が手作りしている。

☎088-694-2020(平日のみ)
所 徳島県板野郡上板町泉谷原中筋12-1 営9:00～12:00 13:00～17:00 休無休
交 藍住ICから車で20分 P あり

→阿波和三盆糖だけで作った「干菓子詰め合わせ」中1080円

→阿波和三盆糖そのものを袋詰めしたもの。324円

### 県内の特産品がそろう 徳島県のアンテナショップ
## あるでよ徳島
あるでよとくしま

**MAP** 付録P.32 B-2

「あるでよ」とは、徳島の方言で「ありますよ」の意味。眉山の麓に位置する阿波おどり会館の1階にあり、徳島の食品や菓子、酒、工芸品など県内の物産が1800点以上も並ぶ。

☎088-622-8231
所 徳島県徳島市新町橋2-20 阿波おどり会館1階 営9:00～21:00
休 無休 交 JR徳島駅から徒歩10分 P あり

→藍染めのストールやスカーフ

→5つの味が楽しめる「蒸籠むし阿波ういろ」540円

→徳島初「LED夢酵母」の日本酒、御院桜純米吟醸酒1566円

→黒糖風味の芋あん入りなると金時饅頭20個入り1836円

### 徳島を代表する 老舗の和菓子店
## 菓游 茜庵
かゆう あかねあん

**MAP** 付録P.32 C-1

徳島名産の柑橘類、阿波和三盆糖、なると金時芋などの厳選素材を上品に使い、徳島の和菓子の流れを変えたといわれるほど。工芸品のように美しい和菓子は手みやげに最適。

☎088-625-8866
所 徳島県徳島市徳島町3-44
営 9:00～19:00(茶席の利用は10:00～17:00) 休無休
交 JR徳島駅から徒歩15分 P あり

→贈答用に買い求める人も多数訪れる。奥には茶席も用意されている

→やわらかい餅生地で小豆餡を包んだ「淡柚(あわゆう)」6個入り1188円

→宝石のような「錦玉菓子ゆうたま」5個入り594円

→すだち・柚子・山桃の「和菓子職人のじゅうす」各972円

ご当地グルメ／徳島の手みやげ

## 藍商で栄え、「うだつ」が上がった街
## 徳島県
# 脇町
わきまち

### 風情ある街並は映画の舞台にもなった
脇町は、藍草の産地として知られる吉野川の中流に位置し、江戸時代から明治時代にかけて水運を生かした藍商で栄えた。うだつを掲げた商家が今も残る街並は、重要伝統的建造物群保存地区に選ばれ、映画の撮影にも使われた。

**街の歩き方**：約430mあるうだつの町並みは、通りに沿って見どころやカフェが集まり、徒歩で移動できる。車は、道の駅 藍ランドうだつの無料駐車場が利用できる。

徳島　脇町●歩く・観る

↑商家の軒下にずらりと並んだうだつ。街の歴史と伝統を今に伝える

## うだつの町並み
うだつのまちなみ
MAP 付録P.34 A-1

### 富の象徴とされたうだつから当時の藍商人の栄華を知る
東西約400mにわたり、白壁に黒瓦、「うだつの町並み」が続く。立派な建物や調度品からは、藍商で財を成した商人たちの暮らしぶりをうかがい知ることができる。
☎0883-53-8599（美馬市観光協会）
所 徳島県美馬市脇町南町　交 脇町ICから車で7分　P 道の駅 アイランドうだつの駐車場を利用

↑隣の家との境に設置したうだつ。その高さは立身出世を表すといわれた

## うだつの町並みエリアの見どころ

### 脇町の豪商・吉田直兵衛の家
### 藍商佐直 吉田家住宅
あいしょうさなお よしだけじゅうたく
MAP 付録P.34 A-1

→うだつの町並みで最大かつ格調高い建築物

寛政4年（1792）創業の藍商。約600坪の敷地があり、母屋や質蔵が中庭を囲んで建ち並ぶ。
☎0883-53-0960
所 徳島県美馬市脇町大字脇町53　開 9:00〜17:00　休 無休　料 510円

美馬市観光文化資料館　☎0883-53-8599　所 徳島県美馬市脇町大字脇町92　開 9:00〜17:00　休 無休　交 JR穴吹駅から車で10分

## 注目ポイント

### 「うだつが上がらない」のうだつとは?

屋根上や軒下に設置されたうだつは、本来、隣家からの延焼や風雨から屋根を保護するためのもの。しかし、造るのには費用がかかるため、富や出世の象徴として見られるようになり、「うだつが上がらない」という言葉の語源になった。

うだつに鏝絵(こてえ)が描かれた豪華なもの

↑商人たちはうだつの高さや装飾を競い合った

## 脇町劇場 オデオン座
わきまちげきじょう オデオンざ
MAP 付録P.34 B-1

### 昭和初期の本格的な芝居小屋 映画のロケ地となり再注目

昭和9年(1934)創建。戦前は芝居小屋、戦後は映画館として地域の人々に親しまれた。一度閉館したが、山田洋二監督の映画『虹をつかむ男』に登場して脚光を浴び、創建時の姿に修復された。

☎0883-52-3807
所 徳島県美馬市脇町猪尻西分140-1
開 9:00～16:30 休 火曜(祝日の場合は翌日休)、催物があるときは見学不可 料 200円
交 脇町ICから車で5分 P あり

↑館内は回り舞台や花道など往時のままに再現

## 脇町の食事処&手みやげ

歴史ある街並のなかにある郷土料理店や喫茶店で足休め。
うだつの住宅になじむように建つ店に、散策の途中で立ち寄りたい。

### 温かい雑炊でひと休み
### 茶里庵
さりあん

MAP 付録P.34 A-1
☎0883-53-8065
所 徳島県美馬市脇町大字脇町132-5 脇町うだつ通り 営 10:00～17:00 休 不定休 交 脇町ICから車で7分 P なし

うだつの町並みの中ほどにある甘味処。地元産のお茶を直売しており、おいしいお茶と郷土料理のそば米雑炊をいただける。

↑夏はかき氷、冬はぜんざいも人気

↑郷土料理そば米雑炊セット1080円

### 創作ケーキやランチも充実
### プランタン

MAP 付録P.10 B-3
☎0883-53-6834 所 徳島県美馬市脇町拝原2743-3 営 8:30～21:00(平日ランチは11:00～14:00) 休 無休 交 脇町ICから車で5分 P あり

「うだつ」の名を冠した名物ロールケーキのほか、もなかとチョコを組み合わせた「焼チョコロン」もおすすめ。

↑国産イチゴを使った「ナポレオンタルト」500円

↑レトロな店内は、落ち着いた雰囲気

↑そば粉や米粉、きな粉を使った「うだつロール」270円

### 昔ながらの素材と製法を守る
### 川田光栄堂 東店
かわだこうえいどう ひがしてん

MAP 付録P.10 B-3
☎0883-53-7878 所 徳島県美馬市脇町猪尻若宮南108-2 営 9:00～19:00 休 水 交 脇町ICから車で5分 P あり

昭和22年(1947)創業、北海道産の小豆であんこをていねいに作る。四国ラグビー発祥の地にちなんだ「ラグビー饅頭」もおすすめ。

↑もちっとした赤飯入りのまんじゅう「脇美人」162円

↑東店のほか、うだつ店もある

↑素朴な「麦だんご」餡入り92円、餡なし81円

藍商で栄え、「うだつ」が上がった街

## 平家伝説が残る山と渓谷の秘境
## 徳島県
# 祖谷
いや

### 優雅な庭園をはじめ多数の名所が点在

祖谷は1000m級の山々と深い谷に囲まれた日本三大秘境のひとつ。渓谷美が見事な「祖谷渓」と「大歩危・小歩危」、さらに奥地に進んで、平家落人にまつわる伝説が残る「かずら橋」と「奥祖谷」の4エリアに見どころが集まっている。

**街の歩き方**：JR大歩危駅周辺は飲食店や観光案内所があり、観光の拠点に。4つのエリアは車で移動。奥祖谷エリアは東西に広く車で約1時間かかるので計画をしっかり立てたい。

祖谷エリアMAP

---

## 眼下の深い谷底は圧巻　祖谷エリア
# 断崖の渓谷を望む
山と渓谷が織りなす大自然の絶景ポイント。

### 祖谷渓
いやけい
**MAP** 付録P.34 B-2

#### 豊かな森林の広がりと深い谷が
#### ダイナミックな渓谷美を生み出す

祖谷川の流れが四国山地をV字に刻んでできた渓谷。約10kmにわたり、数十mから数百mの切り立った岩壁が続く。祖谷街道で最大の難所とされた七曲では、渓谷に突き出た岩の上に、祖谷渓のシンボル「小便小僧」が立っている。

☎0120-404-344（三好市観光案内所）
所 徳島県三好市池田町松尾　交 JR大歩危駅から車で20分

---

**こちらもおすすめ**

### ひの字渓谷
ひのじけいこく

祖谷渓谷のなかで祖谷川の流れがひらがなの「ひ」に見えることから名付けられた。

**MAP** 付録P.34 B-3

☎0120-404-344（三好市観光案内所）　所 徳島県三好市西祖谷山村閑定　交 JR大歩危駅から車で25分

緑の山の合間にカーブを描いて流れる祖谷川

---

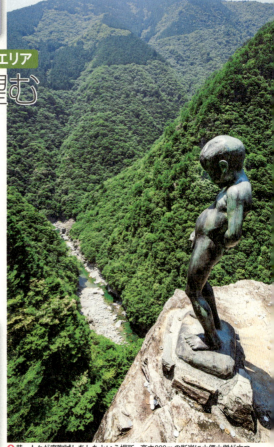

↑昔、人々が度胸試しをしたという場所。高さ200mの断崖に小便小僧が立つ

---

三好市観光案内所　☎0120-404-344　所 徳島県三好市池田町サラダ1810-18　営 9:00～18:00　休 無休　交 JR阿波池田駅から徒歩1分

⇨ 大歩危は、国指定天然記念物および国指定の名勝

## 大歩危・小歩危
おおぼけ こぼけ
**MAP** 付録P.34 A-3／付録P.34 A-2

### 2億年もの時をかけ
### 自然がつくり上げた大渓谷

吉野川の激流が、四国山脈の結晶片岩を削ってできた約8kmの渓谷。巨岩奇岩が5km続く大歩危、その下流に流れの速い小歩危がある。名前の由来は「大股で歩くと危ないから大歩危」、「小股で歩くと危ないから小歩危」とユニーク。

☎0120-404-344（三好市観光案内所）
所 徳島県三好市山城町重実〜上名
交 JR大歩危駅から徒歩20分

↑川の碧さと白い岩肌のコントラストが美しい。春は桜、秋は紅葉で彩られる山の景色も見事

### 大歩危・小歩危エリア
おおぼけ こぼけ

## 削られた岩肌が大自然の力を物語る
# 激流が生んだ景観美
澄んだ山の空気を感じながらの川下りや食事も楽しみ。

#### 祖谷の秘境巡りに活用したい観光バスツアー
阿波池田バスターミナルから、昭和レトロなボンネットバスで名所を巡る観光バスツアーが出ている。郷土料理の昼食付きで、祖谷の秘境を満喫できる。

---

### 大歩危峡観光遊覧船
おおぼけきょうかんこうゆうらんせん
**MAP** 付録P.34 A-4

#### 100年以上の歴史ある遊覧船で
#### 間近に迫る巨岩奇岩を眺める

船頭の軽妙な解説を聞きながら、吉野川を往復4km、30分かけて船で巡る。国指定天然記念物の「含礫片岩」も近くに見える。

☎0883-84-1211（レストラン大歩危まんなか）
所 徳島県三好市山城町西宇1520
9:00〜17:00（随時運行） 無休（荒天時運休あり） 1080円 交 JR大歩危駅から徒歩20分 Pあり

↑吉野川の穏やかな流れにまかせてのんびりと

---

#### 立ち寄りスポット

### 祖谷そばもみじ亭
いやそばもみじてい

つなぎが少なく、モソモソした独特な食感の「祖谷そば」は、そば本来の甘みが感じられる。

**MAP** 付録P.34 A-3

☎0883-84-1117 所 徳島県三好市山城町西宇1468-1 リバーステーションWest-West内 11:00〜17:00（時期により異なる）
休 無休（12〜6月は水曜、祝日の場合は営業）
交 JR大歩危駅から車で10分 Pあり

↑徳島名産のすだちがたっぷり入った香り高い「祖谷そば すだち」1240円

---

### レストラン大歩危峡
### まんなか
レストランおおぼけきょうまんなか

大歩危峡観光遊覧船の発着場にあるレストラン。四季折々の吉野川を眺めながら食事ができる。

**MAP** 付録P.34 A-4

☎0883-84-1211 所 徳島県三好市山城町西宇1520 9:00〜18:00 休 無休
交 JR大歩危駅から徒歩20分 Pあり

⇨ご飯や漬物が付いたお得な「そば定食」760円

⇨小鉢やミニそばがセットになった「鮎定食」1300円

断崖の渓谷を望む／激流が生んだ景観美

徳島／祖谷●歩く・観る

> かずら橋エリア

### スリル満点の吊り橋に足を踏み出して
# 渓谷に揺れるかずら橋

平家の落人が考案したと伝わる吊り橋に遠い昔の日々を想う。

➡ 木々が生い茂る山の景色に溶け込んだかずら橋

> 注目ポイント

**かずら橋はどのように作られているの?**

約5tのシラクチカズラを編み連ねて作られている。橋の重さは両岸の大木によって支えられ、安全のため3年に一度架け替えている。

## かずら橋
かずらばし

**MAP** 付録P.34 B-4

### 日本三大奇橋のひとつ
### つる植物で編み上げた吊り橋

長さ45m、幅2m、谷からの高さ14mの吊り橋。平家の落人により考え出された、追っ手が迫ったとき断ち落とせるよう、自生のシラクチカズラで編まれている。国指定重要有形民俗文化財。

☎ 0120-404-344(三好市観光案内所) ⏋ 徳島県三好市西祖谷山村善徳 ⏰ 日の出〜日没 ⏋ 無休 ¥ 550円 🚃 JR大歩危駅から車で20分 🅿 あり

➡ 橋床の隙間から川の流れが見える

➡ 祖谷川に架けられた野趣あふれる吊り橋

➡ 歩くたびにギシギシと音を立てて揺れる

> こちらもおすすめ

## 琵琶の滝
びわのたき

高さ約50mの滝。平家の落人たちがここで都をしのんで琵琶を奏でたという伝説が残る。

**MAP** 付録P.34 B-4

☎ 0120-404-344(三好市観光案内所) ⏋ 徳島県三好市西祖谷山村閑定 🚃 JR大歩危駅から車で20分

➡ 白く細い糸のように祖谷川に注ぎ込む水

## 奥祖谷エリア

### 原生林広がる山並の秘境をめざす
# 平家伝説の山里へ

追っ手を逃れ山奥に暮らした平家落人の生活を垣間見る。

↑国の重要伝統的建造物群保存地区に選定されている落合集落。昔ながらの民家や畑が点在

## 落合集落
おちあいしゅうらく
MAP 付録P.35 D-4

### 山の斜面に広がる集落は
### どこか懐かしい日本の原風景

高低差約390mの急傾斜地に形成された集落。江戸中期から昭和初期に建てられた古民家が残り、当時の生活を今に伝える。
☎0120-404-344（三好市観光案内所） 徳島県三好市東祖谷落合 JR大歩危駅から車で55分

**注目ポイント**

### 歴史ある武家屋敷、旧喜多家のたたずまい

平家の里の名主・喜多家が、宝暦13年（1763）に建てた祖谷地方で最も大きな武家屋敷。庭先には樹齢800年の鉾杉がそびえる。

## 祖谷地方に残る平家伝説

### 平家落人にまつわる伝説や史跡が残る

壇ノ浦の戦いで敗れた平家一門は、海に入水。しかし、壇ノ浦で亡くなったとされる平国盛も幼い安徳天皇も、じつはこの地に逃れ、平家再興を願って暮らしていたと伝えられる。祖谷には、戦いに備えて訓練に励んだ馬場や刀掛けの松、安徳天皇の火葬場跡、平国盛お手植えの鉾杉など、平家落人にまつわる伝説や史跡が多く残っている。

**平家ゆかりの品々を見学**

#### 祖谷の暮らしを紹介する資料館
### 東祖谷歴史民俗資料館
ひがしいやれきしみんぞくしりょうかん
MAP 付録P.35 D-4

館内では、ビデオでわかりやすく東祖谷について解説。農具や民具、着物など、実際に使われていた生活用品や平家ゆかりの遺品が展示されている。

☎0883-88-2286 徳島県三好市東祖谷上14-3 8:30～17:00（12～2月は土・日曜、祝日休） 無休 410円 JR大歩危駅から車で40分 Pあり

↑秘境の暮らしを支えた道具類を展示

↑平家ゆかりの赤旗のレプリカもある

## 奥祖谷二重かずら橋
おくいやにじゅうかずらばし
MAP 付録P.35 F-4

### 祖谷の最奥地で木々に囲まれ
### 静かに揺れる2本の吊り橋

約800年前、平家が架設したとされる吊り橋。長さ41mの男橋と短い女橋があり、女橋の横にはロープを手繰り寄せて川を渡る人力ロープウェイ「野猿」もある。

☎0120-404-344（三好市観光案内所） 徳島県三好市東祖谷菅生620 日の出～日没 12～3月 550円 JR大歩危駅から車で1時間10分 Pあり

↓地元では「夫婦橋」と呼ばれている

⬆第31番札所の竹林寺。お遍路さんが身につける白装束には「同行二人」の文字が書かれている

⬆遍路の順路を案内した地図(上)と裏面に記された遍路の心得(下)。『四国八十八ヶ所遍路道中図』作成者・制作年不明＜香川県立図書館蔵＞

## 弘法大師と同行二人で歩む心の救済路
# 四国遍路の今昔物語

たとえ一人歩きでも、お大師様がいつも一緒。だから、お遍路の旅は「同行二人」。地元の人々も、お接待の心でやさしく見守ってくれる。

**修験者たちの辺地修行から始まった四国遍路
江戸時代に携帯便利な案内書が登場して流行**

　四国遍路とは、弘法大師の足跡をたどって四国八十八ヶ所の霊場を巡礼すること。「お遍路」ともいい、巡礼者は「お遍路さん」と呼ばれている。遍路によって人間の持つ88の煩悩が消えて悟りにいたり、願いが叶うなどといわれる。

　四国遍路の始まりは定かではないが、その原形となったのは、古代に四国の海岸べりで行なわれた辺地修行だと考えられている。往時、四国は浄土に近い特別な修行地と信じられ、多くの修験者や修行僧が海岸べり(辺地)を巡った。その修行僧のひとりが、香川県出身の弘法大師(空海)だ。中世以降に弘法大師信仰が広まると、大師の聖地を巡る四国遍路が行なわれるようになっていく。最初のお遍路さんは、それより前の平安前期、自身の悪行を改心して弘法大師の後を追った伊予の衛門三郎とする説や、大師の入滅(835年)後に師の遺跡を巡った弟子の真済とする説などがある。

　四国遍路が一般に広まったのは江戸時代からだ。貞享4年(1687)に僧の真念が四国遍路の最初のガイドブック『四國邊路道指南』を刊行すると遍路が盛んになり、現在に近い形態となっていった。当時は巡拝の証しとして、木の納め札を本堂の柱などに釘で打ち付けていたため、遍路することを「打つ」、各寺を「札所」と呼ぶようになった。

**今ではさまざまな移動手段で行なわれる遍路
1000年続く地元の人の「お接待」に触れる**

　四国遍路は巡礼の道であり、歩き遍路が本来の姿だ。ただし、全行程約1400kmを完歩するには1日35km歩いても40日はかかり、しかも険しい山道が多く、容易な旅ではない。今では、ツアーバスやマイカー、電車・バスを利用する人がほとんどで、歩き遍路は全体の1割強ほど。何回かに分けて88か寺をまわる「区切り打ち」をする人が多い。

　まわる順番は、1番札所の霊山寺から順に数字を進め、88番の大窪寺まで行くのが基本。これを「順打ち」といい、逆に88番から1番に至るのが「逆打ち」。88番寺を終えたら、再び1番寺へお礼参りをし、さらに弘法大師入定の地・高野山(和歌山県)奥の院へ参るのが習わしとされている。

　遍路道を歩いていると、地元の人々の「お接待」にたびたび出会う。四国で古くから続く風習で、お遍路さんに食べ物やお金を渡したり、休憩所(接待所)や宿泊場所などを無償で提供したりする行為だ。地元の人は接待することで間接的に遍路に参加し、功徳を得られると信じている。

　巡礼するときの服装は、心身を清浄にする白装束を着用し、お大師様(弘法大師)の分身とされる金剛杖を持ち、略式の袈裟である輪袈裟を首にかけるのが伝統的なスタイル。この格好で歩けば、お接待をする人への目印にもなる。

## 四国4県それぞれのルートに込められた意味
## 自然や生活を感じる沿道風景に心癒される

　遍路道は、四国をほぼ周回するように結ばれている。ルートの約8割に舗装路が整備されている。田んぼの畦道や自然あふれる野山の道もあり、住宅街や海岸線など風景は多様だ。鎖場がある険しい山の古道を選んで歩く人もいる。

　遍路道は各県ごとに、「発心の道場」(徳島県)、「修行の道場」(高知県)、「菩提の道場」(愛媛県)、「涅槃の道場」(香川県)と呼ばれている。仏教の悟りにいたるまでの4つの段階を表しており、それぞれに各県のルートの特徴や気候風土も表現されている。悟りに向かって歩み始める徳島県では、各寺が近くまわりやすいルートが最初に続き、巡礼の作法やコツをここで学ぶ。12番寺の焼山寺は、一気に標高700mまで登る最初の難所。「遍路ころがし」と呼ばれるこうした難所が、全行程に何か所かある。

　次の高知県では、足摺岬や室戸岬の荒々しい海景色を眺めながらの修行の道が続く。寺と寺が離れているところが多く、37番岩本寺と38番金剛福寺との距離は約94kmもある。愛媛県は、瀬戸内海側の温暖な気候のなかを巡る癒しのルート。51番石手寺の近くには、名湯・道後温泉が湧く。

　最後の香川県は、ついに悟りへといたる道。弘法大師の生誕地・75番善通寺を経て、結びとなる結願寺・88番大窪寺に到着するのだ。

## お役立ちinformation

### プランニングの基本

**いつ出発する？**
お遍路に適したシーズンは、気候の良い新緑の春と紅葉が美しい秋だ。歩き遍路の場合、夏は熱中症や山道でのマムシなどには十分対策をとっておきたい。冬場は日照時間が短くなり、行動時間が制限されるので余裕のあるプランを。

**移動の方法を検討する**
遍路＝歩きというストイックなイメージがあるかもしれないが、車を利用する、公共の交通手段を利用する、ツアーに参加するなど、無理せず自分に合った方法を選ぶとよい。観光地や温泉などに立ち寄りながら札所をまわるのも、けっして悪いことではない。ツアーによっては、「先達」という資格を持った案内人が同行してくれるものもある。

**服装**
服装に決まりはないが、白衣だけでも着ていれば、地元の方からもお遍路さんと認識してもらえるのでおすすめだ。靴はスニーカーやトレッキングシューズなど歩きやすいものを利用したい。

**旅の予算／ツアー**
歩き遍路、車の利用に関係なく、宿泊費、食事代、納経料などを含めると1日あたり、最低1万円以上は用意しておくと安心だ。

**お遍路に必要なもの**
白衣、すげ笠、山谷袋(巡礼に必要な、教本や納札、線香、ろうそくなどの小物を入れるバッグ)、金剛杖(大師の分身として必要なもの)と持鈴、納経帳など。このほか、着替えなどは必須。いまではインターネットなどからも購入可能だ。

### 納札とは？
納札は本堂と大師堂に設置された納札箱に1枚ずつ納める。印刷されていること以外に願い事があれば、記入しておく。納札は全部で6色あり、1〜4回までの巡礼者は白色。回数が増えるごとに、緑、赤、銀、金、錦ときらびやかになっていく。

### 弘法大師

　宝亀5年(774)に現在の香川県善通寺市で生まれた空海は、高級官僚をめざして大学に通っていたが、道半ばで仏門への道を決意。四国の石鎚山や室戸崎(岬)など各地で修行を積み、31歳のとき留学僧として唐へ渡る。密教の高僧・恵果から奥義を授けられ、「遍照金剛」の号を得る。帰国すると真言宗の開祖となり、弘仁7年(816)に高野山金剛峰寺(和歌山)を創建。東寺(京都)に真言密教の根本道場を開いて、仏教の隆盛に努めた。香川県最大のため池・満濃池の造成を指揮した功績でも知られる。書に優れ、日本の三筆のひとりに数えられる。弘法大師の名は入滅後、醍醐天皇から贈られた諡号。

四国八十八ヶ所は、弘法大師の修行地や創建寺院など、ゆかりの霊場が選ばれた

## さまざまな特徴がある札所

**霊山寺** りょうぜんじ
弘法大師が平安初期にこの地で修行し、第1番札所に定めたという。境内には遍路用品がそろっている売店もある。
JR板東駅から徒歩10分
徳島・鳴門
MAP 付録P.35 E-1

**焼山寺** しょうさんじ
第12番札所。2番目に高い山上の札所。車道で約43km、あるいは山の古道を約16km進むとたどり着く。
土成ICから車で40分
徳島・神山
MAP 付録P.10 C-4

**雲辺寺** うんぺんじ
最高所の標高911mにある遍路ころがしのひとつ。麓からロープウェイを利用できる。寺の住所は徳島県だが、66番札所。
大野原ICからロープウェイ山麓駅まで車で40分
香川・三縄 MAP 付録P.3 F-4

## 快適な滞在、素敵な時間
# 厳選・四国の宿

瀬戸内海や太平洋沿岸、緑豊かな山あいなど、土地の魅力あふれる宿を厳選してご紹介。極上の景色や料理、温泉を心ゆくまで。

> **ホテル予約サイトの利用法**
> 数多くの予約サイトがあり、どれを使うべきか悩んでしまうが、基本的に予約状況は共有されているため、どこのサイトで調べても構わない。高級な宿を探す場合には、独自の基準で上質な宿をセレクトしている「一休.com」が便利だ。宿泊するホテルを決めたら、公式ホームページやほかの予約サイトも確認しておこう。限定の特典があったり、同じような条件でももっと安いプランがあることも。

### 香川県・高松
**喜代美山荘 花樹海**
きよみさんそう はなじゅかい

**四季の草花が囲む花の宿**
峰山緑地公園の東側面に位置。瀬戸内海のパノラマを目前に四季折々の自然を感じて。

**MAP** 付録P.10 A-2

↑展望露天風呂付の客室

☎087-861-5180　所香川県高松市西宝町3-5-10
室40室　in 16:00　out 10:00　￥1泊2食付1万5270円～
交JR高松駅から車で15分　P あり

### 香川県・高松
**JRホテルクレメント高松**
ジェイアールホテルクレメントたかまつ

**瀬戸内を望む高層ホテル**
JR高松駅に近く、高松港へも徒歩5分の好立地。瀬戸内海と高松市内を一望できる。

**MAP** 付録P.14 B-1

↑ハリウッドデラックスツイン

☎087-811-1111　所香川県高松市浜ノ町1-1
室300室　in 14:00　out 12:00　￥1泊2食付1万9056円～
交JR高松駅から徒歩1分　P あり

### 香川県・高松
**リーガホテルゼスト高松**
リーガホテルゼストたかまつ

**高松市街の中心部に位置**
中央通りに建つヨーロッパテイストのホテル。讃岐の厳選食材を使った料理が自慢。

**MAP** 付録P.14 B-3

↑ゆとりのあるセミスイート

☎087-822-3555　所香川県高松市古新町9-1
室122室　in 15:00　out 11:00　￥1泊朝食付3万9000円～
交JR高松駅から徒歩10分　P あり

### 香川県・琴平
**湯元こんぴら温泉 華の湯紅梅亭**
ゆもとこんぴらおんせん はなのゆこうばいてい

**天然温泉で旅の疲れを癒す**
和モダンの温泉旅館。趣向を凝らした15種類の風呂があり、湯めぐりが楽しめる。

**MAP** 付録P.16 B-1

↑花に囲まれた庭園露天風呂

☎0877-75-1111　所香川県仲多度郡琴平町556-1
室69室　in 15:00　out 10:00　￥1泊2食付3万1010円～
交JR琴平駅から徒歩10分　P あり

### 香川県・琴平
**琴平花壇**
ことひらかだん

**文人に愛された老舗旅館**
寛永4年(1627)創業。庭園に点在する数寄屋造りの離れと和モダンな宿泊棟がある。

**MAP** 付録P.16 C-3

↑旅館の歴史を物語る「長生殿」

☎0877-75-3232　所香川県仲多度郡琴平町1241-5
室43室　in 15:00　out 10:00　￥1泊2食付1万6200円～
交JR琴平駅から徒歩15分　P あり

### 愛媛県・松山
**カンデオホテルズ 松山大街道**
カンデオホテルズまつやまおおかいどう

**松山城を一望するホテル**
最上階に展望露天風呂とスカイレストランがある。60品目以上の朝食ビュッフェが人気。

**MAP** 付録P.21 D-3

↑1部屋限定のテラススイート

☎089-913-8866　所愛媛県松山市大街道2-5-12
室215室　in 15:00　out 11:00　￥1泊2食付8200円～
交伊予鉄道・大街道駅から徒歩1分　P なし

### 愛媛県・道後
**道後舘**
どうごかん

**高台の情緒ある和風旅館**
黒川紀章設計の建物。多彩な風呂と地元食材を使った料理で、きめ細かなおもてなし。

**MAP** 付録P.22 B-1

↑瀬戸内の食材による秋の懐石

☎089-941-7777　所愛媛県松山市道後多幸町7-26
室90室　in 15:00　out 10:00　￥1泊2食付2万1210円～
交伊予鉄道・道後温泉駅から徒歩8分　P あり

### 愛媛県・道後
**大和屋本店**
やまとやほんてん

**明治時代から続く老舗**
建物は平成8年(1996)に新築。数寄屋造りの和室と機能的な洋室があり、くつろげる。

**MAP** 付録P.22 B-1

↑大島石の一枚岩を使った湯船

☎089-935-8880　所愛媛県松山市道後湯之町20-8
室91室　in 12:00　out 12:00　￥1泊2食付2万3910円～
交伊予鉄道・道後温泉駅から徒歩5分　P あり

## 愛媛県・道後
### 道後の宿 花ゆづき
どうごのやど はなゆづき

**温泉街の安らぎの空間へ**
道後の温泉街にたたずむ。屋上露天風呂や足湯付き客室などこだわりの湯を満喫できる。

MAP 付録P.22 B-1

↑夜は星空が広がる屋上露天風呂

☎089-943-3333　所愛媛県松山市道後湯月町4-16
室43室　in15:00　out10:00　料1泊2食付1万5270円～
交伊予鉄道・道後温泉駅から徒歩8分　Pあり

---

## 愛媛県・新居浜
### オーベルジュゆらぎ

**宿泊設備のあるレストラン**
森林公園「ゆらぎの森」の敷地内にある施設。フランス料理を堪能し、宿泊もできる。

MAP 付録P.8 B-1

↑野菜たっぷりのコース料理

☎0897-64-2220　所愛媛県新居浜市別子山122
室8室　in16:00　out10:00　料1泊2食付6900円～
交新居浜ICから1時間25分　Pあり

---

## 高知県・高知
### 城西館
じょうせいかん

**龍馬誕生の地に建つ旅館**
明治7年(1874)創業。数多くの皇族や政界・財界の名士を迎えてきた高知の名旅館。

MAP 付録P.28 A-3

↑高知市街の景色を望む特別室

☎088-875-0111　所高知県高知市上町2-5-34
室62室　in15:00　out10:00　料1泊2食付1万9440円～
交とさでん・上町一丁目電停から徒歩1分　Pあり

---

## 高知県・高知
### 三翠園
さんすいえん

**城下町の風情を感じる旅館**
土佐藩主・山内家下屋敷跡。日本庭園や充実の温泉施設などがあり、優雅に時を過ごせる。

MAP 付録P.28 C-3

↑豪快で彩り豊かな土佐の料理

☎088-822-0131　所高知県高知市鷹匠町1-3-35
室131室　in15:00　out10:00　料1泊2食付1万5270円～
交とさでん・県庁前電停から徒歩3分　Pあり

---

## 高知県・久礼
### 黒潮本陣
くろしおほんじん

**カツオのたたきに舌つづみ**
太平洋を望む本館のほか、コテージ(別館)もある。汐溜の露天風呂や地元食材を堪能。

MAP 付録P.30 C-2

↑太平洋が目の前に広がる宿

☎0889-52-3500　所高知県高岡郡中土佐町久礼8009-11
室11室　in15:00　out10:00　料1泊2食付1万5270円～
交JR土佐久礼駅から徒歩20分　Pあり

---

## 高知県・四万十
### 四万十の宿
しまんとのやど

**四万十の隠れ家的温泉宿**
森林に囲まれ、自然の建材で設計された建物。四万十川の幸や海水露天風呂が楽しめる。

MAP 付録P.7 E-3

↑リゾートのような解放感

☎0880-33-1600　所高知県四万十市下田3377
室30室　in15:00　out10:00　料1泊2食付1万5120円～
交土佐くろしお鉄道・中村駅から車で15分　Pあり

---

## 高知県・足摺
### 足摺パシフィックホテル花椿
あしずりパシフィックホテル はなつばき

**四国最南端の景色を一望**
足摺岬に建つ眺望抜群のホテル。弘法大師ゆかりの湯で体を癒し、黒潮料理を味わって。

MAP 付録P.30 C-4

↑満天の星を望む露天風呂

☎0880-88-1111　所高知県土佐清水市足摺岬783
室48室　in15:00　out10:00　料1泊2食付1万7280円～
交土佐くろしお鉄道・中村駅から車で1時間　Pあり

---

## 徳島県・鳴門
### 鳴門潮崎温泉 ベイリゾートホテル 鳴門海月
なるとしおさきおんせん ベイリゾートホテル なるとかいげつ

**鳴門海峡を望む絶景湯**
雄大な海の景色がすべての客室から見られる。鳴門海峡の魚介を使った料理も絶品。

MAP 付録P.33 F-1

↑眺望も素晴らしい美肌の湯

☎050-3160-7333　所徳島県鳴門市鳴門町土佐泊浦福池65-1
室29室　in15:00　out10:00　料1泊2食付1万800円～
交鳴門北ICから車で5分　Pあり

---

## 徳島県・徳島
### ホテルクレメント徳島
ホテルクレメントとくしま

**徳島駅直結の便利な立地**
洋室はシモンズ社製のベッドを導入し快適な眠りを提供。地産地消の料理もおいしい。

MAP 付録P.32 B-1

↑大きめのベッドでゆったりと

☎088-656-3111　所徳島県徳島市寺島本町西1-61
室250室　in14:00　out12:00　料1泊朝食付1万1184円～
交JR徳島駅直結　Pあり

---

## 徳島県・祖谷
### 新祖谷温泉 ホテルかずら橋
しんいやおんせん ホテルかずらばし

**平家の隠れ里で静寂時間**
ケーブルカーで行く天空露天風呂や囲炉裏を囲んでの食事など、ここならではの体験。

MAP 付録P.34 B-4

↑野趣あふれる雲海の湯

☎0883-87-2171　所徳島県三好市西祖谷山村善徳33-1
室28室　in15:00　out10:00　料1泊2食付1万7280円～
交JR大歩危駅から車で15分　Pあり

厳選・四国の宿

167

# 四国主要都市へのアクセス

四国までのアクセス方法は、出発エリアによってどの交通手段が最適かが異なる

主要都市から四国の各県へ飛行機が発着している。近・中距離のアクセスなら鉄道の利用が便利。京阪神エリアの高速バス利用は鉄道よりも早い場合もあるので、事前に調べておきたい。

## 飛行機でのアクセス

### 首都圏なら飛行機の利用が便利で早い

四国4都市へ東京、大阪、福岡などから直行便が出ている。格安航空会社(LCC)が就航している路線もあり便利だ。空港からはリムジンバスやレンタカーで市街地に向かう。

### 高松空港へ

| 出発地 | 便名 | 便数 | 所要時間 | 料金 |
|---|---|---|---|---|
| 羽田空港 | ANA／JAL | 13便／日 | 1時間15分 | 3万3100円 |
| 成田空港 | JJP | 1～2便／日 | 1時間25分 | 4990円～ |
| 那覇空港 | ANA | 1便／日 | 1時間55分 | 3万8900円 |

### 松山空港へ

| 出発地 | 便名 | 便数 | 所要時間 | 料金 |
|---|---|---|---|---|
| 羽田空港 | ANA／JAL | 12便／日 | 1時間25分 | 3万5800円 |
| 成田空港 | JJP | 4便／日 | 1時間45分 | 5900円～ |
| 伊丹空港 | ANA／JAL | 12便／日 | 50分 | 1万9000円 |
| 関西空港 | APJ | 1便／日 | 50分 | 2890円～ |
| 中部国際空港 | ANA | 4便／日 | 1時間5分 | 2万6300円 |
| 福岡空港 | JAC | 4便／日 | 50分 | 2万3500円 |
| 鹿児島空港 | JAC | 1便／日 | 1時間 | 2万8800円 |
| 那覇空港 | ANA | 1便／日 | 1時間50分 | 3万5100円 |

### 高知龍馬空港へ

| 出発地 | 便名 | 便数 | 所要時間 | 料金 |
|---|---|---|---|---|
| 羽田空港 | ANA／JAL | 10便／日 | 1時間25分 | 3万5200円 |
| 伊丹空港 | ANA | 6便／日 | 45分 | 1万9600円 |
| 小牧空港 | FDL・JAL | 2便／日 | 1時間 | 2万8000円 |
| 福岡空港 | JAL | 2便／日 | 55分 | 2万6600円 |

### 徳島阿波おどり空港へ

| 出発地 | 便名 | 便数 | 所要時間 | 料金 |
|---|---|---|---|---|
| 羽田空港 | ANA／JAL | 11便／日 | 1時間10分 | 3万3100円 |
| 福岡空港 | JAL | 1便／日 | 1時間 | 2万7700円 |

※ 2016年10月現在の情報です。
※ ANA…全日本空輸、JAL…日本航空、JJP…ジェットスター、JAC…日本エアコミューター、FDL…フジドリームエアラインズ、APJ…ピーチ・アビエーション

### 空港からのおもなアクセス

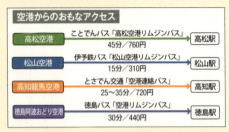

●問い合わせ先
ANA（全日空）☎0570-029-222
JAL（日本航空）／JAC（日本エアコミューター）☎0570-025-071
FDL（フジドリームエアラインズ）☎0570-55-0489
ことでんバス☎087-821-3033
伊予鉄バス☎089-948-3100
徳島バス☎088-622-1811
とさでん交通☎088-833-7111

## 高速バスでのアクセス

### 京阪神エリアは路線が充実している

東京、名古屋、京阪神、九州から四国の各地へ夜行・高速バスが運行しており、目的地までダイレクトにアクセスできる。京阪神から徳島へ行く場合は、電車を利用するより早い。

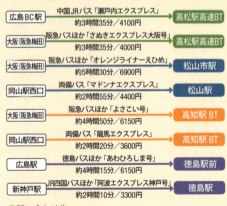

●問い合わせ先
中国JRバス☎0570-666-012
阪急バス☎06-6866-3147
両備バス☎086-232-6688
徳島バス☎088-622-1811
JR四国バス（徳島支店）☎088-602-1090

# 鉄道でのアクセス

## 本州から四国へのゲートウェイは岡山駅

本数も多く、各地へ向かう際に主要駅から各地への乗り継ぎが簡単で便利なのが新幹線。岡山駅までは新幹線を利用し、そこから四国各地に向かう快速や特急に乗り換える。

### 高松へ

### 松山へ

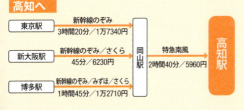

### 高知へ

### 徳島へ

| 出発駅 | 経路 | 岡山駅経由 | 到着駅 |
|---|---|---|---|
| 東京駅 | 新幹線のぞみ 3時間30分／1万7340円 | 岡山駅 | 徳島駅 |
| 新大阪駅 | 新幹線のぞみ／さくら 45分／6230円 | 岡山駅 | 特急うずしお 2時間／5200円 → 徳島駅 |
| 博多駅 | 新幹線のぞみ／みずほ／さくら 1時間45分／1万2710円 | 岡山駅 | マリンライナー+特急うずしお 2時間20分／5070円 → 徳島駅 |

●問い合わせ先
JR西日本 ☎0570-00-2486　JR東海 ☎050-3772-3910
JR四国 ☎0570-00-4592　JR九州 ☎050-3786-1717

※所要時間はおおよその目安です。
※料金は通常期の片道料金（指定）を掲載。夏休みや年末年始などの繁忙期は料金が異なりますので、ご確認ください。

# 中距離フェリーでのアクセス

## 九州や京阪神からのアクセスに大活躍

九州と松山を結ぶフェリーや、本州から高松にアクセスできるルートが便利。四国汽船では岡山や香川から直島、犬島などの島々を旅する際に便利なフェリーを運航している（P.61）。

### 関西方面から

| 出発港 | 航路 | 到着港 |
|---|---|---|
| 三ノ宮港（神戸） | ジャンボフェリー 4時間15分（1日4便）／1990円〜 | 高松東港 |
| 宇野港（岡山） | 四国フェリー 1時間5分（1日10便）／690円 | 高松港 |
| 広島港 | 瀬戸内海汽船「スーパージェット」 1時間12分（1日12便）／7100円 | 松山観光港 |
| 和歌山港 | 南海フェリー 2時間15分（1日8便）／2000円 | 徳島港 |

### 中国・九州方面から

| 出発港 | 航路 | 到着港 |
|---|---|---|
| 柳井港（山口） | 防予フェリー 2時間35分（1日9〜13便）／3600円〜 | 三津浜港 |
| 佐賀関港（大分） | 国道九四フェリー 1時間10分（1日16便）／1070円〜 | 三崎港 |
| 臼杵港（大分） | オレンジフェリー 2時間25分（1日7便）／2310円〜 | 八幡浜港 |

●問い合わせ先
ジャンボフェリー ☎087-811-6688　四国フェリー ☎087-851-0131
防予フェリー ☎089-951-3509　国道九四フェリー
南海フェリー ☎088-636-0750　☎0894-54-0173（三崎港）
オレンジフェリー ☎0898-64-4121　石崎汽船 ☎089-951-0128

# 車でのアクセス

## 出発地と到着地を勘案してルートを決める

本州から四国へは、明石海峡を渡って徳島・鳴門から入る神戸淡路鳴門自動車道ルート、岡山から瀬戸大橋を渡って高松へ入る瀬戸中央自動車道ルート、広島・尾道から6つの島を結んで走る西瀬戸自動車道（瀬戸内しまなみ街道）で愛媛・今治へ入る3ルートがメインとなる。

　各県とも都市の名を冠した自動車道があり、特徴としては愛媛・四国中央市にある川之江JctとⅡ之江東Jctで交差すること。これらのJctによって向かう県が変わってくるので注意しよう。高知に関しては上記3ルートで四国に入ったあと、いずれかの県の自動車道を経てから高知自動車道でアクセスする。四国の県を複数観光する場合は、ドライブルートを想定してまわる順番などを前もって決めておきたい。

○瀬戸内しまなみ街道に架かる多々羅大橋

四国主要都市へのアクセス

各都市間を結ぶ鉄道やバス、道路の関係性をチェック

# エリア間の移動

アクセスと交通 ●

山陽自動車道

広島IC

山陽新幹線

広島駅

## 高松～松山
**鉄道 約2時間30分**
特急いしづちを利用
**バス 約2時間40分**
JR四国バス、伊予鉄バス「坊っちゃんエクスプレス」
**車 約2時間10分（160km）**
高松自動車道、松山自動車道

## 松山～高知
**鉄道 約4時間20分**
特急しおかぜ、多度津駅からは特急南風を利用
**バス 約2時間40分**
JR四国バス「なんごくエクスプレス」など
**車 約2時間30分（155km）**
松山自動車道、高知自動車道

今治北IC

瀬戸内しまなみ海道

大三島

生口

伯方島

大島

予讃線

今治IC

今治駅

196

松山駅

道後温泉駅

松山空港

伊予市駅

伊予鉄道

松山市駅

横河原駅

196

378

伊予IC

松山IC

川内IC

440

松山自動車道

11

197

378

伊予大洲駅

内子線

内子駅

197

380

西予宇和IC

56

松山自動車道

197

194

宇和島北

320

194

宇和島駅

江川崎駅

197

197

高知IC

33

56

441

381

予土線

窪川駅

土讃線

高知自動車道

須崎東IC

土佐IC

56

高知駅

高知龍馬空港

439

56

若井駅

四万十町中央

宿毛駅

土佐くろしお鉄道

中村駅

56

56

321

### 高知～足摺岬
**鉄道バス 約3時間30分～**
高知駅から中村駅まで特急南風で、中村駅からは高知西南交通バス
**車 約3時間・155km**
国道56号、321号を利用

★足摺岬

## 高松～高知
**鉄道 約2時間15分**
特急しまんとを利用
**バス 約2時間5分**
JR四国バス、四国高速バス、とさでん交通「黒潮エクスプレス」
**車 約1時間45分（129km）**
高松自動車道、高知自動車道

## 高知～徳島
**鉄道 約2時間30分**
特急南風、阿波池田駅からは急剣山を利用
**バス 約2時間50分**
JR四国バス、とさでん交通「知徳島エクスプレス」
**車 約2時間（161km）**
高知自動車道、徳島自動車道

神戸淡路鳴門、瀬戸中央、瀬戸内しまなみ海道の自動車道が本州と四国を結ぶ玄関口となる。都市間の移動は高速道路が便利だ。また、高速バスが頻繁に運行されており、四国各地の都市間をダイレクトに結ぶため、特急列車に乗るより早い場合もある。

## 街や島へのアクセスはしっかり計画を
# 高松の交通

### 県内の起点となる駅はJR高松駅
### 「ことでん」を利用して主要観光地へ向かう
#### ことでんとことでんバスを使い分ける

金刀比羅宮や高松市街地観光ならば、県内の名所を網羅している高松琴平電鉄(ことでん)を活用したい。JR高松駅からことでんの高松築港駅までは歩いてすぐ。初乗りは190円、15～30分間隔で運行している。きっぷの乗車ならば、途中下車指定駅であれば途中下車ができる(同一金額区内は不可)。また、市街地をまわることでんバスも運行している。男木島や女木島、小豆島などへはフェリーや高速船を利用する。

● ことでん路線図

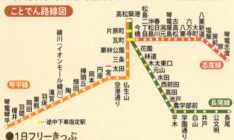

● 1日フリーきっぷ
価格：1230円　有効期限：1日　乗り放題路線：ことでん電車全線(琴平線／志度線／長尾線)　発売場所：ことでんの有人駅

● ショッピング・レインボー循環バス
JR高松駅、栗林公園、レインボーロードなど高松市街の主要箇所をまわる周遊バスで、街散策に便利。運賃は150～200円。
高松琴平電気鉄道株式会社 ☎087-863-7300

## 観光名所を巡る市営バスを活用したい
# 徳島の交通

### 高速・路線バスや鉄道の拠点となるのは徳島駅
### 鳴門や祖谷へは車を使った移動が便利
#### 市街地は駅の2km圏内に観光名所が集中

徳島駅周辺の観光名所散策は徒歩でまわることもできる。鳴門公園観光には徳島駅、ないしは鳴門駅からの路線バスを利用する。祖谷方面へのアクセス起点は阿波池田駅。ここまで徳島から特急が1日6～7本運行。その後はバス。脇町へはタクシー利用が便利。

● 1日乗車券
価格：500円(210円の均一区間内)、1000円(500円以内の区間)
有効期限：1日　乗り放題路線：徳島バス・徳島市営バス
発売場所：徳島駅観光サービスシティー営業所・鳴門営業所など

● ぐるぐるバス
土・日曜、祝日限定の循環バス。阿波おどり会館出発で市内の観光スポットを巡る。一周約40分。乗車無料で途中下車可能。
徳島バス ☎088-622-1811
徳島市観光・宿泊案内所 ☎088-622-8556

## 目的地に合わせて鉄道と車を選びたい
# 松山の交通

### 松山市街と道後温泉はほど近く、路面電車で
### 内子や宇和島へは特急列車か車でアクセス
#### 市内観光や移動には路面電車を活用したい

松山市街の主要な観光地を結ぶ伊予鉄道の路面電車は、観光に便利。1乗車一律160円。松山市駅から路面電車で道後温泉へもアクセスできる。おもに松山市駅やJR松山駅から各地へ伊予鉄バスが運行している。内子や宇和島へはJR特急の宇和海かしおかぜを利用すると便利。1時間に1本程度運行している。砥部へは松山駅発の伊予鉄バスを利用する。

● 伊予鉄道路線図

↑松山市街はレトロな坊っちゃん列車が運行している(P.75)

● 市内電車1Dayチケット(2Day)
価格：500円(2Day800円)　有効期限：1日　乗り放題路線：市内電車の全区間発売場所：松山市駅チケットセンターほか

● ALL IYOTETSU 1Day Pass
価格：1500円　有効期限：1日　乗り放題路線：郊外・市内・バス全線(坊っちゃん列車・高速・伊予鉄南予バスを除く)　発売場所：松山市駅チケットセンター、伊予鉄トラベルほか

● 松山城らくトクセット券
価格：1700円　有効期限：2日　路線：坊っちゃん列車(1乗車)、松山城ロープウェイリフト、松山城天守観覧、二ノ丸史跡庭園の入園　発売場所：松山市駅チケットセンターほか

伊予鉄道 ☎089-948-3323

### 内子と大洲散策に便利なきっぷ
内子・大洲町並散策1日パス
価格：2780円　有効期限：1日
発売場所：JR四国の主要駅、ワープ支店、四国内の主要旅行会社ほか　区間：JR線の松山～伊予大洲間(内子回り・伊予長浜回り)がフリーエリアで、この区間は特急の普通車自由席が乗り放題。内子座をはじめとする観光施設が割引になる特典付。

## 路面電車と観光バスをうまく組み合わせる
# 高知の交通

## 市街をまわるには、はりまや橋を中心に四方に延びる路面電車とMY遊バスをうまく活用したい
## 四国南部を占める広大なエリアは車が便利

高知市内は東西を走る路面電車の利用が便利。桂浜へはとさでん交通の桂浜行きで35分。足摺岬や四万十方面へは土讃線・土佐くろしお鉄道を乗り継ぎ、中村駅などから高知西南交通の高速バスを利用する。牧野植物園へはMY遊バスで。ただし、市街地以外はバスの本数が少ないので、あらかじめ確認しておきたい。

### ■MY遊バス
高知駅発ではりまや橋、五台山、桂浜など主要観光地をぐるっとまわる。1日券1000円、2日券1600円。路面電車（200円区間）の運賃が無料になったり、観光施設の入場割引の特典もある。

● 電車1日乗車券
価格：1000円でとさでん交通の全線が乗り放題（市内均一区間：介良通〜曙町東町間及び高知駅前〜桟橋通五丁目間内なら1日500円で販売）　有効期限：1日　発売場所：車内、はりまや橋サービスセンター、とさてらす内などで販売。

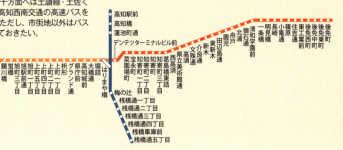

とさでん路線図
とさでん交通　☎088-833-7111
高知西南交通　☎0880-34-1266

### 四国内をまわる際に便利なきっぷ

#### 四国フリーきっぷ
価格：1万6140円　有効期間：3日間
発売場所：JR四国の主要駅、ワープ支店、四国内の主要旅行会社ほか　区間：四国内のJR線と、土佐くろしお鉄道（窪川〜若井間）の特急・普通列車の普通車自由席が乗り降り自由。JR四国バスの路線バス・大栃線（土佐山田〜アンパンマンミュージアム前〜大栃間）、久万高原線（松山〜久万高原〜落出間）も利用可。

#### 週末乗り放題きっぷ
価格：1万280円　有効期間：1日間
発売場所：JR四国の主要駅、ワープ支店、四国内の主要旅行会社ほか　区間：土・日曜、祝日と1月2・3日の限定発売で特急列車の普通車自由席に乗り放題。JR四国全線（宇多津〜児島間含む）および土佐くろしお鉄道全線（窪川〜若井間）の自由席が対象。JR四国バスの路線バスも一部利用できる。

#### 高松・琴平・観音寺フリーきっぷ
価格：2200円　有効期間：1日間
発売場所：JR四国の主要駅、ワープ支店、四国内の主要旅行会社ほか　区間：高松〜琴平〜観音寺間の快速・普通列車の普通車自由席が乗り降り自由となる。アート鑑賞の足としても利用できる。特急券などを別に購入すれば、特急列車にも乗車できる。※現在、平成28年11月6日ご利用分まで発売。以降は要問い合わせ

#### ことでん・JRくるり〜んきっぷ
価格：1960円　有効期間：1日間
発売場所：JR四国の主要駅、ワープ支店、四国内の主要旅行会社、ことでんの主要駅（高松築港駅、瓦町駅、長尾駅、栗林公園駅、琴電琴平駅、琴電志度駅）ほか　区間：ことでん全線とJR四国線（志度〜高松〜琴平間）の快速・普通列車の普通車自由席が乗り降り自由。讃岐うどんの食べ歩きに便利なきっぷ。

#### 四国再発見早トクきっぷ
価格：2060円　有効期間：1日間　発売場所：JR四国の主要駅、ワープ支店、四国内の主要旅行会社ほか　区間：利用日の1ヶ月前から前日までの購入で、四国内のJR線と、土佐くろしお鉄道（窪川〜若井間）の特急・普通列車の普通車自由席が乗り降り自由。JR四国バスの路線バス・大栃線（土佐山田〜アンパンマンミュージアム前〜大栃間）、久万高原線（松山〜久万高原〜落出間）も利用可。

#### 四万十・宇和海フリーきっぷ
価格：3700円　有効期間：3日間
発売場所：JR四国の主要駅、ワープ支店、四国内の主要旅行会社ほか　区間：フリー区間内の特急自由席が乗り放題。JR線（宇和島〜若井間）の普通列車の普通車自由席、土佐くろしお鉄道（宿毛〜中村〜窪川間）の特急列車の普通車自由席、宇和島自動車の指定区間の路線バスが乗り降り自由。

#### 四国グリーン紀行
価格：2万570円　有効期間：4日間
発売場所：JR四国の主要駅、ワープ支店、四国内の主要旅行会社ほか　区間：JR四国全線（宇多津〜児島間を含む）の特急列車グリーン車、土佐くろしお鉄道全線が何度でも乗り降り自由。JR四国バスの路線バス・大栃線（土佐山田〜アンパンマンミュージアム前〜大栃間）、久万高原線（松山〜久万高原〜落出間）も利用可。

#### 琴平・大歩危祖谷フリーきっぷ
価格：5500円　有効期間：2日間
発売場所：JR四国の主要駅、ワープ支店、四国内の主要旅行会社ほか　区間：琴平・大歩危・祖谷地区のJR線指定区域（大歩危〜穴吹間、大歩危〜多度津間）の特急列車・普通列車の普通車自由席が乗り降り自由。また、四国交通の路線バス（高速バス・定期観光バスを除く）がフリー区間（琴平・大歩危祖谷自由周遊区間）となる。

# INDEX

## 香川

### 遊ぶ・歩く・観る
**あ** ANDO MUSEUM ・・・・・・・・・・・・ 64
家プロジェクト ・・・・・・・・・・・・・ 63
犬島「家プロジェクト」 ・・・・・・・ 67
犬島精錬所美術館 ・・・・・・・・・・ 67
雲辺寺 ・・・・・・・・・・・・・・・・・・・ 165
エンジェルロード ・・・・・・・ 22・59
男木島の魂 ・・・・・・・・・・・・・・・ 68
男木島 路地壁画プロジェクト wallalley ・ 68
**か** 香川県立 東山魁夷せとうち美術館 ・ 69
かめびし屋 ・・・・・・・・・・・・・・・ 71
カモメの駐車場 ・・・・・・・・・・・・ 68
寒霞渓 ・・・・・・・・・・・・・・・ 25・59
観音寺 ・・・・・・・・・・・・・・・・・・ 70
旧金毘羅大芝居（金丸座）・・・・・ 55
金陵の郷 ・・・・・・・・・・・・・・・・・ 55
琴弾公園 ・・・・・・・・・・・・・・・・ 70
金刀比羅宮 ・・・・・・・・・・・・・・ 50
金刀比羅宮例大祭 ・・・・・・・・・ 143
**さ** 讃州井筒屋敷 ・・・・・・・・・・・・・ 71
さぬき豊浜ちょうさまつり ・・・・・ 143
四国村 ・・・・・・・・・・・・・・・・・・ 40
獅子の霊巌 ・・・・・・・・・・・ 25・39
史跡高松城跡 玉藻公園 ・・・・・ 37
小豆島手延べそうめん 作兵衛 ・ 45
ジョージ ナカシマ記念館 ・・・・ 69
心臓音のアーカイブ ・・・・・・・・ 66
善通寺 ・・・・・・・・・・・・・・・・・・ 70
**た** 高松城 ・・・・・・・・・・・・・・・・ 109
段々の風 ・・・・・・・・・・・・・・・・ 68
地中美術館 ・・・・・・・・・・・・・・ 64
特別名勝 栗林公園 ・・・・・・・・ 36
豊島美術館 ・・・・・・・・・・・・・・ 66
**な** 直島パヴィリオン ・・・・・・・・・・ 62
中野うどん学校 ・・・・・・・・・・・ 47
二十四の瞳映画村 ・・・・・・・・・ 59
**は** ベネッセハウス ミュージアム ・・ 63
仏生山温泉 ・・・・・・・・・・・・・・ 41
**ま** 丸亀市 猪熊弦一郎 現代美術館 ・ 69
丸亀城 ・・・・・・・・・・・・・・・・ 109
道の駅・海の駅 小豆島ふるさと村 ・ 58
道の駅 小豆島オリーブ公園 ・・ 57
**や** 屋島寺 ・・・・・・・・・・・・・・・・・ 39
ヤマロク醤油 ・・・・・・・・・・・・・ 58
**ら** 李禹煥美術館 ・・・・・・・・・・・・ 64

### 食べる
**あ** 石川うどん ・・・・・・・・・・・・・・・ 48
APRON CAFE ・・・・・・・・・・・ 65
OLIVAZ ・・・・・・・・・・・・・・・・・ 57
**か** 海鮮食堂 じゃこや ・・・・・・・・ 42
カフェサロン 中奥 ・・・・・・・・・ 65
神椿 ・・・・・・・・・・・・・・・・・・・ 53
掬月亭 ・・・・・・・・・・・・・・・・・ 37
郷屋敷 ・・・・・・・・・・・・・・・・・ 66
**さ** ざいごうどん 本家わら家 ・・・・ 49
島食Doみやんだ ・・・・・・・・・・ 65
**た** 天勝 ・・・・・・・・・・・・・・・・・・・ 42
**は** HIDAMARI COFFEE STAND ・・・ 40

骨付鳥 一鶴 高松店 ・・・・・・・ 43
本格手打うどん おか泉 ・・・・・ 49
**ま** まいまい亭 ・・・・・・・・・・・・・・・ 43
**や** 山越うどん ・・・・・・・・・・・・・・ 49
山下うどん ・・・・・・・・・・・・・・ 49
**ら** 藍丹 ・・・・・・・・・・・・・・・・・・・ 43

### 買う
**あ** 井上誠耕園 小豆島店 ・・・・・・ 57
**か** 菓子工房 遊々椿 ・・・・・・・・・ 70
菓子工房ルーヴ 空港通り店 ・・ 44
象屋元蔵 ・・・・・・・・・・・・・・・ 45
北浜alley ・・・・・・・・・・・・・・・ 45
灸まん本舗 石段や 本店 ・・・・ 55
くろかわ屋 ・・・・・・・・・・・・・・ 55
**さ** 志満秀 高松本店 ・・・・・・・・・ 45
扇誉亭 ・・・・・・・・・・・・・・・・・ 39
宗家くつわ堂 総本舗 ・・・・・・・ 45
デザインラボラトリー蒼 ・・・・・ 45
**な** 浪花堂餅店 ・・・・・・・・・・・・・ 54
**は** ばいこう堂 ・・・・・・・・・・・・・・ 71
BOOK MURÜTE ・・・・・・・・・・ 45
本家船々堂 ・・・・・・・・・・・・・ 54
**ま** まちのシューレ963 ・・・・・・・・ 44
名物かまど 琴平店 ・・・・・・・・ 54
**や** 屋島山上商店街 ・・・・・・・・・・ 39
夢菓房たから ・・・・・・・・・・・・ 45
YOHAKu26 ・・・・・・・・・・・・・ 55
**ら** ラ・ファミーユ 高松本店 ・・・・ 44

### 泊まる
オーベルジュ ドゥ オオイシ ・・ 31
喜代美山荘 花樹海 ・・・・・・・ 166
琴平花壇 ・・・・・・・・・・・・・・・ 166
JRホテルクレメント高松 ・・・・・ 166
島宿 真里 ・・・・・・・・・・・・・・・ 31
湯元こんぴら温泉 華の湯紅梅亭 ・ 166
リーガホテルゼスト高松 ・・・・・ 166

## 愛媛

### 遊ぶ・歩く・観る
**あ** 秋山兄弟生誕地 ・・・・・・・・・・ 76
いかざき大凧合戦 ・・・・・・・・・ 143
今治市 村上水軍博物館 ・・・・・ 81
今治城 ・・・・・・・・・・・・・・・・ 109
内子座 ・・・・・・・・・・・・・・・・・ 93
うわじま牛鬼まつり ・・・・・・・・ 142
宇和島城 ・・・・・・・・・・・ 96・109
宇和島市立伊達博物館 ・・・・・ 96
おおず赤煉瓦館 ・・・・・・・・・・ 95
大洲城 ・・・・・・・・・・・・・ 95・109
大洲の鵜飼 ・・・・・・・・・・・・・ 95
大山祇神社 ・・・・・・・・・・・・・ 81
おはなはん通り・明治の家並 ・・ 95
面河渓 ・・・・・・・・・・・・・・・・・ 99
**か** 亀老山展望公園 ・・・・・・・・・・ 81
臥龍山荘 ・・・・・・・・・・・・・・・ 94
**さ** 西条まつり ・・・・・・・・・・・・・ 142
坂の上の雲ミュージアム ・・・・・ 77
子規堂 ・・・・・・・・・・・・・・・・・ 79
下灘駅 ・・・・・・・・・・・・・・・・・ 22

瀬戸内しまなみ海道 ・・・・・・・ 27
**た** タオル美術館 ICHIHIRO ・・・・ 99
天赦園 ・・・・・・・・・・・・・・・・・ 97
砥部焼観光センター 炎の里 ・・ 87
道後温泉 本館 ・・・・・・・・・・・ 88
どろんこ祭り（御田植祭り）・・・ 143
**な** 新居浜太鼓祭り ・・・・・・・・・・ 142
**は** 梅山窯（梅野精陶所）・・・・・・・ 86
萬翠荘 ・・・・・・・・・・・・・・・・・ 75
坊っちゃん列車 ・・・・・・・・・・・ 75
**ま** マイントピア別子 ・・・・・・・・・・ 98
町家資料館 ・・・・・・・・・・・・・ 92
松山城 ・・・・・・・・・・・・・ 74・109
松山城二之丸史跡庭園 ・・・・・ 75
松山市立子規記念博物館 ・・・・ 79
松山まつり ・・・・・・・・・・・・・ 142
木蠟資料館 上芳我邸 ・・・・・・ 92
**や** 湯築城跡 ・・・・・・・・・・・・・・ 109
八日市・護国の町並み ・・・・・・ 92

### 食べる
**あ** アサヒ ・・・・・・・・・・・・・・・・・ 83
伊予のご馳走 おいでん家 ・・・・ 90
御食事処りんすけ ・・・・・・・・・ 93
**か** 懐石料理 小椋 ・・・・・・・・・・・ 83
Cafe Restaurant jutaro ・・・ 87
郷土料理 五志喜 ・・・・・・・・・ 83
ごはんとお酒 なが坂 ・・・・・・・ 83
**さ** 山荘画廊 臥龍茶屋 ・・・・・・・・ 95
瀬戸内割烹 むつの ・・・・・・・・ 82
蕎麦 つみ草料理 下芳我邸 ・・ 93
**た** 天空の郷 レストランさんさん ・ 99
トークギャラリー紫音 ・・・・・・・ 87
**な** にきたつ庵 ・・・・・・・・・・・・・ 90
日本料理 すし丸 ・・・・・・・・・・ 82
**は** ほづみ亭 ・・・・・・・・・・・・・・・ 97

### 買う
**あ** 伊織 道後本店 ・・・・・・・・・・・ 91
一六本舗 十六番館 ・・・・・・・・ 85
うつぼ屋 本店 ・・・・・・・・・・・ 85
大森和蝋燭屋 ・・・・・・・・・・・・ 93
面河ふるさとの駅 ・・・・・・・・・ 99
**か** 鍛冶屋 自在工房 ・・・・・・・・・ 93
コンテックス タオルガーデン ・・ 99
**た** 竹屋 ・・・・・・・・・・・・・・・・・・ 91
手づくり工房 道後製陶社 ・・・・ 91
**な** 西岡菓子舗 ・・・・・・・・・・・・・ 84
**は** ひぎりやき 澤井本舗 大街道店 ・ 85
二葉屋 志保町店 ・・・・・・・・・ 95
**ま** みよしの ・・・・・・・・・・・・・・・ 85
**や** 山田屋まんじゅう 本店 ・・・・・ 97
**ら** 労研饅頭 たけうち本店 ・・・・・ 84

### 泊まる
オーベルジュ内子 ・・・・・・・・・ 30
オーベルジュゆらぎ ・・・・・・・ 167
カンデオホテルズ 松山大街道 ・ 166
瀬戸内リトリート 青凪 ・・・・・・ 29
道後館 ・・・・・・・・・・・・・・・・ 166
道後の宿 花ゆづき ・・・・・・・・ 167
大和屋本店 ・・・・・・・・・・・・・ 166

## 高知

### 遊ぶ・歩く・観る

**あ** 足摺海底館 ・・・・・・・・・・・・・・・・・ 133
足摺岬 ・・・・・・・・・・・・・・・・・・・・ 27・132
安和の大ナギ ・・・・・・・・・・・・・・・・ 125
いの町 紙の博物館 ・・・・・・・・・・・・ 113
岩間沈下橋 ・・・・・・・・・・・・・・・・・・ 129
大方ホエールウォッチング ・・・・・・ 135
大谷のクス ・・・・・・・・・・・・・・・・・・ 125
大野ヶ原 ・・・・・・・・・・・・・・・・・・・・ 127
**か** 柏島 ・・・・・・・・・・・・・・・・・・・・・・・・ 23
勝浦沈下橋 ・・・・・・・・・・・・・・・・・・ 129
桂浜 ・・・・・・・・・・・・・・・・・・・・ 26・107
カルスト学習館 ・・・・・・・・・・・・・・ 126
北川村「モネの庭」マルモッタン ・・ 139
鯨館 ・・・・・・・・・・・・・・・・・・・・・・・ 137
高知県立 坂本龍馬記念館 ・・・・・・ 107
高知県立文学館 ・・・・・・・・・・・・・・ 103
高知県立 高知城歴史博物館 ・・・・ 103
高知県立 牧野植物園 ・・・・・・・・・・ 110
高知県立歴史民俗資料館 ・・・・・・・ 105
高知市旧山内家 下屋敷長屋展示館 ・・ 103
高知城 ・・・・・・・・・・・・・・・・・ 102・109
国史跡 岡豊城跡 ・・・・・・・・・・・・・・ 109
五台山公園 ・・・・・・・・・・・・・・・・・・ 111
五段高原 ・・・・・・・・・・・・・・・・・・・・ 126
**さ** 坂本龍馬像 ・・・・・・・・・・・・・・・・・・ 107
さかわ・酒蔵の道 ・・・・・・・・・・・・ 113
佐田沈下橋 ・・・・・・・・・・・・・・・・・・ 129
四国カルスト ・・・・・・・・・・・・・・・・ 126
四万十かっぱ川舟下り ・・・・・・・・・ 130
四万十川 ・・・・・・・・・・・・・・・・ 23・128
四万十の碧 ・・・・・・・・・・・・・・・・・・ 130
四万十川りんりんサイクル ・・・・・・ 130
食遊鯨の郷 ・・・・・・・・・・・・・・・・・・ 130
ジョン万次郎資料館 ・・・・・・・ 133・135
シレスト室戸 ・・・・・・・・・・・・・・・・ 137
砂浜美術館 ・・・・・・・・・・・・・・・・・・ 131
雪蹊寺 ・・・・・・・・・・・・・・・・・・・・・ 105
**た** 竜串海域公園 ・・・・・・・・・・・・・・・・ 133
竜串観光汽船 ・・・・・・・・・・・・・・・・ 133
竹林寺 ・・・・・・・・・・・・・・・・・・・・・ 111
天狗高原 ・・・・・・・・・・・・・・・・・・・・ 126
土居廓中武家屋敷 ・・・・・・・・・・・・ 138
唐人駄場遺跡巨石群 ・・・・・・・・・・・ 133
土佐神社 ・・・・・・・・・・・・・・・・・・・・ 105
**な** 仁淀川 ・・・・・・・・・・・・・・・・・ 20・112
野村家住宅 ・・・・・・・・・・・・・・・・・・ 138
野良時計 ・・・・・・・・・・・・・・・・・・・・ 138
**は** 白山洞門 ・・・・・・・・・・・・・・・・・・・・ 133
はりまや橋 ・・・・・・・・・・・・・・・・・・ 103
ホエールウォッチング in 桂浜 ・・・ 135
**ま** 松尾のアコウ ・・・・・・・・・・・・・・・・ 133
御厨人窟 ・・・・・・・・・・・・・・・・・・・・ 136
道の駅 土佐和紙工芸村くらうど ・・ 113
室戸岬 ・・・・・・・・・・・・・・・・・ 24・136
姫鶴平 ・・・・・・・・・・・・・・・・・・・・・ 127
**や** 屋形船仁淀川 ・・・・・・・・・・・・・・・・ 112
安居渓谷 ・・・・・・・・・・・・・・・・・・・・ 112
横浪黒潮ライン ・・・・・・・・・・・・・・ 122
よさこい祭り ・・・・・・・・・・・・・・・・ 140
**ら** 乱礁遊歩道 ・・・・・・・・・・・・・・・・・・ 136

**わ** 若宮八幡宮 ・・・・・・・・・・・・・・・・・・ 105

### 食べる

**あ** 味劇場ちか ・・・・・・・・・・・・・・・・・・ 131
一心 風土庵 ・・・・・・・・・・・・・・・・・・ 116
**か** カフェ もみの木 ・・・・・・・・・・・・・・ 127
川漁師の店 四万十屋 ・・・・・・・・・・ 131
久礼八幡宮 ・・・・・・・・・・・・・・・・・・ 123
黒潮工房 ・・・・・・・・・・・・・・・・・・・・ 117
黒潮水産 ・・・・・・・・・・・・・・・・・・・・ 117
**さ** 旬鮮料理 愛禅 ・・・・・・・・・・・・・・・ 116
スイーツ食堂 マンテンノホシ ・・・ 117
酔鯨亭 高知店 ・・・・・・・・・・・・・・・ 116
**た** 土佐料理 司 ・・・・・・・・・・・・・・・・・ 115
**は** 橋本食堂 ・・・・・・・・・・・・・・・・・・・・ 125
ひろめ市場 ・・・・・・・・・・・・・・・・・・ 117
藤のや ・・・・・・・・・・・・・・・・・・・・・ 115
**ま** 姫鶴荘 ・・・・・・・・・・・・・・・・・・・・・ 127
**や** やいろ亭 ・・・・・・・・・・・・・・・・・・・・ 117
**ら** 料亭旅館 臨水 ・・・・・・・・・・・・・・・ 114

### 買う

**あ** 1×1=1 ・・・・・・・・・・・・・・・・・・・・ 121
馬路村ふるさとセンター
まかいちょって家 ・・・・・・・・・・・・ 139
おびさんマルシェ ・・・・・・・・・・・・ 119
**か** 菓子処 青柳 はりまや橋本店 ・・・・ 121
加茂屋 ・・・・・・・・・・・・・・・・・・・・・ 107
久礼大正町市場 ・・・・・・・・・・・・・・ 124
黒潮物産 ・・・・・・・・・・・・・・・・・・・・ 117
高知オーガニックマーケット ・・・・ 119
**た** 土佐せれくとしょっぷ てんこす ・・ 120
土佐刃物流通センター ・・・・・・・・・ 120
**な** 西岡酒造店 ・・・・・・・・・・・・・・・・・・ 125
西川屋老舗 本店 ・・・・・・・・・・・・・・ 121
日曜市 ・・・・・・・・・・・・・・・・・・・・・ 118
**は** 浜幸 本店 ・・・・・・・・・・・・・・・・・・・ 121

### 泊まる

足摺パシフィックホテル花椿 ・・・・ 167
ヴィラ サントリーニ ・・・・・・・・・・・ 28
オーベルジュ土佐山 ・・・・・・・・・・・ 32
雲の上のホテル ・・・・・・・・・・・・・・・ 33
黒潮本陣 ・・・・・・・・・・・・・・・・・・・・ 167
三翠園 ・・・・・・・・・・・・・・・・・・・・・ 167
四万十の宿 ・・・・・・・・・・・・・・・・・・ 167
城西館 ・・・・・・・・・・・・・・・・・・・・・ 167
星野リゾート ウトコ
オーベルジュ＆スパ ・・・・・・・・ 32・137

## 徳島

### 遊ぶ・歩く・観る

**あ** 藍商佐直 吉田家住宅 ・・・・・・・・・・ 158
藍住町歴史館 藍の館 ・・・・・・・・・・ 155
阿波おどり ・・・・・・・・・・・・・・・・・・ 141
阿波おどり会館 ・・・・・・・・・・・・・・ 153
阿波木偶人形会館 ・・・・・・・・・・・・ 154
祖谷渓 ・・・・・・・・・・・・・・・・・・・・・ 160
うだつの町並み ・・・・・・・・・・・・・・ 158
エスカヒル鳴門 ・・・・・・・・・・・・・・ 147
大型観潮船 わんだーなると ・・・・・ 147

大塚国際美術館 ・・・・・・・・・・・・・・ 148
大鳴門橋遊歩道 渦の道 ・・・・・・・・ 146
大西陶器 ・・・・・・・・・・・・・・・・・・・・ 149
大歩危峡観光遊覧船 ・・・・・・・・・・・ 161
大歩危・小歩危 ・・・・・・・・・・・ 22・161
奥祖谷二重かずら橋 ・・・・・・・・・・・ 163
落合集落 ・・・・・・・・・・・・・・・・・・・・ 163
**か** かずら橋 ・・・・・・・・・・・・・・・・・・・・ 162
旧徳島城表御殿庭園 ・・・・・・・・・・・ 154
**さ** 焼山寺 ・・・・・・・・・・・・・・・・・・・・・ 165
水中観潮船 アクアエディ ・・・・・・・ 147
千畳敷展望台 ・・・・・・・・・・・・・・・・ 147
**た** 徳島県立阿波十郎兵衛屋敷 ・・・・・ 154
徳島城 ・・・・・・・・・・・・・・・・・・・・・ 109
徳島市立徳島城博物館 ・・・・・・・・・ 154
徳島中央公園 ・・・・・・・・・・・・・・・・ 154
**な** 鳴門海峡 ・・・・・・・・・・・・・・・・・・・・ 26
**は** 東祖谷歴史民俗資料館 ・・・・・・・・・ 163
眉山 ・・・・・・・・・・・・・・・・・・・・・・・ 152
ひの字渓谷 ・・・・・・・・・・・・・・・・・・ 160
ひょうたん島クルーズ ・・・・・・・・・ 153
琵琶の滝 ・・・・・・・・・・・・・・・・・・・・ 162
古庄藍染処 ・・・・・・・・・・・・・・・・・・ 155
**ま** 撫養航路 ・・・・・・・・・・・・・・・・・・・・ 153
**ら** 霊山寺 ・・・・・・・・・・・・・・・・・・・・・ 165
**わ** 脇町劇場 オデオン座 ・・・・・・・・・・ 159

### 食べる

**あ** 祖谷そばもみじ亭 ・・・・・・・・・・・・ 161
**か** 海鮮市場 魚大将 ・・・・・・・・・・・・・・ 150
片山水産 ・・・・・・・・・・・・・・・・・・・・ 150
茶里庵 ・・・・・・・・・・・・・・・・・・・・・ 159
ステーキハウス トクガワ ・・・・・・・ 156
**た** 徳島魚問屋 とゝ喝 ・・・・・・・・・・・・ 156
**は** 骨付き阿波尾鶏 一鴻 徳島本店 ・・・ 156
**ら** レストラン大歩危峡 まんなか ・・・・ 161
**わ** 和処とみます ・・・・・・・・・・・・・・・・ 150

### 買う

**あ** 藍屋敷おくむら 藍住本店 ・・・・・・・ 155
あるでよ徳島 ・・・・・・・・・・・・・・・・ 157
岡田製糖所 ・・・・・・・・・・・・・・・・・・ 157
**か** 菓游 茜庵 ・・・・・・・・・・・・・・・・・・・ 157
川田光栄堂 東店 ・・・・・・・・・・・・・・ 159
**た** 豊田商店 ・・・・・・・・・・・・・・・・・・・・ 151
**な** なると物産館 ・・・・・・・・・・・・・・・・ 151
**は** ハタダ 鳴門店 ・・・・・・・・・・・・・・・・ 151
ブランタン ・・・・・・・・・・・・・・・・・・ 159
**や** 佳実窯 ・・・・・・・・・・・・・・・・・・・・・ 149

### 泊まる

Villa Bel Tramonto ・・・・・・・・・・・・・・ 30
新祖谷温泉 ホテルかずら橋 ・・・・・・ 167
鳴門潮崎温泉
ベイリゾートホテル 鳴門海月 ・・・ 167
ホテルクレメント徳島 ・・・・・・・・・ 167
ホテルリッジ ・・・・・・・・・・・・・・・・・ 33
ルネッサンス リゾート ナルト ・・・・・ 29

# STAFF

**編集制作** Editors
(株)K&Bパブリッシャーズ

**取材・執筆・撮影** Writers & Photographers
伊藤麻衣子　新井由己　北村由起　岡公美　佐川美穂
高田真由美　長山歩　小川智美　中村雅和
釣井泰輔　境大輔　佐伯和志　吉川道成
(株)アイクコーポレーション

**執筆協力** Writers
遠藤優子　加藤由佳子　森合紀子　田中美和

**本文・表紙デザイン** Cover & Editorial Design
(株)K&Bパブリッシャーズ

**表紙写真** Cover Photo
アフロ

**地図制作** Maps
トラベラ・ドットネット(株)
DIG.Factory

**写真協力** Photographs
関係各市町村観光課・観光協会
関係諸施設
PIXTA

**総合プロデューサー** Total Producer
河村季里

**TAC出版担当** Producer
君塚太

**エグゼクティヴ・プロデューサー**
Executive Producer
福原克泰

---

## おとな旅 プレミアム
### 四国

2016年11月13日　初版　第1刷発行

著　　者　TAC出版編集部
発　行　者　斎藤博明
発　行　所　TAC株式会社　出版事業部
　　　　　　　　　（TAC出版）
　　　　〒101-8383 東京都千代田区三崎町3-2-18
　　　　電話　03(5276)9492(営業)
　　　　FAX　03(5276)9674
　　　　http://www.tac-school.co.jp

印　　刷　株式会社　光邦
製　　本　東京美術紙工協業組合

©TAC 2016　Printed in Japan　ISBN978-4-8132-6702-7
落丁・乱丁本はお取り替えいたします。

本書は、「著作権法」によって、著作権等の権利が保護されている著作物です。本書の全部または一部につき、無断で転載、複写されると、著作権等の権利侵害となります。上記のような使い方をされる場合には、あらかじめ小社宛許諾を求めてください。

視覚障害その他の理由で活字のままでこの本を利用できない人のために、営利を目的とする場合を除き「録音図書」「点字図書」「拡大写本」等の製作をすることを認めます。その際は著作権者、または、出版社までご連絡ください。

本書に掲載した地図の作成に当たっては、国土地理院長の承認を得て、同院発行の数値地図(国土基本情報)電子国土基本図(地図情報)、数値地図（国土基本情報)電子国土基本図(地名情報)及び数値地図(国土基本情報20万)を使用しました。(承認番号　平28情使、第468号)